岩井克人
Iwai Katsuhito

資本主義の中で生きるということ

筑摩書房

資本主義の中で生きるということ　目次

Ⅲ　時代の中で考える　1――『思潮』から（二〇〇〇―二〇〇四）　43

Ⅳ　時代の中で考える　2――『経済教室』その他から（二〇〇八―二〇二三）

装幀　神田昇和

資本主義の中で生きるということ

Ⅰ　エッセイ四編

ファンレター

昨年の九月のことです。私はある米国女性から「ファンレター」を受け取りました。朝、パソコンを起動すると、「あなたはイェール大学で私がもっとも好きだった講義の先生でした」という題名の英語のメールが届いていました。一瞬いたずらかなと躊躇しましたが、メールを開くと、次の文章が目に入ってきました。

「これは、あなたが一〇〇万年前にイェール大学で教えた経済思想史の講義をとった学生――あなたが覚えているはずのない学生――からのまったくの気まぐれな〈ファンレター〉です。」

一〇〇万年前の太古ではありませんが、四〇年以上も昔の一九八一年、確かに私はイェール大学で経済思想史を教えました。

私は六九年に日本の大学を卒業すると米国に渡り、ＭＩＴ（マサチューセッツ工科大学）の大学院に入りました。幸いにもすぐにいくつか論文を書くことができたので、それらを束ねて博士論文とし、カリフォルニア大学で一年間研究員をした後、イェール大学に赴任しました。その頃が私の学者人生の頂点だったと思います。

あっという間に博士号がとれたことで私は傲慢になっていました。イェール大学での八年間、主流派の経済学に対抗する『不均衡動学』という本を書くことに集中し、一本も論文を出版しませんでした。米国の大学は「出版か、さもなくば失職か」という世界です。論文をまったく書かない人間が居残れるはずがありません。日本からの誘いもあり、私は帰国することを決意しました。

ただ、日本に戻ることにしたのにはもう一つ理由がありました。それは言語です。

ある日、洒落た喫茶店で気取って、当時はエキゾチックな飲み物だったカプチーノを注文しました。だが、「イェス・サー」と言って注文を受けたウェイターがしばらくして運んできたのは――紅茶でした。一瞬驚きましたが、すぐに何が起こったかわかりました。カプチーノという私の発音をカップ・オブ・ティーと聞き取ってしまったのです。隣で笑い転げている連れ合いを横目に、茶色い透明な液体を飲みながら、私は日本に帰る潮時が来たことを悟りました。

事実、一二年も米国に住みましたが、英語は上達しません。講義も数学的な内容が多かったので、黒板に数式を一杯書いていくことで切り抜けていました。

ただ、私は英語で経済学の研究や教育をする一方、哲学思想や文化人類学などにも手を拡げていました。そして、その時は日本語で思考します。いや本質的な問題に取り組む時には、経済学ですら日本語で思考します。

そのため私は米国にいる間中、不自由な英語と、自由に思考できる日本語との断絶に悩んでいたのです。いつか日本に戻り、この断絶から解放されたいと思っていたのです。

でも、皮肉です。いよいよ米国を去ることになると、自分がこの断絶から逃げてきたことを後悔し始めました。そして、せめて最後の学期にでも、日本語で思考してきたことを英語で教えてみるべきではないかと考え始めたのです。

哲学思想や文化人類学を教える自信はありません。でも経済思想に限定し、しかもその歴史を教えるのは可能かもしれない。思い切って学部長に相談すると、驚いたことに許可が下りました。そして帰国寸前の学期に「異端の経済学」と題した経済思想史の講義を教えることになったのです。

講義には一〇人ほど参加してくれました。大昔の記録を引っ張り出してみると、その一〇人の中に、確かに「ファンレター」の送り主のEさんの名前がありました。朧《おぼろげ》気ながら彼女の顔も浮かんできました。

「私は社会学の教授になりました」と、Eさんは書いています。「その理由の一端はあなたの講義でした。それによって、私は人間はどのようにして社会的現実を類別するかを考え始めました。……その結果、〈典型化〉という概念が社会理論の中心となることを発見したのです。」

そして、途中は省略しますが、次のように「ファンレター」を結んでいました。

「自分が教えたことが誰かに大きな影響を与えたことを聞くのは素敵なことに違いないと想像しています。ただ、このようなことは何度も聞いているでしょうが。」

＊

私は米国から多くのものを与えられてきました。だが、何一つ本質的なものは与えることができずに去ってしまったという悲哀を抱きつつ、今日まで生きてきました。Eさんの「ファンレター」は、その私を救ってくれました。

曇った眼鏡を拭きながら、私は返事を書き始めました。

「あなたが〈気まぐれなファンレター〉と呼ぶメールを受け取ることは、老境に入った一教師にとってこれ以上望みようのない喜びです。……」

即座に返信が来ました。

だが、それは自動返信でした。

そして、こう書かれていました。

「二〇二四年八月まで治療のための長期休暇を取ります。返事には時間がかかるかもしれません。」

私はEさんの安否を、時折ウェブで確認しています。

（『文藝春秋』二〇二四年三月号）

私の「幸福論」

まだ学生であった頃、「幸福な家族はみな似通っているが、不幸な家族はそれぞれ違っている」というトルストイ翁の言葉が好きでした。それは、ブルジョワの生活とはおしなべて凡庸であると言っているように聞こえ、当時左翼を気取っていた私の耳に快く響いたからです。

だが、今は違います。それは私が、乏しいながらもその後の人生経験の中で、幸福とは千差万別な形をとるものであることを知るようになったからです。ただ、同時に、その間に知ったことがもう一つあります。それは、トルストイ翁の言葉をもじってみれば、幸福そのものはそれぞれ違っているとしても、「幸福論」はみな似通っているということです。なぜならば、すべての「幸福論」はただ一つの真理を述べているにすぎないからです。

それは、「幸福はおカネでは買えない」ということです。

そして、少しでも幸福を経験した人ならば、この凡庸な「幸福論」以外に、幸福に関する真理はないことを知っているはずです。事実、愛情、家族、友人、地域、健康、才能、尊敬、自由等々、人を幸福にするために必要なものの多くは、おカネでは買えません。いや、その大部分は、まさにおカネで買えないことに価値があるはずです。
問題は、この真理がどういう種類の真理であるかということです。

それは、数学的な真理とはまったく次元が異なった真理です。たとえばピタゴラスの定理は証明可能ですが、幸福はおカネで買えないという真理は証明不可能です。あるいは、一方は演繹的な真理であり、他方は経験的な真理であるとも言えます。私は、ここで、この二つの真理のちがいを、人間が継承できる真理と、人間が継承できない真理という風に考えてみたいと思います。

ピタゴラスの定理は、一度発見されれば、二度と発見し直す必要はありません。次の世代は、その真理の上に、新たな真理を築き上げることができるのです。たとえ七歳の子供でも、天才であれば、その真理を前提として、次の問題を考えることができるのです。

これに対して、「幸福はおカネでは買えない」という真理は、そのような意味では継承できません。それは、一人一人の人間が生きていく過程の中で、真理であることをいちいち納得していかなければならないことなのです。自分で幸不幸を経験し、身近な人間の幸不幸に共感し、さらに小説や映画を通して、数多くの人間の幸不幸を追体験していきながら、自分のものとしていくよりほかはありません。

「幸福はおカネでは買えない」という言葉が七歳の子供から出てきても、空疎にしか響きません。だが、その同じ言葉が七七歳の老人から出てきたときには、それは人生の知恵が詰まった言葉として響いてくるはずです。

＊

ところで、私は経済学者です。経済学とは、おカネに関する学問です。それは、おカネを媒介として、どのようにモノが生産され交換され消費されるかを考えてきた学問です。

それでは、経済学者は、おカネでは買うことのできない幸福に関して、何も言うべきことをもたないのでしょうか？

その答えは、否です。

経済学の観点から見て、不幸な社会とはどのような社会でしょうか？

戦争、政治的弾圧、自然的災害などは、経済学の範囲を超えてしまう巨大な不幸です。そのような不幸を抱えた社会を別とすれば、いったいどのような社会が不幸な社会だと言えるでしょうか。それは、飢え、失業、無知、病気、公害、将来の不安、等々に満ち溢れている社会、あまりに人々の間に富が行き渡らず、おカネで買えるものすら買えない社会です。すなわち、それは、おカネで買えるものすら買えないことによって、まさに「幸福はおカネで買えない」という真理に一人一人の人間が達することそのものが、不可能な社会です。

「幸福はおカネで買えない」――この凡庸な真理に一人一人の人間が達することができる社会をいかにつくったら良いかについて考えること――そこに、経済学者と「幸福論」との接点があるのです。

（『読売新聞』二〇〇四年一月七日付夕刊）

「自己疎外」と資本主義の論理

ついこの間のことです。ある学生と話をしている最中に、私が「自己疎外《じこそがい》」という言葉を使ったとたん、その学生がきょとんとした表情を見せました。よく聞きとれなかったのかと思って、もう一度「じ・こ・そ・が・い」とゆっくり発音してみましたが、きょとんとした表情はそのままでした。あきらかにこの学生は、それまで一度もこの言葉を耳にしたことがなかったのです。

まさに隔世の感があります。それは、この自己疎外という言葉こそ、私が学生であった一九六〇年代から七〇年代にかけて一世を風靡した言葉であったからです。

それは、資本主義と社会主義とが激しく対立していた時代でした。そしてそれは、資本主義社会における人間の自己疎外を批判することこそ、「良心的な知識人」であることの証しであった時代であったのです。

＊

自己疎外——当時私が使っていた『広辞苑』の第二版には、次のような説明が与えられていました。

「ヘーゲルの用語。理念が自己を否定して、自己にとってよそよそしい他者となること。外化ともいう。マルクスはこれに新しい内容を与え、資本主義の下で人間が自己の本質を失って非人間的状態に置かれていることをこの語で表わした。」

資本主義社会では、すべてのモノは、たとえ自分が汗水たらして生産したモノであっても、自分以外の人間に売ることができなければ価値をもちません。とりわけなんの財産ももたず、自分の労働力しか売るモノをもたない労働者の場合は、ひとたびその労働力を資本家に売ってしまうと、もはや自分の生産活動を自分で制御することも、自分の生産活動の成果を自分で所有することもできず、たんに資本家という他者のために生産するだけの存在になってしまうのです。

「人間は労働によって自然を作り変え、同時に自分自身を作り変える」と、マルクスは言っています。労働によるモノの生産こそ、すべての社会を通して、人間にとってもっとも本質的な活動であるというのです。それゆえ、資本主義社会のなかでは、みずからの生産活動においてすらみずからの主体性を発揮することができない運命にある人間は、まさに自己の本質を失った非人間的な状態におかれているというわけです。

「人間が構成する社会において、その人間が主人公になっていない……。現代社会における人間の復位こそが、私たちの課題である。」

これは、七〇年代の前半にベストセラーとなったある経済学の入門書のなかの文章です。まさにこの文章が例示するように、資本主義社会の非人間性を断罪し、すべての人間がみずからの生産活動のほんとうの主体となるような社会を目指すこと——それが、マルクス主義者であるかないかを問わず、社会のあり方に関して良心的であろうとした当時の知識人の責務であると考えられていたのです。さあ、自己疎外から解放された新たな社会の建設のために、みなで袖をたくし上げて邁進しようというわけです（その後、自己疎外論に代わって物象化論なるものが流行しましたが、その実質的な内容は大同小異です）。

＊

しかしながら、一九八九年から九一年にかけて、東欧やソ連でつぎつぎと社会主義体制が崩壊していくなか、このような自己疎外批判はその有効性を全面的に失ってしまったのです。

一九一七年のロシア革命以来、この地上に成立した現実の社会主義体制は、ひとつの例外もなく、資本主義社会よりもはるかに徹底して人間の自由と独立を抑圧する独裁体制に帰結してしまいました。このことに関して、これまで経済的、政治的、社会的、文化的、心理的等々、さまざまな要因が指摘されてきました。だが、社会主義体制が必然的に独裁化するというこの歴史的事実の根底に、それがまさに自己疎外を否定しようとした体制であったということが控えていることは、まだ充分に認識されていません。

たしかに資本主義社会において、人間は自分が生産したモノや自分の労働力を自分以外の他者に売らなければ、生きていけません。これは人間としての尊厳を大いに傷つける、だれにとっても嫌なことです。だが、ここで重要なことは、そのことを逆の角度から見てみれば、それは、資本主義社会においては、その中で生きるどのような人間も独善的でいることができないということを意味していることです。どのような人間でも、自分が生産したモノの価値、いや自分の労働力の価値ですら自分一人では決められない。いかに尊大な資本家であっても、その工場で生産したモノを人々が気に入ってくれなければ、売れ残り品の山に埋もれて倒産してしまいます。どのような人間が生産するどのようなモノでも、それを自分自身で使用するのでない限り、他者による評価、いや他者による批判を通して初めて価値をもつことになるのです。「自己疎外」とは、すなわち、他者による「批判」の別名にほかならないのです。

その意味で、資本主義社会とは、まさにそれが自己疎外的であるということによって、みずから独善に陥る危険を最小限にとどめておく批判の可能性を内在化させている社会であるのです。これに対して、社会主義社会とは、まさにそれが自己疎外の否定を目指す社会であることから、みずからの独善性に対する内側からの歯止めをもつことが不可能であったのです。

そして実際、社会主義体制はみじめにも崩壊してしまったのです。

＊

ここで私は、資本主義社会が独裁体制からまったく自由であるというような主張をしようと思っているのではありません。ナチズムもファシズムも、ともに資本主義社会のなかから生まれています。また、資本主義社会が理想社会であるなどという脳天気なことを考えているわけでもありません。資本主義には、恐慌やハイパーインフレーションといった不安定性が本質的に内在していますし、所得や資産の分配を不平等にする傾向がありますし、環境汚染などを累積的に将来世代に残していく構造もそなわっています。

私がここで強調したいのは、資本主義社会の自己疎外を批判し、その非人間性を告発しさえすれば「良心的知識人」としてすべて許されていた時代は、社会主義体制の崩壊とともに終わってしまったということです。だがそれは、知識人が「良心的」であること、いや人間が「良心的」であることが不可能になったということではありません。単にそれは、資本主義が全面化した世界において、人間が「良心的」、もう少し厳密な言葉を使えば「倫理的」であるとはどういうことであるのかを、新たに探らなければならないということを意味しているだけです。

それがいったいどのようなことなのかを論ずるのは次のエッセイに回すことにしましょう。ただ、それが、まさに人間は自己疎外されざるをえない存在であるという認識を出発点としなければならないということだけは、ここで言い添えておく必要があるでしょう。

＊

ある学生が「自己疎外」という言葉を知らなかったことをきっかけとして、このようなことを考えはじめました。その意味で、私はその学生の無知に感謝すべきでしょう。だが、それでも私は教師としては、「自己疎外」という言葉ぐらいは知っていてくれたほうが嬉しかったと思っています。

（『朝日新聞』二〇〇〇年一一月二日付夕刊）

『高慢と偏見』と資本主義の倫理

ひとつ前の「「自己疎外」と資本主義の論理」というエッセイで書いたことを、簡単におさらいすることから始めてみましょう。

資本主義とはすべてのものが「売れなければならない」社会です。それに対抗して、何も「売らなくてもよい」社会を作ろうとしたのが社会主義です。だが、社会主義はまさに売らなくてよいということによって、他者による批判を抑圧した独裁社会となってしまいました。社会主義が崩壊した今、私たちは好むと好まざるとにかかわらず、すべてのものが「売れなければならない」資本主義の中で生きていかざるをえなくなったのです。

「売れなければならない」――それが資本主義の「論理」です。

それでは、資本主義にとっての「倫理」とは何でしょうか。

「売れればよいというものではない」――それが資本主義の倫理です。

あまりにも陳腐な言葉にしか聞こえないかもしれません。だが、この倫理はまさに資本主義とともに生まれてきたものです。そして、資本主義が「売れなければならない」という以上の論理をもたない社会である限りにおいて、これ以上の倫理はありえないのです。

＊

私の大好きな小説にジェーン・オースティンの『高慢と偏見』があります（『自負と偏見』とも訳されます）。

一七七五年にイギリスの片田舎の牧師の娘として生まれたジェーン・オースティンが一八一三年に出版したこの小説には、大きな事件は一つも起こりません。一人の娘が最高の結婚相手といかに結ばれるかが、面白く、そして楽しく物語られるだけなのです。それゆえそれは、長い間「女性向け」の娯楽小説として軽んじられてきました。

「彼女の小説は人をたのしませる文学であって、人生いかに生くべきかだとか、人間心理の深淵を探るとかいった深刻な問題と対決した文学ではない。そういう意味では「偉大」な文学ではなかったかもしれぬ」（「解説」『自負と偏見』中野好夫訳、新潮文庫、一九六三）。

この「解説」が書かれてから四〇年。今、『高慢と偏見』が「偉大」な世界文学の一つであることを否定する人は少数でしょう。そしてそれには、世が進み、女性の読者の声が大きく聞こえるようになったことがあるでしょう。だが、私はもっと深い理由があると思っているのです。

ひとたびページを開くと、私のような男性までもが女主人公に同一化し、彼女が結婚にいたる大団円では倫理的な高揚感すら覚える。

それはこの小説が、資本主義において何が倫理的であるかについてもっとも深く語った文学の一つであるからです。しかもそれは、まさに「女性向け」に書かれた小説であるがゆえに、資本主義の倫理を真に思考する文学になっているのです。

＊

「大きな財産をもつ独身の男が妻を必要としているということは、普遍的に認められた真理である。」『高慢と偏見』の冒頭のこの有名な文章は、もちろんジェーン・オースティン一流の皮肉です。ここで言う「普遍的に認められた真理」とは、世の娘たち（および母親たち）の願望を表しているだけなのです。父親の一存で結婚が決められた時代が終わり、若い娘がまさに商品として結婚市場にくり出してきた時代が始まったのです。

娘たちの願望は一つ――「売れなければならない」こと。すなわち男に求婚されなければならない、しかもできるだけ大きな財産をもつ男に求婚されなければならないということです。

『高慢と偏見』は、まさにそのような結婚市場の中で、さまざまな娘たちがそれぞれどのように自分たちを「売って」いくかを描いた小説です。

女主人公の名はエリザベス・ベネット。彼女には家柄も財産もありません。ただ、誰にも負けない才気煥発さといつも笑っている茶色の目をもっています。そのエリザベスは、小説に登場する他の娘たち――姉のジェーンや妹のリディアや友人のシャーロットが決してしないことを、二度します。自分からは求婚できない娘たちに与えられた唯一の権利を行使するのです。

それは、男からの結婚の申し出を拒否することです。「売れなければならない」自分を「売らない」ことです。

エリザベスが最初に拒否するのはコリンズ牧師の申し出です。俗物中の俗物でありながら、大きな財産があるわけでもないコリンズ牧師――彼の求婚を断るのは当然の決断です。彼との結婚は、売れ残りにならないための代償としてはあまりにも大きすぎます。

それに対して、ミスター・ダーシーは、古い家柄と大きな財産と優れた容姿をもつまさに最高の結婚相手です。ところが、そのダーシーからの求婚もエリザベスは断ってしまうのです。

なぜでしょうか。

もちろんそこには彼女の「偏見」があります。彼女はダーシーの人格を誤解しているのです（誤解は後に晴れます）。だが、彼の求婚を決然と退けた理由はそれだけではありません。

エリザベスがダーシーの求婚を断るのは、より根源的には、彼の「高慢」にあります。ダーシーが自分が最高の買い手であることに微塵の疑いもいだいていないからです。「売れなければならない」娘ならば誰でも狂喜して自分を「売る」だろう。彼がそう決めてかかっているがゆえに、彼女は自分を「売る」ことを拒否するのです。

＊

もちろん、すべての読者が望む通り、エリザベスには奇跡が訪れます。

エリザベスに拒否されたダーシーに大きな変化が訪れるからです。自分を最高の買い手と見なさない娘がこの世にいる。何たる驚きでしょうか。そしてその驚きは自己認識に変わります。

自分が拒否されたのは、まさに自分が自分を最高の買い手であると思っていたからだということに気がつくからです。「売れなければならない」という論理を超越してしまう娘が存在するとは思わなかった。「売れればよいというものではない」という倫理をもつ娘が存在するとは思わなかった。「売れなければならない」という論理を超越する倫理的存在として、女というもの、そして究極的には自分自身すら見ていなかったことに気がつくのです。

それに気がついたときダーシーはすでに以前のダーシーではありません。彼はより深くエリザベスを愛することができるようになったのです。そして長い逡巡の後、再び結婚の申し出をします。その申し出が受け入れられたことはいうまでもありません。

＊

このハッピー・エンドに女性の読者が喝采するのは当然でしょう。

だが、私のような男性の読者も喝采しています。しかも、他人事としてではなく喝采しているのです。その理由はすでに明らかでしょう。

現代の資本主義とは、「売れなければならない」という論理によってすべてが支配されている社会です。その中に生きている人間は、誰もが『高慢と偏見』の中に登場する娘たちと同じ立場に置かれているのです。

そうです。二世紀も前に書かれたこの小説は、まさに徹頭徹尾「女性向け」の小説であったことによって、すべてが「売れなければならない」という論理に対し、「売れればよいというものではない」というそれを超越する倫理の存在を示すことができたのです。それは面白く、楽しく、そして「偉大」な現代の倫理の書であるのです。

（『朝日新聞』二〇〇一年二月二日付夕刊）

Ⅱ　半歩遅れの読書術

吉川英治『宮本武蔵』

（吉川英治歴史時代文庫ほか）

しばらく、読書をしていない。

一年半ほど前、若い頃研究した「不均衡動学」を現代化する論文を突如書き始めた。それからは、寝ても覚めてもという言葉が大袈裟ではないほど数式計算をし続けた。悪い視力がさらに悪くなり、その間に目を通せたのは、専門文献や数学の解説書だけである。したがって、私の「読書術」は必然的に「半歩遅れ」である。

脳の中に渦巻いている無数の数式を脇に寄せ、近年もっとも熱中した本の記憶を手繰りだすと、それは吉川英治（一八九二―一九六二）の『宮本武蔵』（一九三九）である。読んだのは一昨年の夏休み。初読だった。

日本大衆文学の金字塔とされるこの小説をそれまで読まなかった理由はただ一つ。「戦後民主主義少年」だったからである。私は一九四七年二月生まれ。戦争も戦前の社会もまったく知らない最初の世代の一人として受けた学校教育は、純粋な「戦後民主主義教育」であった。

それは日本の歴史を一九四五年八月で切断し、それ以前の歴史を第二次大戦という悪夢に日本を導いた悪い歴史、それ以降の歴史を戦後の民主主義や平和主義につながる良い歴史として腑分けする。その歴史観からすれば、戦国末期から江戸初期にかけて数多くの決闘を制した剣士を描き、日中戦争のさなかに大衆の熱狂的な支持を集めた『宮本武蔵』などは、非民主主義的で反平和主義的な小説でしかない。戦後民主主義教育の落とし子であった私は、『宮本武蔵』を読むのを長らく拒否していたのである。

その私が『宮本武蔵』を読もうと思い始めたのは四〇すぎ。かねてから伴侶の水村美苗が子供時代の愛読書として繰り返し語っていたからである。そして、私もようやく「戦後民主主義少年」であることから卒業していた。だが、大長編であることもあり、さらに二〇年以上も逡巡し、一昨年の夏休みに意を決して読み始めた。

圧倒的に面白かった。古今東西の優れた小説が備えるべきすべての要素が入っている。文章に品格があり、主人公が魅力的である。たけぞうと呼ばれた悪童が、剣を通して人の道を追求する宮本武蔵に成長していく。又八、お甲、朱美、お杉婆――脇役も良い。お通との恋はすれ違い続きで読者をじらし、味方に見えた人物が突如敵に変身し、敵があるとき味方となる。

しかも読者はだれもが結末を知っている。巌流島での佐々木小次郎との決闘である。その大団円に向けて吉川英治がどう物語を展開していくのかを、固唾をのみながらも楽しんでいくのである。

読み終わった時、若い時に読まなかったことを悔やんだ。そして、良い文学とは、時代時代を支配する歴史観などを超越した面白さを持っていることを知らなかった自分を、恥じた。

（『日本経済新聞』「半歩遅れの読書術」二〇一八年三月三日付）

E・H・ゴンブリッチ『美術の物語』

（河出書房新社ほか）

子供の頃、狭い我が家に唯一あった薄い美術書の中の一枚の静物画を何度も眺めた。描かれたいくつもの色鮮やかなリンゴがもつ存在感に、訳もわからず圧倒されたからである（上に掲げたのは、残念ながらその白黒版である）。作者がポール・セザンヌ（一八三九―一九〇六）だと知ったのはずっと後のことになる。

二〇代後半にヨーロッパに長期滞在する機会をえた。現地で美術館巡りをする前にぜひ読むようにと友人に薦められたのが『*The Story of Art*（美術の物語）』（Phaidon, 1950）である。著者のゴンブリッチ（一九〇九―二〇〇一）はウィーン生まれ。ナチズムを逃れて英国に移った美術史家である。

睡眠の助けになるかなと機中で読み始めたが、古代エジプトの章に入って逆に目を覚ました。

それまで私は古代エジプトの人物画を幼稚だと思っていた。

横顔の中に正面を見据える片目が描かれ、前を向いた上半身に横を向いた手足がついている。その姿は不自然でひどくぎこちない。

だが、古代エジプト美術は現代人とは異なる「目的」をもっていたとゴンブリッチは解説する。それは事物の「本質」をできるだけ完全に示すことにある。人物の場合、顔全体は横の輪郭、目と上半身は正面、手足は側面にその本質がもっとも良く現れる。そのような部分部分の本質を組み合わせることによって初めて、完全なる人物を示すことができると考えていたのだと言う。

この解説によって古代エジプト美術に対する見方が一変した。そしてその人物画を眺め直すと、そのぎこちなさが不思議にも美しく見えてきたのである。

機中でさらに、古代中世近代へと流れる美術の歴史を辿り、一九世紀末芸術を解説しているページに至って、さらに目が覚めた。

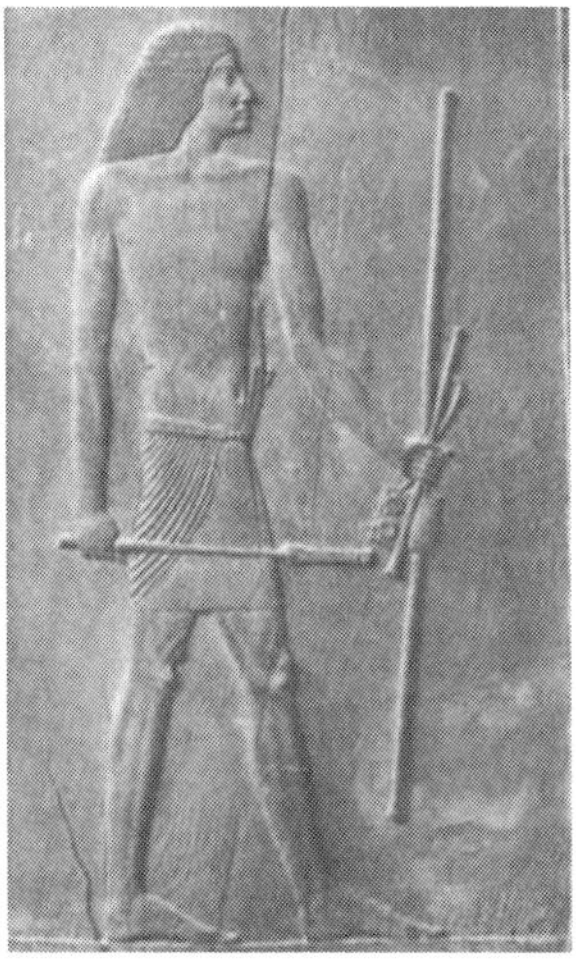

あのセザンヌの絵に再会したからである。

ゴンブリッチは、セザンヌの絵の中の食卓や果物皿が遠近法には従わず、「不自然」に前方に傾いて描かれていることに読者の注意を促す。それには理由がある。あの古代エジプト人のように、食卓の上や果物皿の中に置かれているリンゴの「本質」である丸さや堅さや色鮮やかさを、余すことなく示すためにほかならないというのである。

ギリシャを起源とし、ルネサンスを経て印象派へと発展した西欧近代絵画は、事物を目に映るままに描くことを「目的」としてきた。セザンヌはまさに古代エジプトに回帰することによって、その流れに終止符を打ったのである。そして、そこから出発したのがピカソやマティスやクレーの現代美術である。

私は結局一睡もせず、興奮しながら飛行機を降りた。子供の頃なぜあのリンゴに圧倒されたかを理解したからだけでない。同時に「歴史」を学ぶことをも学んだからである。

それは現代の視点から身を離し、その時代の人々がどのような「目的」をもって行動したかを内側から理解することにほかならない。

そして、歴史は単線的には発展しないということも。

『美術の物語』は七〇〇万部も売れた美術書最大のベストセラーであるという。

（『日本経済新聞』「半歩遅れの読書術」二〇一八年三月一〇日付）

シェイクスピア『ロミオとジュリエット』（白水社ほか）

「目には目を、歯には歯を。」

古代バビロニア王国において紀元前一八世紀に成立したハンムラビ法典にある言葉である。昔は何と恐ろしい言葉だろうと思った。喧嘩で目や歯を失った人間が仕返しに相手の目や歯をえぐり取る残虐な場面を想像していた。だが、シェイクスピアの悲劇『ロミオとジュリエット』はこの言葉のもつ「英知」を教えてくれる。

ロミオはモンタギュー家の一人息子、ジュリエットはキャピュレット家の末娘。両家は中世イタリアの都市ヴェローナの名門だが、血で血を洗う抗争を繰りかえしてきた仇敵である。

キャピュレット家で開かれた仮面舞踏会の日、一悶着起こそうと仲間と一緒に忍び込んだロミオはジュリエットと出会い、恋に落ちてしまう。翌日二人は密かに結婚するが、直後にロミオは喧嘩に巻き込まれ、親友のマキューシオが殺されたことに逆上し、ジュリエットの従兄ティボルトを斬り殺してしまう。殺人犯としてロミオはヴェローナの町からの追放令をうけるが、キャピュレット家は刺客を送る用意をはじめるのである。それは、もちろん、両家の抗争が果てしなく続いていくことを示唆する。

だが、いくつかの不幸な行き違いの末、ジュリエットとロミオはともに自殺をしてしまう。ジュリエットはまだ一三歳、ロミオも若い。はやすぎる死である。そのはやすぎる死に涙することによって仇敵だった両家はようやく英知を手に入れる。

それは、「目には目を、歯には歯を」という英知である。そしてそれは、「目を取られたら目のみを、歯を取られたら歯のみを取り返せ」と読まなければならない。

モンタギュー家とキャプレット家との抗争とは、まさにこの英知が失われた社会の構図にほかならない。一方が他方を侮辱すると、他方が一方を傷つけ、傷ついた一方が今度は他方を斬り殺す。目には目以上、歯には歯以上をもとめる報復合戦はエスカレートし、必ずや両家の破滅をもたらしてしまうのである。

秩序を回復する道は一つ。もっとも崇高な形で、目には目を歯には歯を与えることである。そのためには、それぞれの家にとってもっともかけがえのないという意味で価値の等しい存在を同時に犠牲にしなければならない。まさにそれがロミオとジュリエットだったのである。

両家に和解が成立し、『ロミオとジュリエット』の悲劇は終わる。だが、本を閉じ、現実に引き戻されると、そこはまだ果てしない抗争の世界である。

「目には目を、歯には歯を」というなんとも恐ろしく聞こえる言葉。私たちの悲劇は、私たち人類がその英知にも達していないということである。

（『日本経済新聞』「半歩遅れの読書術」二〇一八年三月一七日付）

アガサ・クリスティー『茶色の服の男』（ハヤカワ文庫ほか）

若い頃、海外に旅行するとよく本屋に立ち寄ったが、国を問わず同じ光景を目にした。アガサ・クリスティー（一八九〇—一九七六）の推理小説が高く積み上げられていたのである。

私は傲慢であった。大衆の間でこんなにも売れている本など読む暇はないと決めつけ、できるだけ前衛的な文学作品や思想書の方に手を伸ばしていた。

だが、じきに前衛疲れし始めた。歳とともに、この世に新しいことなど殆どないことを知るようになったのだ。そしてある日、飛行場の中の本屋に積み上げられていたクリスティーの本をふと手にした。『茶色の服の男』（一九二四）である。そして、機中で読みふけった。

クリスティーの推理小説の中では必ずしも傑作とはされていないことを後に知るが、それ以降、研究に疲れたときなどにクリスティーを読むようになった。

なぜ人はクリスティーを読み続けるのか？

もちろん、プロットが良くできているからである。容疑者のだれにも殺人の動機があり、殺人の機会がある。読者はその組み合わせの中から犯人を推理するが、さまざまな脇筋に惑わされる。最後にもっとも犯人らしくない人物が犯人であることがわかり、ミス・マープルやエルキュール・ポワロといった探偵の謎解きによって大団円となる。読者は落ち着くべき所に落ち着いたプロットの巧妙さに感心する。

ところが近年のことである。クリスティーが、メアリー・ウェストマコットという別名で純文学作品も書いているのを知り、その一つ『春にして君を離れ』（一九四四）を読んでみた。

驚いた。ひどく退屈なのである。作者の分身ともいえる主人公の内面に感情移入できず、読み終わるまでが苦痛なだけの二流の心理小説だった。

だがその苦痛によって、私は二つのことを学んだ。

第一に、クリスティーの推理小説が面白いのは、クリスティーが推理小説というジャンルの文法に従って、人間の内面に入り込むことをみずからに禁じていたからだということである。

容疑者も被害者もその他大勢も、さらには謎解きをする探偵にいたるまで、クリスティーはすべての登場人物に対して距離を取る。そして、それぞれの人物に割りふった性格や続柄や地位や境遇を誇張して演じさせるのである。だが、この徹底的な外面化がその人物描写にユーモアを与えている。そして、読者はそのユーモアを笑いながら、虚栄や傲慢や強欲や嫉妬や色欲といったまさに殺人犯を作り上げる人間の愚かさそれ自体は、時代が変わっても、社会が変わっても、まったく変わりはしないことを再度確認することになるのである。

そして第二に、天は二物を与えないことも。

（『日本経済新聞』「半歩遅れの読書術」二〇一八年三月二四日付）

網野善彦『古文書返却の旅』

（中公新書）

本が沢山ある環境に育ったわけではない。学者が周りにいるということもなかった。それでも、すでに小学生のときには学者になろうと決めていた。わずかな小遣いで買った図鑑を飽きずに眺めるうちに、そう思うようになっていた。

学者といっても色々ある。最終的には経済学を選んだが、物理学者や生物学者も考えた。だが、一度も考えなかったのは、歴史学者である。ことに昔の日本を研究する歴史学者である。「戦後民主主義教育」少年であった私は、封建的な昔の日本など知りたくもなかった。それだけではない。アインシュタインやワトソンとクリックのように、壮大な理論を打ち立てることに憧れ、黴の匂いのする古文書と鼻を付き合わせて一生を終えるなどばからしいと思った。

当然、経済学者となってからも、理論、理論と、理論ばかり研究してきた。ことに考え続けたのは「資本主義とは何か」という問いである。当時日本で支配的な資本主義論はマルクス主義のそれである。産業革命が可能にした工業化に重きを置き、商業を卑賤視していた。商業などは未発達な社会に寄生する活動であり、工業化という「ノアの洪水」によって一掃されるはずの過去の遺物であるとされていた。

それに対し、私が導いた資本主義論はまさに商業に資本主義の大本を見いだす。その原型は遠隔地交易。インドで一ポンドで仕入れた胡椒をヴェニスで一〇ポンドで売る。価格の違い＝「差異性」が利潤を生み出す。そして、工業中心の産業資本主義でも情報中心のポスト産業資本主義でも、「差異性」が利潤を生み出すという資本主義の原理は変わらない。

ただ、不安であった。頭の中だけの理論にすぎないのでは、と。そんな私を励まし続けてくれたのは網野善彦（一九二八—二〇〇四）の著作である。「無縁」という原理によって日本の中世史を書き換えた初期の著作にも大きく影響されたが、晩年の『古文書返却の旅』（一九九九）という小さな本も、そのページを繰り返しめくっている。

第二次大戦後の混乱期、過激な共産党活動から脱落した若き網野氏は、偶然の重なり合いから、日本常民文化研究所の月島分室で古文書を読み解く研究を細々と始めることになった。歴史学者網野善彦の誕生である。

それから三〇年後、その月島分室が集めていた大量の古文書が、その所有者に返却されないまま放って置かれていることを知り、驚愕する。そして、お詫びと返却の旅に出るのである。

その旅の中、奥能登の大旧家である時国家《ときくに》を訪れ、分室が借りていた文書をお詫びとともに返却すると、お蔵にまだ大量に残っている資料の新たな調査を依頼されるという幸運に恵まれる。そして、襖の下張りとして使われていた文書を整理し解読していく作業の中で、それまで農民だとされていた「百姓」には、蝦夷から大坂までを股にかけた遠隔地交易をする大商人も含まれていることを発見する。

日本の中世も近世も、農業中心の自給自足的な社会であったというよりは、商人が活躍する資本主義的な社会であったという発見である。

私は反省した。黴の匂いのする古文書と鼻を付き合わせることに、こんな知的な冒険が秘められていたのかと。

（『日本経済新聞』「半歩遅れの読書術」二〇一八年三月三一日付）

付記1：時国家は上《かみ》時国家と下《しも》時国家に分かれており、両家の住宅はともに国の重要文化財に指定されている。だが、二〇二四年一月の能登半島地震で、下時国家住宅は倒壊を免れたものの、上時国家住宅は倒壊してしまった。復旧計画は未定だという。

付記2：日本常民文化研究所とは、渋沢栄一の孫であり、後に日銀総裁や大蔵大臣を歴任する渋沢敬三がまだ東京帝国大学の学生であった一九二一年に自宅の物置小屋の屋根裏に作った小さな博物館（アチック・ミューゼアム）から出発した研究所である。普通の人（常民）の生活文化の歴史を研究することをその目的に掲げている。一九六三年に渋沢敬三が没した後も、民間の研究機関として活動を続けていたが、次第に経営が困難になっていく。一九八〇年、網野氏は、そのままでは存続が危ぶまれたこの日本常民文化研究所を神奈川大学に引き取ってもらう約束をとりつけると、名古屋大学教授職を辞して、神奈川大学の短期大学部に移籍する。研究所を拠点として月島分室の残務整理や古文書返却の仕事に専心するためである。日本常民文化研究所が神奈川大学内に正式に発足したのは一九八二年。網野氏はその後一九九三年まで神奈川大学に在籍している。その神奈川大学に、私は二〇二二年から奉職している。偶然ではあるが、嬉しい偶然である。

Ⅲ　時代の中で考える　1

——『思潮』から（二〇〇〇—二〇〇四）

小津安二郎と黒澤明——日本映画の二つの世界性

少し前のことになりますが、夜遅くテレビのチャンネルを回していると、懐かしい白黒の映像が突如、目に入りました。画面の手前から奥に向かって真っ直ぐ走る板張りの廊下が、低い角度から映し出されていたのです。右側には和室の障子、左側には庭先のガラス戸、正面奥にもガラス戸があり、その向こうには垣根らしきものが見えています。

何の変哲もない日本の家屋の映像です。だが、一目で「ああ、小津だ」と判るのです。どの映画だろうと思って、チャンネルを固定してみると、原節子が歌を口ずさみながら現れ、庭先に干してあった洗濯物を取り入れて、和室で畳み始めます。次に、街灯がともった夕暮れの道を律儀な歩調で歩いてくる背広姿の笠智衆が映し出されます。

『晩春』でした。何度も見たことのある映画ですが、目が離せなくなり、そのまま見続けてしまいました。そして見終わった時、以前見た時に劣らぬ感動の中で、眼鏡の曇りを拭いている自分を見いだすことになったのです。

今年は小津安二郎の生誕一〇〇年・没後四〇年にあたり、様々な企画がなされています。私が見たテレビ番組もその一環であったはずです。いや、日本だけではありません。ネットで検索すると、まさに世界中で小津を記念する映画祭が予定されています。

いまや小津は「世界のＯＺＵ」です。世界の映画ベスト何々といった企画には、日本から黒澤明とともに必ず小津の映画が選ばれますし、ヴェンダースやスコセッシやジャームッシュなど、世界中で多くの監督が小津からの影響を公言しています。

＊

黒澤が「世界のクロサワ」であることを理解するのは、難しくありません。

昔、アメリカの大学町の映画館で『用心棒』を見たことがあります。映画のタイトルとともに三船敏郎の後ろ姿が現れ、時おり肩をゆすりながら野道を大股に歩き始めると、それだけで拍手が起こります。敵役の仲代達也が登場するとブーイングが起こり、決闘の場面で、拳銃をもった仲代の右腕に三船が包丁を投げ刺して勝利すると、それこそヤンヤの喝采です。

黒澤がここで描き出したのは、日本の時代衣装を纏わせてはいますが、世界の誰もが心を躍らせる、まさに最も「映画的」な物語にほかなりません。

同じことは、『七人の侍』や『椿三十郎』といった他の時代劇についても、『酔いどれ天使』や『悪い奴ほどよく眠る』といった現代劇についても言えます。事実、『七人の侍』はハリウッドで『荒野の七人』という西部劇に作り替えられ、『用心棒』は『荒野の用心棒』というマカロニ・ウェスタンに盗用されました。

そして皮肉なことに、世界のクロサワとなった黒澤が、自分の思想や美意識を前面に押し出そうとした晩年の作品はどれも退屈で、その世界性すら失うことになってしまったのです。

＊

これに対して、小津の映画の世界性はいったいどこにあるのでしょうか。

若き日の小津は、アメリカ映画の徹底した模倣から出発しました。そして、一九三二年には『生れてはみたけれど』という社会風刺の効いたサイレント喜劇の傑作まで作っています。実際、その頃の小津は「日本人の生活」が「非映画的に出来ている」ことを嘆き、「もっともっと、日本の実際の生活は、映画的にならなければなりません」という願いを表明しているのです。[1]

だが、戦後に入ると間もなく、小津は、「日本映画独特の味を発見し、それを生かしていく心掛けの大切さ」を主張するようになるのです。[2] そして、『晩春』、『麦秋』、『お茶漬の味』、『東京物語』、『彼岸花』、『お早よう』、『浮草』、『秋日和』、『小早川家の秋』、『秋刀魚の味』といった作品を次々と世に出しました。

たとえば四九年に発表した『晩春』は、妻を亡くした大学教師と戦争中に胸を患い婚期が遅れた娘の話です。独り暮らしとなる父親を心配して家を離れようとしない娘に対して、父親は自分も再婚するふりをして、縁談を承知させることになるというのが物語です。

ただ、ここでは物語自体は二次的な意味しかもっていません。実際、『麦秋』や『彼岸花』や『秋日和』や『秋刀魚の味』などは、いずれも『晩春』の変奏曲と見なせる作品です。もちろん、映画ごとに人物やその関係は変わります。だが、それらの違いはすべて、娘の結婚式を節目とした家族の離合集散という、大きな主題の中に吸収されてしまうのです。

その代わりに、小津が克明に描き出していくのは、近所同士による天候の挨拶や、居間で食卓を囲む家族の夕食や、親に楯突く子供の泣き声です。通勤客を乗せた電車や、タイプライターの音がするオフィスや、盛り場での小さなバーです。小料理屋で冗談を言いあう旧友や、喫茶店で語らう若き男女や、場末の居酒屋でくだを巻く酔っぱらいです。「青葉茂れる」を唱和する同窓会や、噂話に打ち興じる女友達です。観劇や旅行や冠婚葬祭です。すなわち、「日本人の生活」そのものなのです。

驚くべきことは、このような場面場面の積み重ねが、小津の映画を見る人に、まさに最も「映画的」な感動を与えるという事実です。

だがそれは、若き日の小津が願ったように、「日本人の生活」が変わって、「映画的」になったからではありません。小津自身が、「日本人の生活」をそのまま「映画的」なものとして映し出すことに成功したからなのです。小津の映画が、「映画」の枠組みそのものを大きく拡大したからであるのです。

五〇年代、黒澤の『羅生門』を皮切りに、日本映画が欧米の国際映画祭で立て続けに受賞していた時でも、小津の映画は「あまりに日本的」で、海外への進出は不可能だと考えられていました。だが小津自身は、自分の映画の世界性を疑ってはいませんでした。晩年には、キャメラマンの厚田雄春に次のように語っていたといいます。

「嘘じゃない。日本の生活の中から俺はやっている。だから、日本の生活があんなもんだなっていうことが、なんかね、毛唐もそのうち判るよ。[3]」

*

私が初めて見た小津の映画は『晩春』でした。七〇年代の初め、それも日本ではなく、黒澤の『用心棒』を見たのと同じアメリカの大学町の中です。娘の結婚式の日の深夜、父親役の笠智衆が部屋で一人、皮をむきかけたリンゴを手に持ってじっと背中を丸める場面に至ると、多くの観客が鼻をすすり始めました。「終」の文字に続いて館内が明るくなった時、私は眼鏡の曇りを拭きながら、自分が小津の映画を通して、「世界」と繋がっていることを実感していたのです。

(『朝日新聞』二〇〇三年八月五日付夕刊)

(1) この言葉は、『小津安二郎を読む——古きものの美しい復権』(フィルムアート社、一九八二)に収録されています。
(2) この言葉も、『小津安二郎を読む——古きものの美しい復権』に収録されています。
(3) 厚田雄春・蓮實重彥『小津安二郎物語』(筑摩書房、一九八九)。

「瓶の妖鬼」を読む――「貨幣」の交換と「魂」の交換

先日、友人から次のような内容の電子メールを受け取りました。

「子供の頃、スティーヴンスンの『瓶の妖鬼』という短編を読んで強い印象を受けた記憶がある。岩波文庫で最近復刊された『南海千一夜物語』（中村徳三郎訳）に収録されている。『貨幣論』の立場から読み解くと、面白いのではないかと思うが、いかが。」

スティーヴンスンとはあの『宝島』の作者です。私は急いで『南海千一夜物語』を注文して、『瓶の妖鬼』を読んでみました。私も強い印象を受けました。今回は、その理由を話してみたいと思います。

＊

それは、ハワイ人のケアウェとその妻コクアの物語です。

ケアウェはまだ独身であった時、五〇ドルで一つの小瓶を買います。それは中に恐ろしい顔をした小鬼が住む不思議な小瓶で、持ち主の願う事は永遠の命以外なら何でも叶えてくれるというのです。

ケアウェには、花が咲き乱れる庭に囲まれた王宮のような家を持つ夢がありました。その夢はたったの五〇ドルで直ちに実現されてしまったのです。

もちろん、小瓶は呪われています。それを持ったまま死ぬと、持ち主の魂はその中の子鬼によって地獄に引きずり降ろされてしまうのです。その難を逃れるには、ケアウェは生きている間にその小瓶を他人に売り払わなければなりません。だが奇妙なことに、それは買った価格よりも安く売らなければ売り手の元に戻ってきてしまいます。タダで譲ってもやはり戻ってきてしまうのです。

小瓶の最初の持ち主であったアビシニアの王様は、悪魔に数百万ドルも支払ったといいます。だが人から人へと売り渡された数百年の間にその価格は大幅に下がり、ケアウェが買い取った時には五〇ドルにまで下がっていたのです。ケアウェは小瓶を友人のロパカに売り渡します。

ある日、ケアウェはコクアという名の娘と出会います。二人は即座にお互いを好きになるのです。だがじきに、ケアウェは自分が不治の伝染病に冒されていることを知ります。病を移さずにコクアとの愛を貫く道はただ一つ。小瓶に病を取り去ってもらうことです。だが小瓶はすでにロパカの元を離れ、何人もの手を渡っていました。ようやく小瓶を捜し当てると、その持ち主はなんと人から二セントで買ったという。ケアウェは泣く泣く小瓶を一セントで買い取ります。地獄へ堕ちる決心をしたのです。ハワイでは一セント以下の硬貨はありません。小瓶は死ぬまで誰にも売り渡せないのです。

＊

私は九年前に『貨幣論』という本を出版しました。小鬼の住む小瓶とは、友人が示唆してくれたように、まさに「貨幣」の象徴として読むことができるのです。
人はみな貨幣を欲しがります。貨幣を持てば、どのような商品でも手に入れることが出来るからです。

だが、貨幣の実体は、何の価値もない単なる紙切れや金属片でしかありません。その紙切れや金属片が一万円や一ドルの価値を持つのは、他人がそれを一万円や一ドルの価値として受け取ってくれるからにすぎません。そしてその他人が受け取ってくれるのも、さらに他人が受け取ってくれるからにすぎないのです。それゆえ、誰も貨幣を受け取ってくれないと人々が思い始めれば、実際に誰も貨幣を受け取らなくなってしまいます。ハイパーインフレーションとよばれる現象がそれです。その時、貨幣は急速に価値を失い、最終的にはその実体である単なる紙切れや金属片に戻ってしまうのです。

そのことを極端な形で表しているのが小瓶です。それは一見すると、どのような願いも叶えてくれる素晴らしいものに見えます。だが、その実体は地獄なのです。誰かが買ってくれなければ、持ち主の魂は子鬼によって地獄に引きずり込まれてしまいます。しかも、人から人へと売り渡される度に価格が下がるこの小瓶には、ハイパーインフレーションが始めから仕込まれているのです。誰かの魂が必ず地獄に堕ちるのです。そして、その運命がケアウェに降り掛かったのでした。

だが、話はまだ終わりません。この物語にはさらに、貨幣の論理を超越する論理が語られているのです。

＊

コクアは幸せなはずの結婚生活なのに、ケアウェが絶望しているのに気がつきます。その理由を知ると、聡明な彼女はフランス領タヒチでは一セントより少額の一サンチーム硬貨が流通していることを思い出し、ケアウェとともに移り住みます。

しかし、タヒチでは誰も小瓶を買ってくれません。そこでコクアは意を決し、人を介してケアウェに内証でケアウェから小瓶を買い取ってしまうのです。だが、ケアウェはすぐそのことを察します。今度はケアウェが、人を介して内証でコクアから小瓶を買い取る決心をするのです。

貨幣を手に持つ人間にとって、他人はすべて自分のための手段にすぎません。自分の手元の紙切れや金属片を貨幣として受け入れてくれさえすれば、その人間がどのような人間であっても構わないのです。

すべての人間がすべての人間にとっての手段のみとなってしまう世界——それは、まさに地獄です。そして、そのことを単なる比喩ではなくしてしまうのが小瓶です。その持ち主にとって、すべて他人は自分の魂を地獄に堕とさないための手段でしかありません。いや誰か他人の魂を地獄に堕《お》とさなければ、自分の魂が地獄に堕ちてしまいます。道理で小鬼は恐ろしい顔をしているはずです。

＊

だが、コクアとケアウェがそれぞれ相手に内証で相手から小瓶を買おうとした時、貨幣の論理が逆転します。二人はともに、相手を自分の手段とするのではなく、逆に自分を相手の手段としようとしたのです。本来何ものとも交換しえない絶対的な価値であるべき自分の魂を犠牲にして、相手の魂を救おうとしたのです。

ここに、魂の交換が成立したことになります。だがそれは、同じ貨幣価値をもつモノ同士の交換ではありません。二人がそれぞれ、何ものとも交換しえない絶対的な価値を一方的に相手に与えることによって、結果的に成立した交換なのです。それは、貨幣的な交換を超越したまさに倫理的な交換であるのです。

そして、この交換には別名があります。「愛」という別名です。

もちろん、奇跡が起こります。

ケアウェに頼まれて小瓶をコクアから買いとったアル中の水夫長が、お酒欲しさにそれをケアウェに売り渡すことを拒否してしまうのです。

二人が末永く幸せに暮らしたことは言うまでもありません。


（『朝日新聞』二〇〇二年二月六日付夕刊）

『マイ・フェア・レディ』考

つい最近テレビで『マイ・フェア・レディ』を見る機会がありました。オードリー・ヘップバーンとレックス・ハリソンが主演したあのミュージカル映画です。前に何度か見ていますが、いつも同じように感ずるところがあり、今回、取り上げることにしました。

『マイ・フェア・レディ』には原作があります。ジョージ・バーナード・ショーが一九一三年に発表した『ピグマリオン』という題名の戯曲です。それを下敷きに一九五六年にミュージカルが制作され、その大ヒットを受けて一九六四年に映画化がなされたのです。

『ピグマリオン』とは、自分が制作した女性の彫像のあまりの美しさに恋をしてしまったギリシャ神話の登場人物です。その恋の苦しみを女神アプロディテが憐れみ、ある日ピグマリオンが象牙の彫像の口に接吻すると、冷たい象牙にたちまち血潮が満ちあふれ、生きた女性となったという物語です。創造者が創造物に恋をしてしまう――このギリシャ神話を、二〇世紀初頭のイギリス社会に移植したのが、戯曲の『ピグマリオン』であり、映画の『マイ・フェア・レディ』であるのです。

周知のように、バーナード・ショーは風刺家として有名です。彼はまた社会主義の活動家でもありました。『マイ・フェア・レディ』が当時のイギリスの階級社会の風刺となっていることは言うまでもありません。だがショーは、イギリスの階級社会がもっとも明確に現れる「言葉」という問題を取り上げることによって、単なる風刺を超えた作品――言葉と人間という問題を考察する作品を書くにいたったのです。

＊

「この英語ではこの娘も一生貧民窟暮らし。だが私なら半年で大使館の舞踏会に公爵夫人として出してやる。」

『マイ・フェア・レディ』の冒頭の場面です。大声でコクニー（下町訛）英語をしゃべり散らす花売り娘のイライザを指して、言語学者のヒギンズ教授がインド方言研究者のピカリング大佐に向かって言うセリフです。

次の日、淑女になるための英語を教えて欲しいと自宅に押し掛けてきたイライザに、ヒギンズは自分の音声教育法を実験する絶好の材料を見いだします。ピグマリオンが彫り込み甲斐のある象牙を手に入れたのです。そして、ピカリングと賭をします。半年でこの薄汚い花売り娘を公爵夫人に仕立て上げてみせるという賭です。ヒギンズはイライザを引き取り、言葉の特訓を始めます。

いく度かの挫折を経て半年後、ヒギンズとピカリングに連れられて大使館の大舞踏会に乗り込んだイライザは、まさに大成功を収めます。その晩、自宅でヒギンズは、舞踏会の間中イライザの素性を嗅ぎ回っていたハンガリー人が「イギリス人にはあんなに完璧な英語は話せない。彼女は専門の教師から英語を学んだハンガリーの王女に違いない」と招待客に吹聴し回っていたことを、得意げに披露するのです。

ヒギンズは賭に勝ちました。花売り娘に淑女の言葉を教えれば、公爵夫人、いや王女にすら仕立て上げられることを実証したのです。淑女と花売り娘との違いは、淑女は淑女として振る舞い、花売り娘は花売り娘として振る舞うだけであるというわけです。

*

だが、物語はまだ終わりません。舞踏会でのイライザの笑いは作られた笑いでした。淑女の言葉を身に纏った花売り娘は、象牙のままではありませんが、まだ冷たい彫像に過ぎないのです。本当の物語は、この彫像にいかに命が通い始めるかにあるのです。

その日の深夜、イライザはヒギンズと口論をして家を出、ヒギンズの母親のもとに庇護を求めます。そして次の朝、母親の家にやってきたヒギンズの前で、次のような言葉を発します。

「淑女と花売り娘の違いは、彼女自身がどう振る舞うかではなく、彼女がどう扱われるかです。私を花売り娘としてしか扱ってくれないヒギンズ教授の前では私はいつも花売り娘。でも、淑女として扱ってくれるピカリング大佐の前ではいつも淑女なのです。」

確かにヒギンズは社会的な意味では、自分を淑女に仕立て上げてくれた。だが、日々の人間と人間との関係においては、自分をまったく一個の人間として扱っていないと、訴えているのです。

これに対してヒギンズは反論します。「私は公爵夫人も花売り娘のように扱っている。君を粗末に扱うと言うが、他の女と区別していない。私はすべての人間を同等に扱っているのだ。」

だが、ヒギンズがこう言い放った時、この言葉はヒギンズの心を裏切っていたはずです。なぜならば、ヒギンズにとってイライザは、もはや他の女と同等の存在ではなくなっているからです。

いまヒギンズの目の前にいるのは、コクニーをしゃべり散らす花売り娘ではありません。淑女として振る舞うために淑女の言葉を話す花売り娘でもありません。それは、ヒギンズから学んだ言葉を駆使して、そのヒギンズに挑戦するイライザです。外部の言葉が内部の言葉になっているのです。淑女となるための道具として与えられた言葉が、いつの間にか自分自身の言葉となっているのです。すなわち、イライザは一個の独立した人間としての存在を持ち始めているのです。冷たい象牙の彫刻が、その口に言葉を吹き込まれることによって、熱い血潮に満ちあふれるようになったというわけです。

ここにイライザとヒギンズが初めて対等な人間として対峙することになったのです。そして、それは本当の意味でのロマンスの開始を告げます。ヒギンズの目は、強がりを言うその言葉とは裏腹に、イライザに恋しています。後は、イライザがヒギンズに恋を返すかどうかだけが問題であるのです。

＊

実は、原作の『ピグマリオン』では、このロマンスは成就しません。イライザは貧乏な青年紳士のフレディーと結婚してしまうのです。バーナード・ショーの劇作家としての自負がハッピー・エンドの安易さを許さなかったのでしょう。だが私は、バーナード・ショーの権威に敬意を払いつつも、大団円としてはミュージカル版のほうが正しいと思っています。そして、そのほうがずっと楽しい。

そうです。イライザは一度はヒギンズに別れを告げますが、結局は彼のもとに戻ってくるのです。二人が結ばれることが暗示されて、『マイ・フェア・レディ』はめでたく幕を閉じます。

（『朝日新聞』二〇〇三年一一月四日付夕刊）

市場と人権

一九九九年一二月、普段は静かなアメリカ西岸の町シアトルが大混乱に陥ったことは、まだ記憶に新しいはずです。そこで開催されたＷＴＯ（世界貿易機関）の閣僚会議に対して、「反グローバル化」を旗印とする数多くのＮＧＯ（非政府組織）が大規模な抗議行動を行い、警官隊と激しく衝突したのです。過激化した抗議グループの一部が、貧しい国の労働者を不当に安い賃金で使っているという非難を浴びせながら、ナイキやリーボックやＦＡＯシュワルツやスターバックス・コーヒーといったグローバル企業の建物の窓を割って、その中になだれ込んでいく写真が、新聞や雑誌に大きく報道されました。そしてこの四月にワシントンで開催されたＩＭＦと世界銀行の会議に際しても、ＮＧＯ主体の大規模な抗議行動がくりひろげられました。

シアトルやワシントンに集まった反グローバル化運動の参加者には、大きくいって二種類ありました。一つは、伝統的な保護主義者です。彼らは、自国の産業の既得権を擁護するために集まった「利己的」な人たちです。もう一つが、いま新しい勢力となりつつある人権主義者です。彼らは、発展途上国の労働者の人権を擁護するために集まった「利他的」な人たちです。伝統的な保護主義についてはすでに多くのことが言われています。ここでわたしが取り上げてみたいのは、この心優しき人権主義者たちのことなのです。

人権主義者の主張は簡明直截です。市場と人権とのあいだには本質的な対立があるというのです。企業は利潤を求めます。貧しい国に進出しているグローバル企業は、より多くの利潤を求め、現地の労働者に人間らしい生活が不可能なほど低い水準の賃金しか支払おうとしないというのです。市場のグローバル化は、貧しい国の労働者の基本的人権を必然的に侵害してしまうというのです。

では、このような主張が前提としているのは何でしょうか？　それは、「人権」という概念の自明性です。人権が人類の始めから天賦のものとして人類に備わっているという思想です。その天賦の人権の侵害が、近年になってＣＮＮやインターネットを通じて多くの人の眼に触れるようになったというのです。

「われわれは、すべての人が平等に造られ、造物主によって、譲り渡すことのできない一定の権利を天賦のものとして付与されていること……を自明のものと信ずる。」

これはアメリカの独立宣言の一節です。だが、ここでわたしたちは自問せねばなりません。本当に人権とは天賦のものでしょうか？

たとえば、一七世紀のイギリスに、インドのムガール帝国の旅行記を自宅の書斎で読んでいる人がいたとしましょう。その人が、タージ・マハルの建設作業のなかで多くの荷役人や石工が苦役についている文章を眼にしても、これが人権の侵害にあたると思ったでしょうか？　大いなる同情は感じたとしても、はたして人間としての権利が損なわれていると感じたかは疑問です。イギリス人とインド人、キリスト教徒とイスラム教徒、両者が同じ「人間」であるという意識が存在したかどうかがそもそも疑問だからです。

同じ人間であるという意識――普遍的人権概念の基礎をなす、同じ人間であるという意識は、すぐれて歴史的なものです。そして、その歴史とは、まさに市場の成立と深く関わっているのです。

市場とは何でしょう？　それは、単にモノを交換する場ではありません。すべてのモノが交換されるためには貨幣を必要とします。貨幣とは一般的な価値尺度です。そして、その貨幣の媒介によって、まったく異質のモノが市場価値という同質性を与えられ、さらに市場価値の数量的な大小によって序列化されることになるのです。ひとがどれだけ大切にしているガラス玉でも、ひとたび市場に投げ出されれば、他のすべてのモノと同様に市場価値をもち、ダイヤモンドの一億分の一という数字を与えられてしまうのです。

人間についても同じことが言えます。先ほどの旅行記を読むイギリス人とタージ・マハルで苦役するインド人とは、同じ市場のなかの住民ではないのです。だれも両者の価値を比べようとは思いません。ところが、市場のグローバル化によって、いまでは先進国の人間と途上国の人間の価値が、同じドルという共通の貨幣単位で数量化されることになります。実際、CNNの番組で、グローバル企業の下請け工場に売られたインドの子供の値段が三〇ドルであったというレポートが流されています。そしてこの数字は、CNNの別の番組に映し出される世界一の資産家ビル・ゲイツの六〇〇億ドルともいわれる資産額と比べられることになります。それによって、同じ地球に生きている人間のあいだになんと二〇、〇〇〇〇、〇〇〇〇倍という価値の差があることがだれの目にも明らかになってしまうのです。
人間の価値の数量化——それは同時に、人間の価値の過酷な序列化でもあります。インドの子供とビル・ゲイツの映像を前にした人々は、三〇ドルと六〇〇億ドルという数字を比べて、同じ人間なのにこんなにも価値が違うといって憤慨するでしょう。同じ人間として、何かしなければならないと考えるでしょう。

だが、まさにその瞬間こそ、「人間」という理念が世界化する瞬間です。「人権」という概念が普遍化する瞬間です。本来的にすべての人間が平等にもっている価値が、市場によって二〇億分の一という価値しか与えられていないというのではないのです。反対に、市場によって二〇億分の一の価値しか与えられていないのがだれの目にも明らかになることによって、人間の人間としての価値をすべての人間が平等にもっているという理念が生まれてくるのです。ほかのどのような価値とも交換しえない絶対的な価値としての人間の尊厳——それは、すべてのものが交換可能な市場における価値との対立のなかで、まさにそのような市場価値を超えた価値としてしか生まれてこないのです。

心優しい人権主義者のいうように、市場のグローバル化とは決して人間にとって優しくはありません。しかしながら、それがもたらす人間の価値の過酷な序列化のなかにこそ、すべての人間が他の何ぴととも交換しえない絶対的な尊厳をもつという理念——普遍的な人権概念の可能性が埋め込まれているのです。そうです。労働者の人権も、女性の人権も、マイノリティーの人権も、まさにそのような過酷な序列化のなかから歴史的に生まれてきたものなのです。

（『朝日新聞』二〇〇〇年五月九日付夕刊）

「言語・法・貨幣」が人間を自由にする

去る六月二六日、米国のクリントン大統領は記者会見を行い、米ベンチャー企業セレラ・ジェノミックス社と日米欧の国際研究グループがそれぞれ「ヒトゲノム」の解読作業をほぼ完了したと発表しました。

ヒトゲノムとは、「人間の設計図」とでもいうべきものです。それは人間のDNAを構成する四種類の化学物質（塩基）が三二億続く配列のことで、その中の遺伝子が脳や血液や骨や内臓となるたんぱく質を作る指令を出し、人間の成長から老化までのあらゆる生命現象をつかさどっているのです。その三二億の配列がほぼ解明されたというのです。

クリントン大統領は、「遺伝子情報を利用した新しい薬づくりの幕開けであり、病気の治療や診断、予防についての新たな時代が始まる」と述べて、先陣争いを演じた二つの陣営をたたえました。世界の製薬会社は巨大なビジネス分野の出現に興奮し、競って新薬開発に乗り出しています。

だが、このような経済界の興奮とは裏腹に、人々の間では言い知れぬ不安が広がっています。それは自分の運命はあらかじめ決まっているのではないかという不安です。そしてそれは、人間が人間であることの証しであるべき「自由」とは、遺伝子情報に関する無知ゆえの幻想にすぎなかったのではないかという形而上学的な不安でもあるのです。

二〇年前、人間は希望をもっていました。人間とは本来的に可塑的な存在であり、その本性の大部分を後天的に習得するのだという「環境説」が大きな力をもっていたからです。

だが、この二〇年間に事態は大きく変わりました。生物学の進展によって、親からの遺伝が人間の能力や性格や行動パターンに決定的な影響を与えていることが次々と明らかになってきたのです。事実、新聞やテレビは毎週のように、性格やアルコール依存度、職業の選択や性的な嗜好などを左右する遺伝子の発見を告げています。異なった環境で育てられた一卵性双生児に関する研究は、攻撃性や道徳心や知能水準などの八割近くが遺伝によって説明できるという報告を行っています。

遺伝学には、ナチスによって民族浄化のために悪用されたという忌まわしい過去があります。それゆえ、良心的知識人の間ではこのような研究動向に関して強い警戒心がいまだに残っています。だが、環境説と遺伝説との間の長年の対立がいま大きく「遺伝説」に傾きつつある事実は、だれも否定することはできないでしょう。

そして、このような学問的趨勢をその極限にまで推し進めてきたのが、ハーバード大学名誉教授のエドワード・ウィルソン博士です。アリの生態学の第一人者であり、生物多様性の概念の提唱者であり、社会生物学という学問の主導者でもある博士は、一年ほど前に出版した『知識の統一』（一九九八）という本の中で、経済学や人類学から倫理学や宗教や芸術まで、人間に関するあらゆる知識はすべて遺伝学、さらにはその基礎をなす分子生物学に還元されるべきだという考えを提示しました。(1)

私たち人類は長い進化の過程の中で、社会生活を営むために望ましい行動パターンを生み出すさまざまな遺伝子を蓄積してきたといいます。その遺伝子によって脳の中にあらかじめ書き込まれた行動パターンの総計こそ、社会的な生物としての「人間の本性」にほかならないと博士は主張するのです。この事実を無視してきた従来の社会科学や人文学は無意味であり、新たな基盤の上に再構築される必要があると言うのです。

どうやら私は二一世紀には失業の憂き目にあいそうです。あのセレラ社がヒトゲノムの中に人間の経済活動を支配する遺伝子を見つけてしまえば、経済学者の仕事はもはや終わってしまうということです。

だが、本当にそうなのでしょうか？（本当に私は失業するのでしょうか？）。本当に人間の経済活動、より一般的には人間の精神活動は、ヒトゲノムの中の遺伝子の作用に還元されてしまうのでしょうか？

もちろん、答えは「否」です。ウィルソン博士の世界的な権威にもかかわらず「否」です。そして私がそう答える理由は、だれもが知っていることです。人間は「言語」を語り、「法」に従い、「貨幣」を使う生物であるからです。

人間は社会的な生物です。だが他の社会的な生物とは異なり、人間はお互い同士の直接的な関係のみによって社会を形成するのではありません。人間はそもそも言語を媒介としなければ集団を形成できません。法を媒介としなければ国家を形成できません。貨幣を媒介としなければ交換関係を形成できません。社会的な生物としての「人間の本性」には、それゆえ、人間と人間とを関係づける「媒介」としての言語や法や貨幣が必須の存在として含まれているのです。

もちろん、セレラ社がどんなに調べても、ヒトゲノムの中に言語や法や貨幣に対応する遺伝子など見いだすことはできません。人間は言語や法や貨幣を媒介とする能力を遺伝的に蓄積してきましたが、言語それ自体、法それ自体、貨幣それ自体は、人間の脳の中にあらかじめ埋め込まれているわけではないのです。言語も法も貨幣も、少なくとも生まれたての人間にとっては、まさに脳の「外部」から与えられる存在なのです。

そして、まさにここに人間の「自由」の可能性が生まれてくるのです。

それは、人間が言語や法や貨幣を自由に創造しうるから自由であるという意味ではありません。それではかつての環境説に戻ってしまいます。それは逆に、言語や法や貨幣が人間には外部の存在であることが、人間に人間としての自由の可能性を与えるのだということなのです。

言語と法と貨幣の起源は、人間の記憶の遠い彼方に消えています。だが、それはある時「発見」され、人間から人間へと継承されてきた長い歴史の中で、個々の人間の認識や目的や意図をはるかに超えた、意味の体系、規範の体系、価値の体系をそれぞれ築き上げていきました。

私たち人間は、言語を語り、法に従い、貨幣を使うことによって、それらが築き上げた意味や規範や価値の体系を自分のものにすることができるのです。そして、まさにそのようにして手に入れた普遍性の立場から、一個の生物としての自分の認識や目的や意図を相対化し超越することができるようになるのです。自分を見るもう一つの目――「外部」からの目を手に入れるのです。それによってはじめて人間は、自分の「内部」に遺伝的に書き込まれた行動パターンの総計としての存在から「自由」になる可能性をもつのです。すなわち、人間が人間になるのです。

「言語・法・貨幣」万歳です。

私はもちろん、自分の失業が回避されたことを祝っているのではありません。ヒトゲノムの解読にもかかわらず、人間が自由であるという可能性を祝っているのです。


(『朝日新聞』二〇〇〇年八月二日付夕刊)

(1) Edward O. Wilson, *Consilience: The Unity of Knowledge*, (Knopf, 1998); 邦訳『知の挑戦——科学的知性と文化的知性の統合』(角川書店、二〇〇二)。

経済学の「論理」と環境問題の「倫理」

私は経済学者です。そして、経済学者とは現代において数少ない「悪魔」の一員です。人類は太古の昔から利己心の悪について語ってきました。他者に対して責任ある行動をとること——それが人間にとって真の「倫理」であると教えてきたのです。だが、経済学という学問はまさにこの「倫理」を否定することから出発したのです。

経済学の父アダム・スミスはこう述べています。「通常、個人は自分の安全と利得だけを意図している。だが、そうすることによって、彼は見えざる手に導かれて、自分の意図しなかった〔公共の〕目的を促進することになる」。ここでスミスが「見えざる手」と呼んだのは、資本主義を律する市場機構のことです。資本主義社会においては、自己利益の追求こそが社会全体の利益を増進するのだと言っているのです。

＊

経済学者の「悪魔」ぶりがもっとも顕著に発揮されるのは、環境問題に関してでしょう。多くの環境保護主義者にとって、資本主義が前提とする私的所有制こそ諸悪の根源です。環境破壊とは、私的所有制のもとで個人や企業が自己利益のみを追求していくことによって引き起こされると言うのです。だが、経済学者はそのような倫理観を逆撫でします。私的所有制とは、まさに環境問題を解決するために導入された制度だと言うのです。

かつて人類は誰のものでもない草原で自由に家畜を放牧していました。家畜を一頭増やせば、それだけ多く肉や皮やミルクがとれます。草原は誰のものでもないので、家畜が食べる牧草はタダです。確かに一頭増えれば他の家畜が食べる牧草が減り、その発育に影響しますが、自由に放牧されている家畜の中で自分の家畜が占める割合は微々たるものです。それゆえ、人々は草原に牧草がある限り、自分の家畜を増やしていくことになります。その結果、牧草は次第に枯渇し、いつの日か無数の痩せこけた家畜がわずかに残された牧草を求めて争い合う事態が到来することになると言うのです。[1]

これこそ「元祖」環境問題です。そして経済学者は、このような事態は、自然のままの草原が誰の所有でもないまさに共有地（コモンズ）であるゆえに生じた悲劇であると主張します。環境問題とは「共有地の悲劇」にほかならないと言うのです。

実際、もし草原が分割され、それぞれの一画が牧場として所有されるようになると、その中の家畜は所有者にとってすべて「自分」の家畜となります。その時さらに一頭飼うかどうかは、その一頭が新たに牧草を食べることによって、牧場内の他の家畜の発育がどれだけ影響を受けるかを勘案して決めるようになるはずです。もはや牧草はタダではありません。所有者が自分で家畜を飼わずに、他人に牧場を貸したり売ったりする時でも同じです。その中の牧草が家畜に与える価値に応じた賃料や価格を請求するようになるはずです。いずれの場合も、牧草は枯渇しないよう合理的に管理され、共有地の悲劇から救われることになります。私的所有制の下での自己利益の追求こそが環境破壊を防止することになると言うわけです。

「悪魔」の一員だけあって、経済学者の論理は完璧です（私自身、この論理を三〇年以上教えてきました）。事実、一九九七年に京都で採択された地球温暖化防止の議定書は、この論理を部分的に取り入れました。先進諸国に温暖化ガスの排出枠を割り当て、それを権利としてお互いに売り買いすることを条件付きで許したのです。

ここでは温暖化ガスが汚染する大気は家畜が食べ荒らす牧草に対応し、各国が売買しうる排出枠は牧畜家が所有する牧場に対応しています。すなわち、それは大気という自然環境に一種の所有権を設定することによって、それが共有地である限り進行していく温暖化という悲劇を解決しようとしているのです。

＊

では、これで環境問題はすべてめでたく解決するのでしょうか？

答えは「否」です。わが人類は不幸にも、経済学者の論理が作動しえない共有地を抱えているのです。

それは「未来世代」の環境です。

地球温暖化が深刻であるのは、各国間の利害が対立しているからではありません。未来と現在の二つの世代の間の利害が対立しているからなのです。未来世代を取り巻く自然環境が現在世代によって一方的に破壊されてしまうからなのです。

もちろん経済学者の論理にしたがえば、この問題も未来世代に未来の環境に関する所有権を与えることによって解決するはずです。未来世代は未来の環境が受ける被害に応じた補償額を現代世代に請求するようになり、現在世代はその費用を考慮して環境破壊的な経済活動を自主的に抑えるようになるからです。

だが、ここに根源的な問題が浮かび上がります。未来世代とはまだこの世に存在していない人間です。タイムマシーンにでも乗らない限り、未来世代が現代世代と自己の権利に関して直接に取り引きすることは論理的に不可能なのです。

唯一可能な方策は、現在世代が未来世代の権利を代行することです。だがそれは利害関係の当事者の一方が同時に他方を代理して取り引きするという、まさに利害の相反する状況を作り出してしまいます。現在世代が自己利益を追求している限り、未来世代の利益を考慮してみずからと取り引きするはずはありません。

とうとうわれわれは、私有財産制によっては解決不可能な問題に行き当たってしまったのです。

未来世代とは単なる他者ではありません。それは自分の権利を自分で行使できない本質的に無力な他者なのです。その未来世代の権利を代行しなければならない現在世代とは、未成年者の財産を管理する後見人や意識不明の患者を手術する医者と同じ立場に置かれているのです。通常の経済的取引のように、自己利益を追求してはいけないのです。まさにその自己利益を抑えて、無力な他者の利益の実現に責任を持って行動することが要請されているのです。すなわち、「倫理」的な存在となることが要請されているのです。

＊

どうやら私は「悪魔」の一員として失格したようです。経済学者の論理を極限まで推し進めることによって、その論理が追放してしまったはずの「倫理」なるものを再び呼び戻す羽目に陥ってしまったからです。

だが京都議定書の批准をめぐる最近の混乱は、まさにその「倫理」こそ地球上で最も枯渇した資源であることを思い出させてくれました。環境問題が真に困難な問題であることを結果として指し示すことになったという意味では、私も立派に「悪魔」の一員としての役割を果たしたと言えるのかもしれません。

（『朝日新聞』二〇〇一年八月三日付夕刊）

（1） Hardin, G. "The tragedy of the commons." *Science*. 1968. 162, 1243–8.

「アメリカ、アメリカ」

二〇〇一年九月一一日からほぼ二カ月が経ちました。

あの同時多発テロがいったいどのような要因によって引き起こされたのかを総合的に論じる力は私にはありません。だが、私が指摘できる事が一つあります。オサマ・ビン・ラディンは間違っているということです。

どのように崇高な目的のためであれ、人間の命を手段と化してしまうテロが倫理的な誤りであるということ——それはすでに多くの人が指摘しています。ここであえて私が指摘したいと思っているのは、今回のテロは世界認識における誤りでもあると言うことなのです。

世界貿易センターとペンタゴン——それらはアメリカの経済と軍事の中枢です。その中枢を攻撃したテロの背後には、世界はいまアメリカによって一元的に支配されているという世界認識が控えているはずです。

アメリカは世界で唯一の超大国です。それは世界最強の経済力と軍事力を持っているからだけではありません。いま世界のどの街を訪れても、意思の疎通はすべて英語で可能ですし、代金の支払もすべてドルで済みます。ホテルに戻ってテレビのスイッチを入れるとCNNニュースが流れ、チャンネルを替えるとハリウッド映画が上映されています。ヨーロッパや日本に閉塞感が漂っている現在、アメリカはますますその存在感を大きくしているのです。

だが私は、それにもかかわらず、世界がアメリカによって支配されているという世界認識は誤りだと考えます。いま世界の中でアメリカの存在感が突出しているのは、アメリカが世界の「基軸」国としての位置を占めているからにすぎないのです。

では、ここで言う基軸国とはいったいどういう意味なのでしょうか?

ドルは世界の基軸貨幣です。だが、それは世界中の国々がアメリカと取引するためにドルを大量に保有しているという意味ではありません。ドルが基軸貨幣であるとは、日本と韓国との貿易がドルで決済され、ドイツとチリとの貸借がドルで行われるということなのです。アメリカの貨幣でしかないドルが、アメリカ以外の国々の取引においても貨幣として使われているということなのです。

まさに同じことが英語に関してもいえます。英語が基軸言語であるとは、日本人と韓国人、ドイツ人とチリ人の間の対話がアメリカの言語でしかない英語を媒介として行われているということなのです。いやアメリカはいま、貨幣や言語だけでなく、文化や政治や軍事にいたるまで世界の基軸国となっているのです。

世界は著しく対称性を欠いた構造をしています。一方には自国の貨幣や言語、さらには文化や政治や軍事がそのまま世界で流通する基軸国アメリカがあり、他方にはアメリカの貨幣や言語や文化や政治や軍事を媒介としてお互い同士の関係を結ぶ他のすべての非基軸国があるのです。

このような基軸国と非基軸国との間の関係は、すべての国に一票をという国連的な平等意識を逆撫でにします。だが、それを支配と被支配の関係と見なしてしまうと、事の本質を見失ってしまうのです。

もちろん、アメリカが基軸国となるきっかけは、第二次大戦直後のアメリカが資本主義世界の中で圧倒的な支配力を持っていたことによります。当時アメリカは世界の工業製品の半分を生産し、その輸出額は世界全体の三割を越えていました。だが、じきにアメリカはヨーロッパや日本に追いつかれ始めます。現在ではアメリカの工業生産が世界の中で占める割合は二割弱、輸出額は一割にまで低下しているのです。

それゆえ、いま世界中の人がドルを使うのは、必ずしもアメリカ人と取引しなければならないからではありません。それは単に世界中の人がドルを使うからなのです。そして世界中の人がドルを使うのは、やはり世界中の人がドルを使うからにすぎません。ここに働いているのは一種の「自己循環論法」です。この自己循環論法によって、アメリカの貨幣でしかないドルが、アメリカ経済の地盤沈下にもかかわらず、世界中で基軸貨幣として流通しているのです。

同様の自己循環論法は言語についても文化についても政治についても軍事についても働いています。それによってアメリカは、その実体的な国力とは独立に、基軸国としての役割を果たしているのです。アメリカが世界を支配しているのではありません。アメリカの貨幣や言語や文化や政治や軍事が圧倒的な存在感を持っているのは、それらがアメリカのものでありながらアメリカのものではないからです。それらがグローバルなコミュニケーションに関わるすべての人間のコミュニケーションの「媒介」として世界を流通しているからです。そして冷戦終結後に加速したグローバル化の中でアメリカの存在感がますます突出してきているのは、まさにそのグローバル化によってグローバルな「媒介」としてのアメリカの貨幣や言語や文化や政治や軍事のさらに一層の流通が促されているからなのです。

人類の歴史は支配と従属の歴史でした。長い進化の過程の中で、どうやら私たちの頭脳は世にあるすべての非対称的な関係を支配と従属の関係として理解するようにプログラムされてしまったようです。王様が王様であるのは王様としての力を持っているからであり、臣下が臣下であるのは、王様の力によって制圧されているからであるというわけです。

それは簡明直截な世界認識です。そして、それはいまだに世界で広く共有されている世界認識でもあります。だが不幸なことに、それはグローバル化された現代においてはもはや誤謬と化しています。王様が王様であるのは、王様を基軸として他のすべての人間がお互いに関係しあっているからにすぎないのです。そして、さらに不幸なことは、今回の同時多発テロが、この誤った世界認識から人類が解放されるのがいかに困難であるかを、もっとも悲劇的な形で示してしまったということです。

九月一一日から始まった世界の混乱がどのような展開をとげるかは予測不能です。ただ、仮にテロ側の敗北に終わったとしても、世界をすべて支配と被支配の関係とみなす旧体制の世界認識が生き続けている限り、同じような混乱がこれからも私たちを待ち受けているはずです。

（『朝日新聞』二〇〇一年一一月六日付夕刊）

「会社は誰のものか」再考

一昔前、「会社は誰のものか」という問いかけが日本でも欧米でも盛んに行われていました。一つには、日本的経営の「成功」に触発され、一つには、会社の社会的責任を問う市民運動に影響され、会社とは株主のものでしかないとするアメリカ型の会社理念と、会社とは（少なくとも一部は）従業員のものであるという日本型の会社理念の優劣をめぐって大論争があったのです。

しかし今、この論争は死に絶えてしまったようにみえます。一九九〇年代に入ってIT革命の旗の下にアメリカ経済が一〇年にもわたる好景気を謳歌してきたのに対して、バブルの崩壊によって長期不況に陥った日本経済は、文字通りの「失われた一〇年」を過ごすことになりました。

もはや、会社は株主のものでしかないという会社理念の優位性を疑うことは、不可能になったかのようです。そして近年のアメリカ発のグローバル化の中で、この日本においても「株主主権」論はまさに「グローバル標準」としての地位を確立しつつあるようにみえます。

だが、私はここで「会社は誰のものか」と問いかけをもう一度行ってみたいと思っているのです。ただしそれは、日本的経営への郷愁からではありません。それは逆に、未来に向けた新たな会社の形態を模索するためには、今こそ「株主主権」論の呪縛から解放される必要があると信じているからです。

＊

先日、次のような数字を眼にしました。それは、アメリカで株式を上場している（金融機関を除いた）会社全体の、一九九八年の年末における資産総額の内訳を計算したものです。それによると、機械や設備や建物といった有形資産の価値が占める比率はなんと三一％にしかならない。残りの六九％は、ブランド名や特許権やデータベース、さらには経営者の企画力や技術者の開発力や従業員のノウハウといった、モノとしての形をもっていない無形資産の価値であるというのです。[1]この計算を行ったブルッキングズ研究所のマーガレット・ブレア博士とＭＩＴのトマス・コーチャン教授によれば、二〇年前の一九七八年には両者の比率はまったく逆で、資産総額の八三％を有形資産が占めており、無形資産の貢献分は一七％にすぎなかったといいます。

数字の力は恐るべきものです。近年、脱産業化や高度情報化などという形容とともに、資本主義の変貌がさまざまに語られてきました。だが、右の数字は、万巻の書物よりも雄弁にその変貌について語っています。

一八世紀の産業革命以来、資本主義の支配的な形態は産業資本主義でした。農村には仕事に飢えた若者が多数滞留し、都市の賃金をたえず押し下げていました。都市においては、機械を使う工場制度の発達によって、労働者の生産性が飛躍的に上昇していました。資本主義が利潤を生み出すために必要なのは、機械制の工場を建設するための大量のおカネ（資本）だけであったのです。ひとたび工場が建設されれば、会社は安い賃金でいくらでも労働者を雇うことが出来、十分な利潤マージンをつけて生産物を販売できたのです。

だが、二〇世紀の後半、農村の過剰人口が枯渇してしまいました。工場労働者の賃金が上昇し始め、機械制工場に投資するだけでは利潤を確保できなくなったのです。利潤は差異からしか生まれません。会社はそれゆえ、新製品の開発や新技術の導入や新市場の開拓によって、意識的に差異性を創り出さなければならなくなったのです。それが、資本主義の脱産業化や高度情報化と呼ばれる事態にほかなりません。

ブレア博士とコーチャン教授が報告した数字は、この事態を鮮明に映しだしています。いち早く産業資本主義から脱皮しつつあるアメリカ経済において、ここ二〇年の間に、利潤の主たる源泉が、まさに新製品や新技術や新市場を創り出すための無形の資産へと、大きく移行をとげてしまっているのです。

＊

だが、この数字を前にして私が強調したいのは次の事実にほかなりません。それは、機械や設備や建物といったモノはおカネ（資本）で買うことができるのに対し、経営者の企画力や技術者の開発力や従業員のノウハウは、おカネだけでは手に入れることができないということです。なぜなら、それらはすべて「ヒト」の頭脳の中に蓄積された広い意味での「知識」であるからです。

おカネはかつて、モノとしてのヒト、すなわちドレイを買えました。おカネは今、工場労働者の労働時間ならば、あたかもモノのように朝の八時から夕方の五時まで買うことが出来ます。おカネはまた、モノ化された知識である特許やブランド名やデータベースも買うことが出来ます。だが、おカネは、ヒトの頭脳の中にある知識そのものをモノとして買うことは出来ません。ヒトをヒトたらしめている自由意志がある限り、ヒトがどのようにその知識を使うかを外部から支配することはできないからです。それゆえ、おカネが出来る唯一のことは、ヒトに知識を自主的に発揮してもらうため、さらにはヒトに知識を自主的に蓄積してもらうため、さまざまなインセンティブを提供することだけです。ボーナスやストック・オプションを与えたり、昇進制度を工夫したり、知的作業に適した環境を整えたりすることだけなのです。

すでに明らかでしょう。おカネで買えるモノよりもおカネで買えないヒトの知識のほうがはるかに高い価値を持ち始めていることを示す先ほどの数字は、おカネ（資本）の提供者としての株主が、会社の中でその重要性を急速に低下させているという事実を告げているのです。資本主義の先頭を走るアメリカ経済において、まさに「株主主権」論の正当性が疑われ始めているのです。「会社は誰のものか」というあの問いが、再び問われ始めているのです。

*

産業資本主義の時代においては、おカネはモノを支配することによって、ヒトをも支配していました。だが、産業資本主義の終焉が告げられている今、おカネとヒトとの力関係が、大きく変わり始めているのです。いま私たちに求められていることは、株主主権論のドグマにも、日本的経営への郷愁にも囚われずに、もう一度おカネとヒトとの関係を考え直し、脱産業化・高度情報化の中で生き抜いていける新たな企業の形態を模索していくことにあるのです。

（『朝日新聞』二〇〇一年五月八日付夕刊）

（1） Blair, Margaret M., and Thomas A. Kochan, eds. *The New Relationship: Human Capital in the American Corporation.* (Brookings institution press, 2000)

（付注） 元のエッセイの「企業」という言葉をすべて「会社」に置き換えました。

エンロン事件と経営者の倫理性

「米国のビジネス指導者の高潔さに対する信頼は、経営者の背信行為と権力の乱用によって地に落ちた。……ビジネス社会に個人の責任に関する新たな倫理を導入する時が来た。」

去る七月に米国のブッシュ大統領が行った演説です。ここで「背信行為と権力の乱用」を非難されているのは、最近破綻したエンロンやワールドコムの経営者のことです。

エンロンとは、金融デリバティブの手法をエネルギー取引に応用して、瞬く間に成長をとげたエネルギー商社でした。取締役会に多数の社外取締役を招き、有名会計事務所に財務監査を委託していたその経営監視体制は、米国型会社統治制度（コーポレート・ガバナンス）の模範ケースであるとまで言われていたのです。

ところがこのような監視体制にもかかわらず、エンロンの経営者は会社の利益を膨らます大規模な粉飾決算を行って株価を吊り上げ、巨額なボーナスを受けとっていました。そして不正が発覚しそうになると、会計事務所と共謀して証拠書類を隠滅してしまったのです。さらに彼らは、不正が公になる寸前まで従業員には各自の年金を自社株で運用するよう薦める一方、自分たちが所有していた自社株オプションの方は売り逃げていたのです。それによって創業者のレイ氏などは一億二三〇〇万ドル(一四四億円!)もの利益を得たのに対し、従業員の多くは職を失っただけでなく、蓄えてきた年金も失ってしまうことになりました。そして、粉飾された利益情報を信じていた他の多くの株主の手元にも、紙屑となった株券が残されただけでした。

その後、次々と有名会社の粉飾決算が発覚し、この七月にはIT革命の寵児としてもて囃されてきた通信大手のワールドコムが、やはり粉飾決算の発覚が引き金となって史上最大規模の破産申請をしました。

ついこの間までグローバル標準として世界を制覇しつつあった米国型の会社統治制度への信頼が一挙に失墜し、米国の株式市場は動揺し、ドル安が進行し始めました。

いつもはビジネス界に甘いブッシュ大統領も、国民の怒りを鎮めるためにも、株価やドルのこれ以上の低下を抑えるためにも、経営者に対して毅然とした態度を示すことになりました。それが先の演説です。

この演説を聞いて、もっともだと思わない人はいないでしょう。今「新たな倫理を導入する時が来た」と思わない人はいないでしょう。

だが実は、現在の米国型会社統治制度の下では、「経営者」であることと「倫理的」であることは自己矛盾でしかありません。なぜならば、それはそもそも経営者が倫理的たり得ないことを前提として作られた制度であるからです。エンロンやワールドコムの事件は、米国の会社統治制度が経営者の倫理性という問題から逃避してしまったということの論理的帰結でしかないのです。

＊

一九三二年に、法律家のバーリと経済学者のミーンズは、米国における大会社の株式は無数の大衆株主の間に分散され、その経営は株式を所有していない専門的経営者によって支配されるようになったという報告をしました（『近代株式会社と私有財産』北島忠男訳、文雅堂、一九五八）。いわゆる「所有と経営の分離」の指摘です。

もちろん、経営者が倫理感に溢れた人物であれば、所有と経営が分離していても何の問題もありません。だが不幸にも、すべての経営者が自己の利益を抑えて、株主の利益にのみ忠実な経営を行ってくれるとは限りません。経営者は、自分の名声や権力を求めて、無駄な投資をするかもしれません。失敗を恐れて、保守的な経営に終始するかもしれません。悪質な場合は、会社の財産を盗んでしまうかもしれません。

そこで、所有と経営が分離している中で、いかにすれば、必ずしも倫理感に溢れていない経営者でも株主の利益に忠実な行動をとるようにできるのかという問題が提示されたのです。それが、米国における会社統治論の始まりにほかなりません。

当初の会社統治制度は、基本的には信任法に基づくものでした。それは経営者に対して、株主の利益にのみ忠実に、しかも注意をもって経営に励むことを法律的に義務づけることです。この義務を怠ると、裁判所に訴えられてしまうのです。

だが、法律によって倫理を強制することは、経済的ではありません。それは監視のためにも審理のためにも強制のためにも膨大な費用を必要とします。それゆえ、一九七〇年代の後半に入り、急速に拡がった自由放任主義的な風潮に呼応して、米国における会社統治制度に大きな革命が起こることになりました。

その発想は明快です。「所有と経営の分離」をなくすのです。所有と経営とを一致させればよいのです。そのためには、経営者の報酬を株式価格と連動させればよい。そうすれば、経営者は単に自己の利益を追求するだけでそのまま株主の利益も増進するようになるというわけです。

「私たちは、彼らの博愛心にではなく、彼らの自己愛に訴えるのである」——これは、『国富論』(一七七六)の中のアダム・スミスの言葉です。これ以降の米国の会社統治制度の基本理念は、アダム・スミスの思想に忠実に、経営者を倫理性への配慮からすべて解放してしまうことになったのです。

実際に八〇年代から、経営者の報酬を、株価と連動したボーナスや自社株オプションの形で支払う会社が、米国内で急速に増加するようになりました。そして、この新たな会社統治制度の下で、米国資本主義は、あたかも「見えざる手」に導かれるように、長期にわたる繁栄を謳歌することになったのです。

だがこの米国型会社統治制度には本質的な矛盾が孕まれていたのです。

そもそも所有と経営が分離したことの背景には、会社経営の複雑化にともなって経営活動が専門化したことがあります。経営者はまさに専門家であることによって、会社の活動に関して外部の株主よりはるかに詳しい内部情報をもっています。それでいて、彼らは、アダム・スミスのいう「自己愛」を発揮するのに何の倫理的問題を感じなくて当然だとされた人たちです。その経営者に大量の自社株を与えてしまうこと――それは、まさに不正行為への招待状以外の何ものでもありません。

経営者は、会社の業績を粉飾して株価を吊り上げ、自分の持株を売り抜いて、巨万の富を手に入れました。歴史の皮肉は、犠牲になったのが、失職した従業員のみならず、本来ならばその利益が最大化されるはずの一般の株主であったことです。

米国型の会社統治制度がはらむ本質的な矛盾――それは、社会の中で人間が倫理の問題から逃避することの困難さを物語っています。

(『朝日新聞』二〇〇二年八月五日付夕刊)

会社はこれからどうなるのか？——サーチ&サーチ社と株主の没落

二〇世紀の最後の一〇年はアメリカの一〇年でした。アメリカを発信地としたIT革命と金融革命がグローバル化の波に乗って全世界に広がり、会社は株主のものでしかないというアメリカ型の株主主権論は、未曾有の好調に沸く株式市場を背景に、まさにグローバル標準と見なされるようになったのです。それに引き替え、同じ一〇年を失われた一〇年にしてしまった日本は、一時はジャパン・アズ・ナンバー・ワンと囃し立てられた日本的経営への自信をすっかり失ってしまいました。

しかしながら、株主主権論とは、本当にこの日本でも、そのまま受け入れるべきものなのでしょうか？

実は、最近出版した『会社はこれからどうなるのか』（平凡社、二〇〇三）という本の中で、私はアメリカ型の株主主権論は、決してグローバル標準にはなりえないということを論じています。残念ながら、日本的経営が復活すると言うのではありません。だがそれでも、二一世紀における会社のあり方は、日本的な経営からさほど遠いものではないということは示すことができるのです。

＊

サーチ&サーチという会社があります。創立者は、イギリスのサーチ（Saatchi）兄弟――イラクのバグダードから移民したユダヤ系一家の出身です。高校中退でありながら、早くからコピーライターとしての頭角を現した兄のチャールズが、ロンドン経済大学（LSE）を卒業した弟のモーリスを誘って、一九七〇年に創業した広告会社です。

サーチ&サーチ社は、チャールズのコピーライターとしての天分とモーリスの経営者としての才覚の組み合わせによって、驚くべき成長をとげます。一方で次々と斬新な広告を打ち出し、他方で次々と関連会社を買収し、八〇年代の半ばには、ついに世界最大の広告会社にまでなってしまいます。

だが九〇年代に入ると、モーリスの拡張的経営が裏目に出始め、業績が悪化します。そこで登場するのが株主です。その頃すでに、サーチ&サーチ社の株式の大半は兄弟の手を離れ、アメリカの機関投資家が大株主になっていました。彼らは株価が大きく下がっているのにかかわらず、モーリスが破格の報酬を得ていることに不満を抱き、一九九四年、とうとうモーリスを会長職から引きずり下ろしてしまいます。株主の利益に忠実な経営者を招き入れて、株価を回復させようとしたのです。

事態は、しかし、株主の思惑とは異なる展開をとげます。怒ったモーリスがサーチ&サーチ社を辞めると、それまで仲間として働いていた多くの幹部社員がモーリスの後を追って辞めてしまったのです。その一人は、次のような言葉を残したといわれています。「我々が会社を去るのではない、会社が我々を去ってしまったのだ」と。

今度は、モーリスが兄のチャールズを誘って、新たな広告会社を設立することになります。一九九五年、二人の頭文字を冠したM&Cサーチ社が誕生しました。M&Cサーチ社は、元の会社から多くの顧客を奪っただけでなく、新たな顧客も開拓し、直ちに急激な成長を始めることになりました。

逆に、多くの幹部社員と顧客企業を失ったサーチ&サーチ社のほうは、さらに業績が悪化し、株価が急落します。サーチ兄弟を追い出した株主は、結局大きな損失を蒙ってしまったのです。

二〇〇〇年、M&Cサーチ社の売上高がサーチ&サーチ社を追い越したことが新聞に報道されていました。

*

サーチ&サーチ社の話は、『会社はこれからどうなるのか』でも紹介しました。ここで再び取り上げたのは、二一世紀における会社のあり方を、これ以上わかりやすく示してくれる例は他に見当たらないからです。

今、資本主義が大きく変貌しています。産業資本主義からポスト産業資本主義への転換が始まっているのです。

産業資本主義の時代とは、工場による大量生産の時代でした。農村には、人手が沢山余っていました。企業は機械を備えた工場さえ建設すれば、安い賃金でいくらでも労働者を雇うことができ、他と同じことをしていても、ほぼ確実に利潤を生み出すことができました。もちろん、工場を建設できるのは、おカネを持つ者だけです。産業資本主義の時代には、おカネを持つ者のみが企業の活動を支配できたのです。

だが、二〇世紀の後半、先進資本主義国の農村の過剰人口が涸渇してしまいました。賃金が上がり始め、工場を建設するだけでは利潤を確保できなくなったのです。利潤は差異性からしか生まれません。企業は横並びを止め、新製品の開発や新技術の発明や新市場の開拓などによって、意識的に差異性を創らなければ生きていけなくなりました。それが、今進行しつつあるポスト産業資本主義にほかなりません。

言うまでもなく、差異性を創り出せるのは、モノ（機械）ではなく、ヒトです。新製品を開発し新技術を発明し新市場を開拓するのは、経営者であり技術者であり従業員です。そして、ヒトはモノと違って、おカネで買うことはできません。労働時間は拘束できますが、ヒトに自由意志がある限り、ヒトの頭の中の知識や能力を外部から完全に支配することはできないのです。すなわち、ポスト産業資本主義の時代とは、まさにおカネがヒトにその支配権を譲り渡しはじめている時代なのです。

＊

株主とは、会社におけるおカネの最終的な供給者です。その株主に会社の支配権を独占させるアメリカ型の株主主権論は、おカネで買えるモノ（機械）が最大の資産であった産業資本主義を前提とした論理でしかありません。

これに対して、あのサーチ&サーチ社とは、広告という差異性そのものを売り物にした、最もポスト産業資本主義的な会社の一つにほかなりません。その大株主となったアメリカの機関投資家の失敗は、まさにこのポスト産業資本主義的な会社に産業資本主義の論理を押しつけようとしたことにあったのです。その結果、彼らは最大の資産であったヒトを失い、会社そのものの衰退を招いてしまったのです。

＊

日本経済は、二一世紀に入った今も、低迷状態から脱却できていません。それは、バブル崩壊後に長期にわたってデフレを持続させてしまった政府と日銀の経済政策の失敗という短期的な要因によるだけではありません。その底流には、これまでの日本的な経営が、産業資本主義からポスト産業資本主義への転換に対応し切れていないという、もっと根源的な要因が働いているはずです。

しかしながら、そのポスト産業資本主義時代の会社を支配するのはおカネではなくヒトであるという事実は、少なくとも一つの救いを日本にもたらしてくれます。株主よりも従業員の利害を重視してきたといういわゆる日本的経営——それが二一世紀における会社のあり方とさほど遠くないところにあるということを教えてくれるのです。

（『朝日新聞』二〇〇三年五月六日付夕刊）

デフレはなぜ悪いのか

数年前のことです。ある人との会話の中で、日本経済が長期の低迷から脱却するためには「インフレ・ターゲット（目標）」を設定するほかはないと、私が語りだしたとたんに、その人の表情がさっと変わりました。あたかも犯罪人を見るような目つきで私を眺め始めたのです。

そのころ世間では「良いデフレ」論が横行していました。デフレとは、技術進歩によって製品が安く作れるようになったり、規制緩和によって製品が安く売られるようになったり、貿易自由化によって外国製品が安く買えたりすることから引き起こされるものであり、日本経済にとって望ましい事態であるという議論です。デフレによって損をするのは、バブル期の無謀な投機によって借金を抱えた個人や企業でしかなく、自業自得だ。そのような連中に助け船を出してしまうインフレを目標にすることなど断じて許せないと、多くの人が声高に主張していたものです。

だが、ものごとの真実は必ずしも多数決原理には従いません。良いデフレ論はその典型的な例です。多数の人の支持にもかかわらず、少し論理的に考えてみれば、ただちにそれは誤りであることがわかります。

技術進歩や規制緩和や貿易自由化によって一部のモノが安くなることと、価格全体が安くなるデフレとは、本質的に異なった現象であるのです。

たとえば技術進歩によって、労働者一人当たりの生産性が年率五%で上昇しているとしましょう。その時、企業は生産物の価格を賃金費用に比べて五%引き下げることができます。確かにそれは、賃金が一定であれば、価格を実際に五%引き下げることを意味します。だがそれは、賃金が五%上がっている時には価格を据え置き、賃金が一〇%で上がっている時には価格を五%引き上げることを意味するのです。言うまでもなく、どちらの場合もデフレではありません。

技術進歩とは、生産物の価格を労働力の価格である賃金に比べて「相対」的に安くするだけです。それは、価格の「絶対」水準が上昇するインフレとも、下落するデフレとも、共存可能な現象であるのです（同じことは、規制緩和についても貿易自由化についても言えます）。

「良いデフレ」論とは、単なる論理上の混乱でしかありません。

＊

デフレは「悪」です。

デフレとは、経済全体の需要が冷え込んで供給を下回ってしまうことによって引き起こされる現象です。それは当然、生産の縮小や雇用の削減を伴っているはずです。そもそもデフレとは、経済が不況であることの結果にほかなりません。

話はこれでは終わりません。実は、デフレそのものが不況を悪化させてしまうのです。デフレは個人や企業が抱えている負債（借金）の実質負担をどんどん重くしていくからです。一億円の負債は、年利益が一億円の企業ならば（利子を無視すれば）一年で返済できます。だが年率一〇〇％のデフレの下で利益の絶対額が五〇〇〇万円、二五〇〇万円……と半減していくと、それこそ永久に返済不能になってしまいます。

まずは、ここで次のような反論があるでしょう。借り手がいるならば、必ずその貸し手がいる。借り手の負債は、貸し手の資産と等しいはずだ。デフレは貸し手の資産の実質額をも年々増やして行くから、経済全体としてみれば効果はトントンになるのではないか（国債と対外債は無視しておきます）。

この反論に反論するのは簡単です。なぜならば、借り手はいま何かに支出したいからおカネを借りており、貸し手はいま何にも支出したくないからおカネを貸しているからです。デフレとは、まさにおカネを支出したい個人や企業の負担を増してしまうということによって、経済全体でみても、需要に対してマイナスの効果をもってしまうのです。

そしてデフレが進み、借り手が日々重くなる負債の実質負担に耐えきれずに返済を延ばし始めると、その負債は貸し手にとっては「不良債権」となってしまいます。借り手が万策尽きて破産してしまうと、その瞬間に不良債権は価値を失い、まさに元も子もなくなってしまうのです。経済全体の需要は一層冷え込み、デフレは深刻化していきます。

このような不況とデフレのイタチゴッコは「負債デフレ効果」と呼ばれ、一九三〇年代の大恐慌のさなかに米国の経済学者アーヴィング・フィッシャーによって理論化されました。すでに何人もの経済学者が指摘しているように、まさにこの負債デフレ過程こそ、いま日本経済が陥っている状況そのものであるのです。

＊

さらに反論があるでしょう。確かにデフレは多くの個人や企業を破産に追い込むだろう。だがそれは、過去における非合理的な投機や非効率的な経営によって大きな負債を抱えてしまったからである。そのような個人や企業に責任をとらせ、市場から退出してもらうことこそ、真の「構造改革」であり、「経済再生」のための前提条件なのではないか。

この反論に反論するのも簡単です。

もちろん、返済不能な負債を抱えた個人や企業の中には、非合理的なものも非効率的なものも多く含まれています。だが負債デフレ過程の理論が教えることは、デフレの下では、負債の実質額は個人や企業の行動とは無関係に膨張してしまうということです。そしてどこかで破産が起こると、さらに負債は連鎖反応的に膨張してしまいます。そのような状況の中で、悪い個人や企業を罰しようとすることは、自己に責任のない個人や企業をも同時に罰してしまうという、経済的正義に反する結果をもたらしてしまうのです。

それだけではありません。資本主義とは、アイデアを持つ人がおカネを持つ人からおカネを借りて、アイデアを実現するための投資を行っていく仕組みです。いま負債を抱えている個人や企業の中には、未来において画期的な技術や製品を経済にもたらす潜在的な革新者が数多く含まれているはずです。負債の実質負担を重くしていくデフレとは、その意味で、社会の中のまさに革新的な活動に対して不当な足枷をはめてしまうことになってしまいます。それは、経済の再生どころか、長期停滞化へ導く最も確実な道であるのです。

＊

「失われた一〇年」が過ぎ、二一世紀に入ってからも日本経済はデフレの下で低迷を続けています。「良いデフレ」を主張する声はさすがに小さくなりましたが、首相の演説や日銀総裁の会見からはその残響が聞こえてきます。単なる不況対策としてだけでなく、経済的な正義のためにも、長期的な発展のためにも、日本経済に必要なのはまず何よりもデフレからの脱却であるということが、まだ十分には認識されていないようです。なぜデフレは悪いのかを正確に理解すること――それが低迷から脱出するための第一歩なのです。

（『朝日新聞』二〇〇三年二月四日付夕刊）

資本主義社会とエクイティ

イギリスは面白い国です。憲法がありません。六法全書もありません。過去の判例こそ法律であると考えているのです。さらに面白いのは、長い間二種類の裁判所が存在していたことです。一つはコモン・ロー裁判所、もう一つはエクイティ裁判所とよばれ、それぞれコモン・ロー（普通法）とエクイティ（衡平法）という異なった法体系に基づいた裁判を行っていたのです。

この複雑な裁判制度を痛烈に風刺したのが、チャールズ・ディケンズの『荒涼館』です。一八五三年に出版されたこの小説は、ある不可解な訴訟事件をめぐって物語が展開されていきますが、それはもともとは遺産をめぐる争いであったのが、この二つの裁判所をたらい回しされているうちに四〇年もたち、いつの間にか遺産以上に膨れ上がった裁判費用の負担をめぐる争いになってしまったというものです。

幸いにも、二つの裁判所は一八七三年と一八七五年の裁判所法で統合されます。だが、それぞれの裁判所が築き上げてきた二つの法体系の区別はなくなりませんでした。いや、なくなるどころではありません。現在でも、コモン・ローとエクイティの共存こそ、イギリスの法制度（広くはアングロ・サクソンの法制度）の最大の特長であるといわれているのです。

実は私自身、この二重の法制度がなぜ強固に存続しているのか、長らく疑問に思っていました。だが、どうやら最近その疑問が解けつつあります。それは、コモン・ローとエクイティとが、それぞれ近代の資本主義社会における二つの基本的な人間関係のあり方に対応した法体系であるということを理解するようになったからです。

「私の欲しいものを下さい、そうすればあなたの欲しいものをあげます……。このようにして、私たちは必要としている他人の好意の大部分を手に入れるのである。私たちが夕食を食べられるのは、肉屋や酒屋やパン屋が慈悲深いからではなく、自己の利益に熱心だからである。私たちは彼らの博愛心にではなく、自己愛に訴えるのである。」

『国富論』（一七七六）の中のアダム・スミスの言葉です。ここでスミスは、資本主義社会では、対等な個人が自己利益を求めて自由に契約関係を結んでいきさえすれば、社会全体の利益が増進すると主張しています。そこでは、道徳心や倫理観などは必要ないというのです。

イギリスは資本主義の「母国」です。それは単に一八世紀に他に先駆けて産業革命を開始したという意味だけではありません。近年有力になった説によると、すでに一三世紀にはイギリスは十分に資本主義とよべる社会になっていたといいます。私的所有権が確立し、市場取引が発達し、労働移動は自由で、土地の商品化が進み、資本家的な利潤追求も旺盛でした。スミスの時代との唯一の違いは、工場というものが見当たらないだけだというのです。

実は、コモン・ローの成立も一三世紀に遡ることができるといわれているのです。それは、一一世紀にイギリスを征服し、いち早く中央集権体制を確立したノルマン王朝の下で、各地を巡回する国王裁判所を通して、全国に共通（コモン）な判例法体系として作り上げられたものであるのです。

すなわち、コモン・ローとは、まさに資本主義社会の法として生まれ出たのです。それは、それまでの固定的な身分関係から解放されつつある人間が、自由で平等な個人として自己利益を追求していくための法規範としての役割を担わされることになりました。実際、それ以降の歴史の中でコモン・ローは、契約関係や所有権や不法行為などをおもに扱う判例法の体系として発展していくことになります。

それでは、もう一方のエクイティとは何なのでしょうか？　それは、equityをカタカナにしたものです。法律の教科書ではよく衡平（法）という訳語が用いられますが、本来は正義や公正といった意味をもつ言葉です。

繰り返しますが、資本主義社会とは自己利益を追求していればよいはずの社会です。その資本主義社会の中に、どうして道徳心や倫理観を喚起させる名前をもつ法体系が登場する必要があったのでしょうか？

ここに資本主義が一筋縄ではいかないところがあります。

身分関係から自由になった資本主義社会の拡大――すなわち、対等な人間の間の契約関係の拡大が、今度は逆説的に、対等性を欠いた人間関係を次々と見いだしてきたからなのです。

たとえば子供と後見人との関係です。かつてのイギリスでは子供は土地を所有できませんでしたから、成人になるまでその土地は後見人が形式的な所有者となる必要がありました。だが、コモン・ローの下では、後見人に悪意があれば、法的な所有者として簡単に土地を自分のものにできてしまいます。まさにこのような事態を正義や公正といった見地から救済するために作り上げられたのがエクイティなのです。それは特別の裁判所で扱われ、一六世紀までにはコモン・ローとは異なった法体系を形成するようになったのです。

エクイティが扱う後見人と子供のように対等性を欠く関係は、「信任関係」とよばれます。一方が他方から信頼によって仕事を任せられているからです。そして、エクイティの核心をなすのは「忠実義務」という概念です。それは、信任を受けた人間に、自己利益ではなく、信任を与えた人間の利益にのみ忠実に行動することを法として強制することなのです。自己利益の追求こそが社会全体の利益であるというアダム・スミスの主張とは、まさに一八〇度対立しています。

しかも、信任関係とは、例外的な人間関係ではありません。少し注意して見渡せば、なんと資本主義社会は信任関係で溢れています。いや、資本主義が発達し、分業が進めば進むほど、その傾向はますます強まっていくはずです。医者と患者、弁護士と依頼人、ファンド・マネージャーと投資家、代理人と本人、取締役と会社、理事と財団など数え上げればきりがありません。

つくづくイギリスとは面白い国です。アダム・スミスを生んだ国でありながら、いや、だからこそ、アダム・スミスを否定する法律を長らく実践してきているのです。

（『朝日新聞』二〇〇四年二月四日付夕刊）

経済学を学ぶことの幸運

三月下旬から四月上旬にかけて、私の所属する経済学研究科において、学部生の卒業式、大学院生の学位授与式、学部生の進学式、大学院生の進学式と、四回続けてスピーチをする羽目になりました。いずれも原稿なしにしゃべったので、舌足らずなものになってしまいました。後になって、ああ言えばよかった、こう言えばよかったと、反省しきりです。

そこで今回はこの場を借りて、私がすべきであったスピーチを記してみたいと思います。四つ載せるのは無理ですから、場面を学部生の進学式に設定しておきましょう。題目は、「経済学を学ぶことの幸運」です。

*

経済学部進学、おめでとうございます。この「おめでとう」という言葉には二つの意味がこめられています。一つは、無事に進学できておめでとうという意味ですが、もう一つは、経済学という学問を専門的に学ぶ機会をもつことは、これからの社会を生きていく上で一つの特権を得ることになるという意味であるのです。

一昔前、「末は博士か大臣か」という言葉が流行りました。超俗的な人生の到達点としての博士と、世俗的な出世の代名詞としての大臣とが対比されていたのです。だが現在は、「博士になって大臣になろう」という時代です。とりわけ、経済学の博士になるのが、大臣になるための一番の近道であるという噂さえあります。大臣でなくとも、政府の委員として、テレビの解説者として、他のどの分野の学者に比べても、経済学者が華々しく活躍しています。いや、大臣の権威が地に墜ちた現在、こういう活躍のほうが世俗的には成功していると言えるかもしれません。

なぜ今、経済学者がこれほどまでにもて囃されているのでしょうか。

その理由はすぐに見つかります。世界がますます資本主義化しているからです。アダム・スミスならば、世界がますます「商業社会」化しているからだと言ったでしょう。商業社会とは、スミスによれば、「誰でも多少は商人となる」社会のことです。すなわち、それは、誰でも多少は経済的な利益を追求しなければ生きていけない社会のことです。そしてそれは、誰でも多少は経済問題を理解しなければ生きていけない社会のことなのです。

現代とは、それゆえ、誰もが経済学を学ぶ必要に迫られている時代であるのです。その意味で、経済学をいち早く学ぶ機会をもつことは、その現代に生きていくための一つの特権を得ることであるというわけです。

＊

もっとも、経済学の効用がこれだけであるならば、私がここで述べ立てるほどのことではないでしょう。そのようなことは、経済学を学ぼうとしている人にとって、周知のことであるはずです。

私が、経済学を学ぶことは一つの特権であると言ったことには、もう少し深い理由があるのです。それは経済学という学問が、誰にも理解可能な西欧思想のミニアチュアとなっているということなのです。

これから、ある文章を読み上げます。チンプンカンプンであっても、気にしないで聞いてください。

「能記（シニフィアン＝意味するもの）と所記（シニフィエ＝意味されるもの）との厳密な区別を維持し、そして所記と概念とを等置すれば、所記的概念をそれ自体において考えてしまう可能性が権利上開かれたままであることになる。この可能性を開かれたままにしておくことによってソシュールは、私が〈超越論的所記〉と呼ぶものの古典的要求に、正当性を認めてしまっている。というのも、〈超越論的所記〉なるものは、それ自体においてはその本質上いかなる能記にも指し示されず……。」

これは、脱構築という言葉で知られているフランスの思想家ジャック・デリダの文章です。『ポジシオン』（高橋允昭訳、青土社、一九八八）という本の中から（若干の省略とともに）引用してみました。それは、現代言語学の創始者と見なされているあのフェルディナン・ド・ソシュールですら、いまだに西欧形而上学の伝統に囚われていることを指摘している、有名な一節です。

もちろん、こう解説したからといって、多くの人にはチンプンカンプンのままだと思います。だが、それで一向構わないのです。なぜならば、これから皆さんは、新古典派経済学を学ぶことになるはずだからです。

現代経済学の主流派である新古典派経済学においては、商品交換の媒介である貨幣は本質的な役割を果たしません。商品の需給は、市場の「見えざる手」を通して、消費者の選好と生産者の技術によって決定されることになっているのです。

実は、先ほどの文章の「能記」を貨幣、「所記」を商品、「超越論的所記」を選好と技術と読み替えてみると、そこで要約されている西欧形而上学とは、この新古典派経済学と同じことを言っているのです。

さて右の文章に続けて、デリダは西欧形而上学批判を始めるのです。

「逆に、そのような超越論的所記の可能性を問題視し、すべての所記はまた能記の態勢にもあることを認めるならば、その瞬間から直ちに、所記と能記との区別はその根底において問題をはらんだものになる。」

これもチンプンカンプンで結構です。なぜならば皆さんは、ケインズ経済学を学ぶことになるからです。

ケインズ経済学とは、貨幣に本質的な役割を与える経済学です。人々が単なる商品交換の媒介でしかない貨幣をあたかも一つの商品であるかのように欲望してしまうことによって、「見えざる手」の働きが攪乱《かくらん》され、商品の需給が消費者の選好と生産者の技術だけでは決定されえなくなることを主張しています。西欧形而上学を批判した右の文章は、ケインズによる新古典派経済学批判と、実は同じことを言っているはずなのです。

＊

西欧思想を学ぶのは、西欧人でも大変です。異なった言語体系や文化的背景の下で育った非西欧圏の人間の場合には、一人の思想家のテクストを読み解くだけでも一生の仕事になってしまうことがしばしばです。

ここに経済学を学ぶことの幸運があるのです。

それは経済学という学問が、膨大なテクストが織りなす西欧思想のエッセンスを、貨幣と商品の関係という誰にでも理解できる単純な構造によって表現しているからなのです。非西欧圏の出身だからといって、不利ではありません。

もちろん経済学を志している大多数の人は、単に実践的な目的で学ぼうとしているはずです。だが、経済学を学ぶということは、同時に、西欧形而上学とその批判の理論的な構造を、知らないうちに学んでしまうことでもあるのです。

＊

誰もが経済学を学ぶ必要に迫られている時代に、経済学をいち早く学ぶ機会をもつことは、一つの特権です。しかもその特権に加えて、経済学を学ぶことは、西欧思想を最も普遍的な形で知ることになるのです。

でも、誰もが利益を追求しなければ生きていけないこの資本主義社会において、なぜ西欧思想など知る必要があるのかという疑問には、まさにケインズの次の言葉によって答えておきましょう。

「思想は、正しくても誤っていても、一般に考えられているよりもはるかに強力である。事実、世界を支配するものはそれ以外にはない。」

経済学を学ぶことになって、おめでとうございます。


（『朝日新聞』二〇〇二年五月七日付夕刊）

Ⅳ 時代の中で考える 2——『経済教室』その他から（二〇〇八—二〇二三）

資本主義は本質的に不安定

世界大恐慌は一九二九年の米国株暴落から始まり、三〇年代まで長く続いた。今回（二〇〇八年）の金融危機の規模は、それ以降の最大のものだということは、だれもが認めるだろう。対策が後手にまわった当時と違うのは、日米欧の金融当局が共同歩調をとり、金融機関への国家資金の注入にすばやく動いたことだ。今はそれが一応功を奏して、少し安堵している状態だ。三〇年代ほどの恐慌になる可能性は小さいが、株価は依然乱高下しており、今後の処理を誤ると、世界中で「失われた一〇年」に入ってしまう瀬戸際には立たされている。

かくも大きな金融恐慌が自分が生きている間に起きたことには驚いた。だが、起こること自体には驚いていない。私は資本主義というものが本質的にこういう不安定さを持っていると常に考えてきたので、理論的には予測されたことだったからだ。

ケインズは、市場経済は不安定であり、政策によるある程度のコントロールが不可欠であると考えた。世界大恐慌のあと、この考えがとくに米国の政策の柱になり、成功した。ただ成功が行きすぎて、景気対策のための国家機構が肥大しすぎて、無駄が大きくなった。

そこで六〇年代から英米を中心に、ミルトン・フリードマンを中心とする新古典派経済学が思想として優位に立ち始めた。市場経済は、国家の介入や規制をできるだけ少なくし、純粋化すればするほど効率化と安定化が達成されるとする考え方だ。それが、八〇年代に米国のレーガン政権や英国のサッチャー政権の自由放任主義的な経済政策の理論的裏付けになり、今や経済学の主流派の地位にある。

それを、極限まで推し進めたのが米国のブッシュ政権だ。規制をなくして、負債でもなんでも証券化し、世界のあらゆる部分を市場で覆い尽くそうとする。

近年はいわば、新古典派の考える理想郷をつくる壮大な実験がグローバルな規模で行われていたと考えていい。その実験は、九〇年代後半のアジア通貨危機あたりからあり、ほころびは見えていたが、今回の危機で破綻した。（後略）

（聞き手・四ノ原恒憲氏）

（『朝日新聞』二〇〇八年一〇月一七日付）

注記：二〇〇八年九月一五日、米国のリーマン証券が破綻しました。それからすぐ、朝日新聞の『思潮』欄の担当者であった四ノ原恒憲氏から緊急のインタビューを受けました。次のエッセイと内容が重なりますが、二一世紀という世紀の暗い未来の先駆けとなったこの事件に対する私の最初の反応の記録として、一部を掲載しておきます。このときの私の判断はまだ甘く、その後、アメリカ発の金融危機は急速に世界全体に波及し、「一〇〇年に一度」といわれた「大不況」を引き起こしました。日本のＧＤＰも二〇〇八年七〜九月から〇九年一〜三月の間に（年率換算で）七％も下落しました。公園などで「炊き出し」に並ぶ人々の映像が多数発信されたのもこの頃です。

自由放任主義の第二の終焉

『自由放任主義の第二の終焉』が書かれなければならない時が来た。

ここで「第二の終焉」というのは、すでに一九二六年、あのジョン・メイナード・ケインズが『自由放任主義の終焉』という論文を発表しているからである。

だが、この有名な論文でケインズが述べたのは、資本主義には独占や公共財や不完全情報や富の不平等など市場だけでは解決できない様々な問題があり、効率性と公平性を実現するためには政府の介入が一部必要になるという、今ならどのミクロ経済学の教科書にも書かれている穏当な主張でしかない。この時ケインズはまだ、アルフレッド・マーシャルの後継者を自認していた良き新古典派経済学者にすぎなかったのである。ケインズはまだ「ケインズ経済学」の「ケインズ」ではなかったのである。

一九二九年、不動産バブルの崩壊をきっかけに米国の株式市場が暴落し、世界経済は大恐慌へと突入した。その危機の中でケインズは、三〇年に『貨幣論』、三六年に『一般理論』を出版し、良き新古典派経済学者から不均衡経済動学という新たな経済学の創始者へと変身をとげたのである。

＊

新古典派経済学によれば、資本主義とは純粋になればなるほど効率的になり安定的になるという。もし非効率性や不安定性があるならば、それは市場の「見えざる手」の働きを阻害する「不純物」があるからである。その不純物さえ取り除けば、後は自由放任主義に徹すればよい。

これに対してケインズが（そして、ケインズ以前にはスウェーデンのクヌート・ヴィクセルが）示したのは、資本主義には理想状態などないということであった。効率性と安定性とは二律背反の関係にあり、現実の資本主義が一定の安定性を保ってきたのは、貨幣賃金の硬直性など資本主義の効率性を阻害する数多くの「不純物」があったからにすぎない。確かに資本主義を純粋化すると、効率性は高まる。だが、それはマクロ的な不安定性を増幅し、恐慌やハイパーインフレの危機を絶えず生み出してしまうというのである。資本主義の存続のためにも、自由放任主義というイデオロギーから資本主義を解放し、何らかの安定化政策や規制政策を導入する必要があるというわけである。

ケインズの革命は、長続きしなかった。六〇年代に入って各国経済が安定化すると、ミルトン・フリードマンを主導者とする新古典派経済学の反革命が始まり、八〇年代には再び学界を制覇してしまう。それと軌を一にして、英米を中心に経済政策が自由放任主義に大きく転換し、効率化を旗印に規制緩和が進められていった。あらゆるリスクを証券化し、証券のリスクも証券化していく金融革命を先頭にして、市場は世界全体を覆い尽くすことになった。「グローバル資本主義」の成立である。

グローバル資本主義――それは、全世界を市場で覆い尽くす資本主義の純粋化は効率化も安定化も実現するという、新古典派経済学の壮大なる実験でもあった。そして、二〇〇八年米国のサブプライム問題に端を発した金融危機は、実験の破綻を告げるものとなった。現実が立証したのは、資本主義の純粋化は効率性を増す代わりに不安定性を増幅させるという「不都合な事実」であった。

＊

それではなぜ、資本主義において、効率性と安定性とは二律背反するのだろうか。
それは、資本主義が本質的に「投機」によって成立しているシステムだからである。
すぐ反論があるだろう。投機こそ市場を安定化すると、ミルトン・フリードマンが言ったではないかと。市場を不安定化するのは、高い時に買って値をさらに上げ、安い時に売って値をさらに下げる愚かな投機家である。そのような投機家は結局損をして淘汰され、長期的に市場に残るのは、安い時に買って高い時に売る安定的な投機家だけだというのである。

確かに、投機家が生産者と消費者の間に立って、一方からモノを買い他方に売るような牧歌的な市場では、投機は安定的であるかもしれない。だが、金融市場では、話はまったく違ってくる。証券という形でリスクを売り買いしている金融市場がうまく機能するためには、通常の生産者や消費者が回避したいリスクを進んで引き受けてくれるプロの投機家の存在が必要である。そして、プロの投機家が多数参加して互いに売り買いを繰り返している市場を支配するのは、フリードマンの主張する淘汰の原理ではなく、ケインズの「美人投票」の原理なのである。

ケインズの美人投票とは、最も多くの票を集めた「美人」に投票した人に賞金を与える観衆参加型の投票である。それに参加して賞金を稼ごうと思ったら、客観的な美の基準に従っても、主観的な好みに従っても無駄である。平均的な投票者が誰に投票するかを予想しなければならない。いや、他の投票者も賞金を狙っているならば、平均的投票者が平均的投票者をどう予想するかを予想しなければならず、さらに何段階も予想を重ねる必要さえある。その結果選ばれる「美人」とは、ひとが美人として扱うからひとが美人として扱うという「自己循環論法」の産物にすぎなくなるのである。

プロの投機家同士がしのぎを削る金融市場を支配している原理は、まさにこの美人投票である。それは、需給の実体条件（ファンダメンタルズ）とは独立に、価格高騰の予想が実際に価格を高騰させるバブルや、価格急落の予想が実際に価格を急落させるパニックの危険を常に生み出すことになる。今回の金融危機は、まさに投機の美人投票的な不安定性の現れであり、グローバル化によって大恐慌以来の規模にまで拡がったのである。

いや、それだけではない。美人投票の原理は、さらに本質的な意味で、資本主義の動きを支配している。それは、「貨幣」がまさに「投機」の純粋形態であるからである。

＊

人が貨幣を手にするのは、それをモノとして使うためではない。いつか他の人がそれを貨幣として受け取ってくれると予想しているからである。他の人が貨幣として受け取るのは、同じく他の人が貨幣として受け取ってくれると予想しているからである。ここに働いているのも、美人投票と同じ自己循環論法である。いや、モノとしては何の価値もない貨幣には、人が貨幣として受け取るから人が貨幣として受け取るという自己循環論法しか価値を支えるものはない。それは、究極の美人投票にほかならない。

人が貨幣を手に持つ時、人は知らずに、最も純粋な投機活動に参加しているのである。そしてそれは、貨幣にもバブルがあり、パニックがあることを意味することになる。

貨幣のバブル――それは、人が実際のモノよりも貨幣を貨幣として欲しがることである。その結果、モノ全体に対する需要が減ると、生産や雇用が停滞する不況が始まり、それによって不安をかき立てられた人がさらに貨幣を手元に置き始めると、不況が一層進展し始める。その極限状態が、誰も何もモノを買おうとしなくなってしまう恐慌にほかならない。

貨幣のパニック――それは、貨幣が貨幣であることに人が不安を抱き、それを早くモノに換えたいと思うことである。それによってモノの価格全体が上昇しはじめるとインフレになり、貨幣の価値を押し下げる。一層インフレが進展すると人々が予想し始めると、貨幣をモノに換えようという動きが加速され、さらにインフレを促進してしまうという悪循環に陥ってしまう。その極限状態が、誰も貨幣を貨幣として受け取ろうとしなくなるハイパーインフレなのである。

貨幣の発見は、物々交換の非効率性を解消し、経済交換の範囲を対人的にも時間的にも空間的にも飛躍的に拡大することになった。貨幣が存在しなければ、資本主義というこの壮大なシステムも存在しえなかったはずである。だが、まさにその貨幣が、恐慌やハイパーインフレといったマクロ的不安定性を必然化する。

今回の金融危機には、実はこの「貨幣」をめぐる不安定性が二重に入り込んでいる。

＊

今回の金融危機の火種となった米国のサブプライム・ローンとは、信用力の低い個人向けの住宅融資のことである。返済できるはずのない人まで借りたのは、住宅バブルが続くと予想して、購入住宅を高値で売り抜けようと考えたからである。金融機関がそのような人にまで貸し出したのは、多数のローンを束ねて住宅抵当証券にすれば焦げ付きリスクが平均化されると考えたからである。その住宅抵当証券から様々な形でリスクを加工した複雑な派生証券が多数作られ、無数の投資ファンドに組み込まれ、世界中にばらまかれていった。

バブルを商品化したにすぎない危険きわまりない証券も、多くの人が信用ある証券として受け取ることによって、実際に高い信用を持ち、さらに多くの人が受け取るようになる。この自己循環論法によって、金融市場全体が、あたかも銀行であるかのように、一種の信用創造を行っていたのである。だが、住宅バブルに陰りがみえた途端、自己循環論法が崩壊しはじめた。金融市場全体に取り付け騒ぎが起きたのである。膨張した信用は急激に収縮してしまい、市場には焦げ付いた住宅ローンという現実しか残らなくなった。

もちろん、金融市場は常に不安定であり、九七年のアジア通貨危機をはじめ、大きな金融危機は繰り返し繰り返し起こっている。だが、今回の危機には今までとは次元の違う深刻さがあるのは、その中に「貨幣」それ自体の本質的な不安定性が浮上し始めているからである。「ドル危機」の可能性である。

現在のグローバル資本主義は、米国の貨幣でしかないドルを世界全体の基軸貨幣としているシステムである。それは、すべての貨幣と同様に、世界中の人々がドルを基軸貨幣として受け取るから世界中の人々がドルを基軸貨幣として受け取るという、あの究極の美人投票としての自己循環論法によって支えられている。

今回の金融危機が、米国を震源地としたグローバルな危機であるという事実は、基軸貨幣としてのドルの信用を大きく揺るがせている。それがドル基軸貨幣体制の崩壊を引き起こし、三〇年代に匹敵する世界大恐慌につながる可能性はまだ小さいが、消えてしまったわけではない。だが、この最も根源的な「貨幣」問題を論ずる紙幅はもはやなくなった。

＊

ケインズがケインズになる前に書かれた『自由放任主義の終焉』は、大恐慌を防ぐことができなかった。ケインズがケインズになってから七五年近くたった今、第二の大恐慌を防ぐためにも『自由放任主義の第二の終焉』が書かれなければならないのである。

（『日本経済新聞』「経済教室」二〇〇八年一〇月二四日付）

期待が根拠、それがお金

アベノミクスの下、「次元の違う金融緩和」で、世の中にお金があふれ始めた。株式市場はわき、景気が上向く兆しがでている。「期待」に左右される市場経済は、随分気まぐれにみえる。経済学者の岩井克人氏に、「お金と期待の関係」を聞いた。

――人の期待はそんなにあてになりますか。結構気まぐれな気もします。

岩井　実は、お金と期待の関係は、資本主義の本質に関わる問題です。少し歴史の話をしましょう。

三年ほど前、ベルリンでのワークショップに招かれました。「貨幣とは何か」を討議する学際的な会議でしたが、ギリシャ古典の権威リチャード・シーフォードさんの発表は嬉しかった。テーマは「なぜ古代文明の中で、ギリシャだけが私たちに近いのか」。ギリシャ悲喜劇は現代人にも感動を与え、民主主義の原型も、現代につながる哲学も科学もギリシャでつくり出された。答えは、公共的な討議の伝統でもアルファベットの使用でもなく、「世界史で初めて本格的に貨幣を使った社会だった」というものでした。私のような経済学者が言うと我田引水ですが、古典学者が長年の思索の結果、同じ結論に達したことが嬉しい驚きでした[1]。

――貨幣をつくれる技術がギリシャにはあったということですか。

岩井 いや、むしろ技術的には遅れていました。金銀の合金で造られていたギリシャの通貨の配合は、バラバラ。それでもどの通貨も一ドラクマという価値で流通していた。そして、あらゆるモノを買うことができる。これが貨幣の本質です。つまり、モノとしてはバラバラなのに、貨幣として流通すると、モノを超越した普遍的な価値をもつ。ギリシャ人は、貨幣を毎日使うことによって、混沌とした現実世界を超越した普遍的な秩序が存在しうることを最初に見いだした。これが、普遍性について思考する哲学や科学の起源であるというのです。また、貨幣を持てば人間は共同体的束縛から自由になる。それは、一方で自立した個人を前提とする民主主義を可能にし、他方で、個人の欲望と共同体の倫理を対立させる悲劇や喜劇を生み出したというのです。これらはすべて近代の問題です。

――お金が近代社会をつくったと。今や電子マネーなどお金のかたちが失われています。社会の本質が変わったということですか。

岩井 いや、ギリシャ時代からなにも変わっていません。そもそも貨幣とは実体を超越した抽象的な価値なのです。昔は少数の天才以外は、金貨や銀貨ならば金銀の価値、紙幣ならば国家の権威が支えだと信じていました。電子マネーの時代になって、貨幣の本質が誰の目にも明らかになっただけです。

では、モノの価値にも国家の権威にも支えられていないのならば、なぜ貨幣は価値を持つのか？　それは、すべての人が他のすべての人が貨幣として受け取ってくれると期待しているからにすぎない。近代社会とは、「他の人もそれを価値として受け取ってくれるはず」というまさに「期待」によって支えられているのです。

期待は不安定です。他の人が受け取ってくれないと皆が期待すれば、その瞬間に貨幣は貨幣でなくなります。ハイパーインフレの歴史が示すように、国家が権威づけしていても、お金はただの紙になりえます。皆がその不安定性に気付いた社会になったということです。誰も実体的な価値がないことを知りながら、お金を使っていく社会になったということです。

リーマン・ショックの時、金融工学を駆使した投機家こそ資本主義を不安定にしたと批判されました。その通りですが、実は投機とは自分は無縁だと思ってタンス預金している人でも、お金を使っている以上、この不安定性に関わっている。お金を使うことは他人が受け取ってくれることを期待しているという意味で、それも投機なのです。いや、それこそもっとも純粋な投機なのです。なぜならば、金融商品の場合は、金融デリヴァティヴ（派生商品）の場合ですら、どこかで実体経済とつながっていますが、お金の場合は、他人にいつか渡すためだけに、人から受け取るものでしかないからです。

資本主義の不安定性は、金融市場の問題というより、お金の本質から導き出されるのです。アダム・スミス流の「見えざる手」に頼れば万事うまくいくという考え方が誤っている理由はこれを見落としているからです。

でも、自由を求めれば、資本主義しか選択肢はない。今回の危機では大恐慌時代と違って、社会主義待望の声が少なかった。チャーチルの有名な言葉をもじれば「資本主義は最悪のシステムだ。これまで存在した他のすべての制度を除けば」。政策的につぎはぎをして、だましだましやっていくしかありません。

――日本銀行による大胆な金融緩和など、アベノミクスでも期待に働きかけることが注目されています。お金の価値を下げることを意味するインフレは、緩やかな限り「よいこと」とされています。お金の価値を下げる意味は何ですか。

岩井　資本主義とは、アイデアはあるがお金がない人に、お金があるがアイデアはない人がお金を貸すことによって、アイデアを現実化していくシステムです。デフレの時は、お金を持っているだけで得するから、人々はお金それ自体に投機し、貸し渋りが起こっていた。インフレの期待は、人々をお金それ自体への投機からアイデアに対する投機、さらにはモノに対する投資へと向かわせるのです。

そういう意味で、「期待」はお金をお金として可能にするだけではなく、経済そのものに大きな影響を与える。経済政策を巡って「期待だけで実体が伴っていない」と言われますが、資本主義にとって、期待とは本質そのものなのです。

（聞き手・高久潤氏）

（『朝日新聞』二〇一三年五月八日付）

（1）　後に以下の論文として公表された。Seaford, Richard. "The Greek Invention of Money." Heiner Ganssmann ed., *New Approaches to Monetary Theory: Interdisciplinary Perspectives* (Routledge, 2012)

インフレが資本主義とシェイクスピアを生んだ

一五世紀末から始まるスペインの新大陸侵略は、欧州に大量の金銀を流入させた。スペインは一五一九年から急激なインフレを経験するが、一五九六年にデフレに転じ、長い停滞期に陥ってしまう。それはスペインが覇権を失う時期に重なることになる。

英国の場合、インフレは遅く一五六〇年に始まり一六五〇年まで続いた（次頁の図参照）。これは英国が他に先駆けて資本主義的発展を始めた時期である。そしてそれは、英国でウィリアム・シェイクスピア（一五六四―一六一六）が活動した時期に重なっている。『貨幣論』（一九三〇）の中でこのことを記した後、J・M・ケインズはこう述べている。「シェイクスピアが登場した時、わが国はちょうど彼を養うだけの財政的基盤を持つことができたのである」。

すなわち、デフレは悪であり、インフレは善なのである。

*

一昔前「善きデフレ」論が横行した。デフレとは技術進歩や貿易拡大によりモノが安くなることで

英国の物価と賃金　1500-1702
（1451-1500＝100）

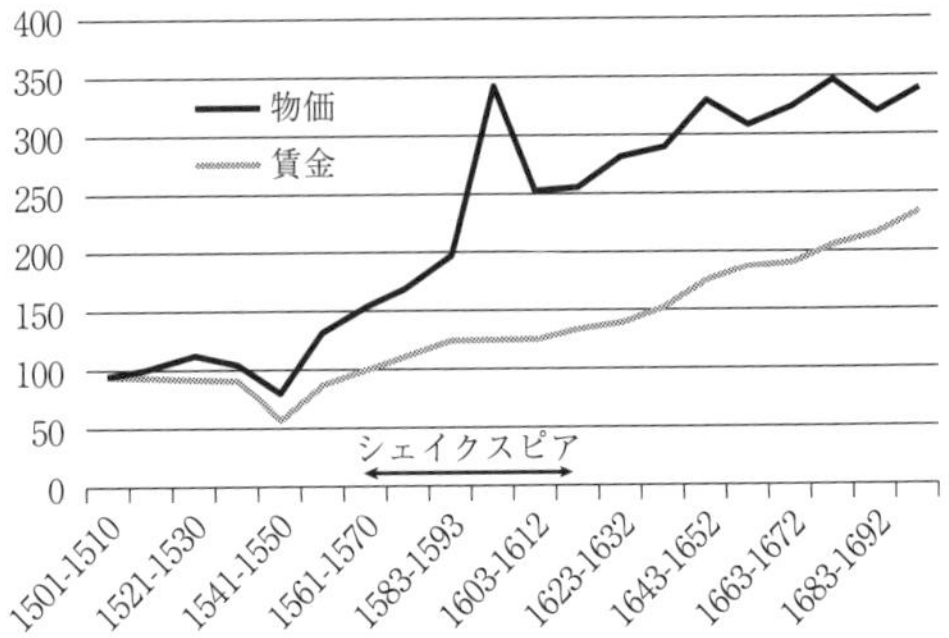

Earl Hamilton, “Amercan Treasure and the Rise of Capitalism,” *Economica* 1929

ある。それは庶民の味方であり、日本経済にとって善であると唱えていた。

これは相対価格と貨幣価格、さらにいえばミクロ現象とマクロ現象とを混同した初歩的誤りである。たとえば労働生産性の向上は、生産物の価格を労働の価格である貨幣賃金に比べて「相対的」に下げる効果しかない。生産性が二%上昇した時、貨幣賃金が一%下落すれば物価は三%下落するが、貨幣賃金が三%上昇すれば物価は一%上昇する。前者の場合はデフレであり、後者の場合はインフレである。

確かに技術進歩は長期的には賃金所得の購買力を長期的に増大させる善きことである。だが、デフレは必ずしもこの善きことの結果ではない。貿易自由化に関しても、それは単に輸入品の価格を輸出品の価格に比べて下げるだけであり、同じことが言える。

*

では、何がインフレやデフレを引き起こすのだろうか。

「インフレは貨幣量が生産量を上回って成長することによってのみ生じる。」

かつてミルトン・フリードマンが声高に唱えた貨幣数量説である。だが、それは誤っていた。貨幣成長率と物価上昇率の間に一義的な因果関係がないことは、多くの実証研究および理論研究が示しており、貨幣数量説は既に学説史上の遺物となっている(1)。

もう一度問い直さなければならない。何がインフレやデフレを引き起こすのか、と。

何らかの理由で生産物全体に対する需要が拡大して、完全雇用に対応する生産量を上回り始め、その結果、労働全体に対する需要を供給以上に引き上げたとしよう。当然それは、大多数の企業の労働需要が供給を上回っていることを意味する。各企業は自分が雇用したい労働者の賃金を予想される他の企業の賃金に比べて切り上げるだろう。

だがここには、個別で可能なことも全体では不可能になるという「合成の誤謬」がある。なぜならば、この時、他の大多数の企業も同じ状況にあり、一斉にそれぞれの賃金をそれぞれが予想する他の企業の賃金に比べて上げることになるからである。その結果、どの企業も他の大多数の企業の賃金が予想した値以上に上昇していることを見いだすことになるはずである(他の企業の賃金の上昇をあらかじめ予想していたとしても、事態は同じである)。すなわちここでは、不思議なことに、予想の誤りが必然的に生み出されているのである。この予想の誤りに反応して、各企業が他の企業の賃金の予想を引き上げ、過剰な労働需要を解消するために自分の賃金をそれ以上に上げても、労働全体の需要が供給を上回っている限り、同じ過程が繰り返される。大多数の企業の賃金は予想した賃金以上に上昇していくことになる。

すなわち、生産物全体に対する過大な需要によって労働全体に対する需要が供給を上回ると、労働全体の平均賃金の実現値はその予想値を必然的に上回り、予想値の引き上げがさらに平均賃金を引き上げるという累積的インフレ過程が始まるのである。それは、各企業の分権的な意思決定の意図されざるマクロ的な帰結にほかならない。そして、このような賃金の累積的な上昇はやがて価格に転嫁され、生産物全体の価格を平均した物価水準をやはり累積的に上昇させることになる。(2)

逆に、生産物全体に対する需要の不足によって労働全体の需要が供給を下回ると、平均賃金、そして物価水準に関する累積的なデフレ過程が始まる。ただし、この場合は、貨幣賃金の下方粘着性によって、デフレの進行はインフレの場合より遅くなるはずである。

貨幣量の影響を否定しているのではない。貨幣量の変化がインフレやデフレをもたらすとしたら、それは利子率や実質資産額への影響を通して生産物全体に対する個人や企業の需要を刺激あるいは抑制し、労働全体の需給ギャップを拡大あるいは縮小することによってなのだということである(さらに、企業のインフレ・デフレの予想に直接的に影響を与える可能性もある)。

いずれにせよ、デフレを引き起こす需要の落ち込みは、生産の縮小や失業の拡大を伴い、経済を不況にしているはずである。逆にインフレを引き起こす需要の膨張は、経済を好況にしているはずである。すなわち、デフレは悪の帰結、インフレは善の帰結である。

話はここで終わらない。デフレそのものが不況を悪化させ、インフレそのものが好況を促進させることになる。なぜならば、デフレは個人や企業が抱える負債の実質負担を重くし、生産物全体の需要をさらに圧縮してしまう効果をもち、インフレは負債の実質負担を軽くし、需要をさらに刺激する効果をもつからである。

＊

反論があるだろう。借り手がいるならば、貸し手がいるはずである。借り手の負債額は、定義上、貸し手の債権額と等しい。デフレは借り手の負債と貸し手の債権の実質額を等しく増やすことになるから、国債と対外債務を無視すれば、一国経済全体ではその効果は打ち消しあうのではないか[3]。

だが、残念ながらそうではない。借り手は支出したい何かがあるから借り手となるのであり、貸し手は支出したい何かがないから貸し手となるのである。すなわち、借り手は一般的に貸し手よりも高い支出性向をもっていることになる。デフレはこの支出性向が相対的に高い個人や企業の負担を増やすことで、経済全体でみても需要に対してマイナスの資産効果を持ってしまうのである[4]。

デフレが進み、借り手が負債の実質負担の重みに耐えきれずに返済を延期し始めると、それは不良債権となる。借り手が万策尽きて倒産すると、その瞬間に貸し手の債権は不良ですらなく、無と化してしまう。有効需要は一層落ち込み、デフレは深刻化していく。

これが、一九三〇年代の大恐慌の最中に米国の経済学者、アーヴィング・フィッシャーが理論化した「負債デフレ過程」である。一九二九年のニューヨーク株式市場の暴落は、不況とデフレが互いの原因となるこの「悪の連鎖」によって、あの世界大恐慌へと突入してしまったのだとフィッシャーは論じたのである。

＊

それだけではない。資本主義とは未来の利潤を求めて投資する仕組みである。その利潤の源泉は「新消費財、新生産方法、新輸出方法、新市場、新産業組織」、すなわちヨーゼフ・シュンペーターのいう「革新（イノベーション）」である。だが、未来の利潤の予想だけでは現在の投資資金とはなり得ない。どれだけ革新的なアイデアでも、いま資金がなければ利潤を生むことはできないのである。

ここに金融の本質がある。金融は、アイデアはあるが資金のない個人や企業が、アイデアはないが資金のある個人や企業から資金を借りて投資し、アイデアを設備や組織、技術や製品の形に具体化させる役割を果たす。その意味で、負債こそ革新的なアイデアを現実の利潤へと転化する資本主義のテコにほかならない。

デフレはこの負債の実質額を年々増やしていくことになり、その予想は革新的な活動にブレーキをかける。デフレは不況を悪化させるだけでなく、資本主義を長期的停滞に導く最も確実な道である。逆にインフレは、負債の実質額を年々軽くすることにより、好況を強めるだけでなく、その予想は革新的な活動を促進する働きをする。その中にはもちろん芸術活動も含まれる。

冒頭のケインズの言葉に従えば、英国の資本主義とシェイクスピアはともにインフレの落とし子だったというわけである。

＊

日本の「失われた二〇年」は、デフレで失った二〇年であった。いま政権交代を契機にした日銀のインフレ目標採用により、ようやくデフレから脱却する道筋が見えてきた。まずはこの政策転換を歓迎したい。

ただし、デフレはすべて悪であるが、インフレはすべて善ではない。それは、さらなるインフレを予想させてインフレをさらに強めるという悪循環に転化する可能性を常に秘めている。その行き着く先であるハイパーインフレこそ、貨幣の存立構造それ自体を崩壊させる、資本主義にとっての最悪の事態である。

好況は多数の人が永続することを願っている。その多数の声に逆らって、善きインフレが最悪のハイパーインフレに転化するのを未然に防ぐ政策を行うこと――それが中央銀行の独立性の真の理由である。しかし、その心配をするのはまだ早い。いまはインフレ基調の確立によって需要が刺激され、日本経済が長期にわたる停滞から解放されることを切に望むだけである。

(『日本経済新聞』「経済教室」二〇一三年三月一三日付)(**加筆修正**)

(1) 例えば以下を参照のこと。Woodford, M. (2006). "How important is money in the conduct of monetary policy?" *Journal of Money, Credit, & Banking*, 40 (8).

(2) ここで述べられているのは、『不均衡動学』で展開した「ヴィクセル的不均衡累積過程」理論の骨子である。

(3) ただし、現金通貨の場合は、保有する個人や企業にとっては流動性を与えてくれる資産であるのに対し、発行する政府や中央銀行にとっては会計上は負債であるが、利子支払いの義務も償還の義務もなく、経済的には負債と見なす必要はない。したがって、一国経済全体にとっても資産となる。その結果、デフレは現金通貨の実質額を増やして有効需要を刺激し、インフレは抑制するという安定化効果をもつ。このいわゆる資産効果は英国の経済学者A・C・ピグーによるケインズ経済学批判の骨子だが、ここでは無視しておこう。現金通貨総額は個人や企業の負債総額に比べて小さく、金融技術の進歩によりその役割がさらに縮小し続けているからである。国債の場合も、保有者にとっては、利子を受け取る権利、そして償還時には元本を受け取る権利を持つという意味では資産である。だが、いわゆる「リカードの中立命題」によれば、政府が利子支払いや償還額を現在世代に対する税金によって調達するならば（そしてそのことを現在世代が一〇〇％予想しているならば）、利子元本の受け取り予想と税金の負担予想が打ち消し合い、一国全体にとっての国債の資産効果は零になる。ただし、税負担が将来世代に先延ばしされると、その分だけ資産効果が発生する。

（4） 実は、国債に関しても同様の再分配効果が存在し、プラスの資産効果がある場合でも、その効果を少なくとも部分的に打ち消してしまう可能性がある。なぜならば、政府が国債を発行するのは、一般に何か（利子支払いや償還も含む）に支出する時だからである。

国際通貨と資本主義の未来

米ドルを基軸通貨としてきた資本主義の体制は盤石なのか。中国をはじめとする新興国の台頭は世界経済の勢力図を塗り替え、有力企業で頻発した不祥事は市場の基礎である信用に暗い影を落とす。国際通貨と資本主義の未来について、岩井克人・国際基督教大学客員教授に聞いた。

――通貨体制は転換点を迎えたのでしょうか。国際通貨基金（ＩＭＦ）は今年一〇月、中国の人民元を特別引き出し権（ＳＤＲ）の構成通貨に追加します。

岩井　国際通貨の議論が混乱しているのは、基軸通貨と強い通貨とが混同されてきたからだ。円も人民元もユーロも強い通貨である。強い通貨とは、一国の経済力を背景として、その国との貿易や資本取引で使われる通貨のことだ。

それとはまったくカテゴリーが異なるのが基軸通貨だ。ドルが基軸通貨であるとは、韓国がチリと貿易する時にドルを使い、チリがインドと資本取引をする時にドルを使うように、米国以外の国同士の決済にドルが使われるということである。

一国内で商品と商品との交換の媒介となるのが貨幣だが、世界経済において国と国との交換の媒介になるのが基軸通貨である。

私の『貨幣論』（一九九三）が示したのは、貨幣とは自己循環論法の産物でしかないことだ。それ自体は何の使い道がなくても、多くの人が貨幣として使うと多くの人が予想するから多くの人が貨幣として使う。基軸通貨もそれと同じ自己循環論法の産物だ。

二〇〇八年のリーマン・ショックの時、中国はドルの覇権に異議を唱え、人民元の基軸通貨化を目指してきた。だが、強い通貨と基軸通貨とを混同している。いくら一国の経済規模が大きくなっても、その通貨がそのまま基軸通貨になるわけではない。

――米ドルが基軸通貨になったのはなぜですか。

岩井　基軸通貨は何らかのビッグバンがなければ生まれない。米国は一九世紀後半から最強の経済だったが、基軸通貨国は長らく英国だった。その経済力はドイツにも追い抜かれていたのに。

第二次大戦という大きなショックがあって、ようやくドルが基軸通貨に押し上げられた。だが、その後他国が復興する中、戦争直後は全世界のＧＤＰの五割近くを占めていた米国経済のシェアは二割台に落ち、七一年にはベトナム戦争に苦しむ米国政府は基軸通貨の座から降りようとさえした。ニクソン大統領の下での一方的な伸縮為替制の導入である。

ところが貨幣の自己循環論法が働き、米以外の国はドルを基軸通貨として使い続けたのだ。その後ドル危機が繰り返し叫ばれても、いまだに基軸通貨のままだ。

――ドルが基軸通貨の地位を継続できなくなる可能性はありますか。

岩井　基軸通貨国には大きな利益がある。発行ドルの七割が米国に戻らない。その分だけ外国製品がタダで手に入る。しかも国際問題が発生したとき、米国は主導権を取れる。基軸通貨国の権益をやすやすとは手放さないはずだ。

反面、責任も発生する。ＦＲＢ（米連邦準備制度理事会）は、みずからの政策が世界に与える大きな影響によって、世界中央銀行的な役割を果たさざるを得なくなっている。米国が内向きになって対外的責任を放棄した時が、基軸通貨の危機の始まりだ。

——南欧など政府の債務危機が表面化したユーロの先行きをどうみますか。

岩井　欧州連合（ＥＵ）は米国の覇権に対抗するという政治的な狙いから生まれた。だが、落とし子のユーロは経済的な矛盾を抱えている。共通通貨とは労働の自由な移動を前提としているからだ。

ギリシャが不景気になったとき、ユーロ以前ならばドラクマの切り下げによって国内雇用を維持できた。だが共通通貨の下では、失業した労働者が労働不足のドイツなどに移住しないと不均衡は調整できない。

だがまさに文化の多様性を誇る欧州では、ＥＵを推進した知識人以外は、出身地から動こうとしない。ギリシャ政府は国内の雇用のために財政を大盤振る舞いし、危機を招いた。ユーロが矛盾を解消するには時間がかかる。

——日銀の異次元緩和は円安をもたらしました。円の将来をどうみますか。

岩井　八五年のプラザ合意以来、人為的な円高の下での資源配分の歪みが累積してきた。長期的には円高に向かうはずだが、近年の円安は歪みの調整局面と見なすべきだ。

――アベノミクスの効果は出ていますか。

岩井　アイデアはあるがお金のない人と、お金はあるがアイデアがない人を結びつけるのが金融。だがデフレは負債の実質額を膨らます。それはアイデアのある若者を苦しめ、イノベーションの活力を損なう。戦後、デフレがこれだけ続いた国はなく、失われた二〇年はその結果でもある。

二％のインフレ目標は今実行可能な唯一の短期的マクロ政策でもある。名目金利がゼロのときでも、財政政策は有効だが、日本の財政当局は年度ごとの財政均衡のみを目標にして、適切な政策を行ってこなかった。そのような制約の下でも、予想インフレ率を上げて実質金利をマイナスにすれば、資産効果と金利効果によって、消費と投資が刺激される。まさに教科書通りのケインズ政策である。

したがって、アベノミクスは本来ならばリベラルの政策であるはずだ。それを日本では保守政党が採用したという政経のねじれがあって、非難も多い。だが当初の期待よりは遅いが、インフレの上昇でも失業の下落でも、効果は出てきている。

――「出口戦略」が見えないとの批判もあります。

岩井　幸い米国が先にインフレ目標を導入し、出口戦略も先に開始したので、日銀に政策調整の余地を与えてくれている。ただ、日本の出口戦略はまだ大分先の話だ。

――中国では管理統制色が濃い経済運営が定着してきたように見えます。

岩井　中国は私の「資本主義論」の中では「産業資本主義」に位置づけられる。農村に人口が溢れ、仕事を求めて都会に流れてくる。機械制工場の高い生産性と労働者の安い賃金とのギャップが、ほぼ自動的に利潤を生み出すという仕組みである。それは、高度成長期までの日本でも、自由主義的な英米の資本主義でも、中国型の国家資本主義でも変わりはない。

ところが、中国では四、五年前から農村の過剰労働が枯渇し始めた。労働費用が上り、単に機械制工場に投資するだけでは利潤が上がらなくなってきた。先進国入りする前に産業資本主義の仕組みが働かなくなり始めたことに、政府は困惑している。

日本ではバブル崩壊の苦しみを経て、やっと「ポスト産業資本主義」の段階に入った。企業は新技術や新製品など、他との「差異」によって利潤を得るようになったのだ。中国の資本主義がポスト産業資本主義に移行するには、まさに一党独裁が障害となる。法の支配が不確定であると、みずからイノベーションをするより、政治と結託したほうが利益となるからだ。

――欧米を中心に金融規制を強化する動きが加速しています。

岩井　危機状態におけるマクロ政策の中に倫理を直接持ち込むのは賢明ではない。九〇年代、日本の住宅金融専門会社への公的資金の導入を巡って、バブルを引き起こした張本人を救済するとは何事だという議論が横行し、不良債権処理が遅れ、失われた二〇年を招いてしまった。

米国でもリーマン・ブラザーズの救済が論じられたとき、経営者の高額報酬の批判が起き、リーマン・ショックを起こしてしまった。金融資本の暴利に対する怒りは当然だが、ポピュリズムに走ると元も子もなくなる。その後の規制の強化も、規制下の金融機関の安定性は確保したが、規制の枠外でシャドーバンキングを肥大化させ、次のバブルの準備をしているかのようだ。必要なのは、社会全体のコストとベネフィットとの冷静な比較なのだ。

それは経済から倫理を追い出すべきだというのではない。逆である。八〇年代から米国では極端な不平等化が進み、今では上位一％の高額所得層が全体の二〇％もの所得を得ている。しかも高額所得を得ているのは、戦前のように資本家ではなく、株主主権の名の下にストック・オプションを手にした経営者なのだ。それは、英米において、経営者が果たすべき忠実義務という倫理義務を経済インセンティブで置き換えてしまったことの必然的な結果だ。

――内外で企業の不祥事が目立ちます。どこに問題があるのでしょうか。

岩井　株主主権が強い英米に対し、日本とドイツは組織を重視する資本主義である。東芝の会計不正、フォルクスワーゲン（ＶＷ）が排ガス不正を起こし、組織重視型資本主義の欠陥が表れたといわれる。だが、その解決は社外取締役などを入れて英米的なガバナンスを強化することではない。東芝は英米的な委員会設置会社にいち早く移行した会社である。しかも米国では、社外取締役の導入は、業績の向上にも経営者の高額報酬の歯止めにもならないとの研究結果も多い。

経営者自身が内面化すべき忠実義務を社外取締役の監視に置き換えることによって、一方で経営者の自己利益追求を促進し、他方で内部統制の存在を盾に、忠実義務違反に対する裁判所の介入を防御する、二重の役割を果たしているというのだ。

会社のガバナンスには、社外取締役の義務化といった外形的な統制制度を整備しても限界がある。それは究極的に、経営者、さらには従業員の倫理性によって支えられているからである。

（聞き手・前田宏之氏）

（『日本経済新聞』「経済教室」二〇一六年一月三日付）

ビットコインと『貨幣論』

二年前、仮想通貨のビットコインは一年で価格が二〇倍近くも上昇し、熱狂に包まれた。だが、一八年初、大量の仮想通貨流出事件が取引所で発生し、ブームはたちまち下火になった。国が管理しない非中央集権型で独自の経済圏を形成するかに見えたビットコイン。『貨幣論』の著者である岩井克人氏に、一連の動きについて聞いた。

――ビットコインが誕生し、価格の急騰から急落に至るまで、この状況をどう総括されますか。

岩井　貨幣論から見ると予期したことが起こったと言えます。二〇一六年あたりから急激な値上がりが起きたとき、ビットコインは貨幣になる可能性を捨てたのです。

私はビットコインが誕生した当初から関心を持ち、その動向を見てきました。しばらく地下経済での取引に使われていたようで、それが次第に通常の経済活動まで浸みてきたら、貨幣になるかもしれないと思ったときもありました。しかし、そうはならなかった。

――岩井さんは『貨幣論』（一九九三）で、「貨幣とは、言語や法と同様に、純粋に「共同体」的な存在である」と書かれています。

岩井　共同体というと村社会のようなイメージを持つかもしれませんが、ここではまったく違った使い方をしています。それは貨幣を使う人たちの単なる集まりという意味です。出入りは自由。法律で利用を強制されているのでもない。たとえば円だと、円を貨幣として使う日本人も外国人も入る。

貨幣共同体とは、自己循環論法の働く範囲という言い方もできます。ビットコインの場合、この共同体が形成される前に、単なる投機資産になってしまった。

――自己循環論法を具体的に説明するとどうなりますか？

岩井　商品と貨幣の違いを考えてみましょう。ここに一〇〇円のペットボトルの水があります。お金を支払って人がそれを手に入れようとするのは、「飲みたい」からです。商品の価値は究極的に人間の欲望が根拠になっています。

では、お金はどうでしょうか。ある人が商品を売って一万円札を受け取るのは、モノとして欲しいからではありません。「ほかの人もそれを一万円札として受け取ってくれるから」にすぎない。その「ほかの人」に一万円札を受けとる理由を聞いても「ほかの人もそれを一万札として受け取ってくれるから」と答えるはずです。一万円札の「一万円の価値」を支えているのは、人間の欲望ではありません。

禅の公案みたいですが、「貨幣とは、貨幣として使われているから貨幣である」にすぎないのです。この自己循環論法が働けば、モノとしての貨幣は、貝殻でも、紙切れでも、何でもよい。その究極の形が、暗号化された単なる数字の羅列（仮想通貨）です。

――ビットコインはそこに至らなかったということですね。

岩井　理由は簡単です。それが投機資産になったからです。

貨幣について、私の「基本定理」があります。「あるモノが貨幣として流通しているときには、貨幣としての価値はモノとしての価値を必ず上回る」という定理です。当たり前のことを言っているだけです。もし一〇〇円玉が、モノとして二〇〇円の価値をもっていれば、誰もそれを一〇〇円の価値の貨幣として一〇〇円のモノと交換に他人に手渡すようなバカなことはしません。手元に置いてモノとして使います。

ところが、ビットコインはこの状態（モノの価値>貨幣の価値）になりました。なぜでしょうか？　投機資産という価値あるモノになったからです。現在、一ビットコインが五〇万円だとして、この先どんどん値上がりして一年後に一〇〇万円になると考えていたら、投機資産としての価値はいくらでしょうか？　一〇〇万円です（簡単化のために、利子率による割引を無視しています）。ということは、誰でも一〇〇万円になるまで持ち続けるはずで、五〇万円の支払いのためにビットコインを使いませんよね。

1　貨幣の可能性が消えた

岩井　皮肉なことに、ビットコインは新しい貨幣だと騒がれたことが、値上がり期待を生み、投機の対象になったことで、貨幣になる可能性をみずから殺してしまった。

そして、価格がまだまだ上がると期待した人たちがなだれ込んだ結果、バブルになった。もちろん、バブルは永遠に続きません。あるところまで行き着くと、それ以上の高値で買ってくれる人はいなくなります。バブル崩壊です。

一七年末に一時は二〇〇万円を超えた一ビットコインの価格は、現在、五分の一です。多額の投資をした人は、泣いているでしょう。

——ビットコインが注目を集めたころ、「仮想通貨（virtual currency）」「暗号通貨（crypto currency）」と言われていましたが、最近の国際会議の場では「暗号資産（crypto asset）」と呼ばれています。

岩井　呼び方が変わったのは、貨幣としての可能性が消え、単なる投機資産だと位置づけられたからです。暗号通貨は数字の羅列ですから、原価ゼロのポーカーチップとして認識したほうがいい。そこにお金を投じるのはカジノと同じです。

2 「サトシ・ナカモト」に驚く

——岩井さんがビットコインの誕生した当初から関心を持っていたのはなぜですか。

岩井「あっ、またデジタル通貨が出てきた」と思ったからです。

——また、ですか?

岩井　今では誰も知らないかもしれませんが、一九八〇年後半から九〇年代にかけて、「デジ・キャッシュ（DigiCash）」と呼ばれたデジタル通貨が出現し、メディアで盛んに取り上げられました。暗号化された数字を貨幣として流通させる動きが海外で活発化した。デーヴィッド・ショームというコンピューター科学者が考案したものです。

当時、私は、『貨幣論』を書いていたので関心を持ちました。その応用として、中央銀行なしで「二重支払い」を防ぐ仕組みを考え、論文をインターネット上に載せています（「How to Really Circulate Electronic Cash on the Internet」August 28, 1995）[1]。残念ながら誰もそれを読んでくれないうちに、いつしかデジキャッシュのブームは終わりました。

——そこから約二〇年後にビットコインが出てきた。

岩井　そうです。現れた時期に驚きました。ビットコインの大本になる「サトシ・ナカモト」と名乗る人物の「Bitcoin: A Peer-to-Peer Electronic Cash System」という論文がインターネット上に現れたのはまさに二〇〇八年。リーマン・ショックの直後だったからです。

金融の自由化で世界中にリスクが蔓延し、それが臨界点に達して未曾有の金融危機を招きました。リーマン・ショックは、それまでよいとされていた自由放任主義の終わりを告げるものだと私は考えていました。ところが、サトシ・ナカモトが書いた論文の内容は、政府や中央銀行の介在を排除した、ブロックチェーン技術を使った暗号通貨の仕組みだった。

——まさに自由放任主義を体現する通貨ですね。

岩井　想像ですが、サトシ・ナカモトはこう考えたのだと思います。

民間の金融機関が世界中で過剰な信用を創造してバブルを生んでしまい、そのバブルを中央銀行が放置したことで、結果的に大惨事を招いた。銀行も中央銀行も信用ならないので、そうした機関が介在せず、お金をやりとりする市場参加者の間だけでお金の信用をチェックできる、純粋に自由放任主義的な資本主義をインターネットの上で実現させよう、と。

ビットコインの仕組みは、ハイエクが*Denationalisation of Money*（邦訳は『貨幣発行自由化論』川口慎二訳、東洋経済新報社、一九八八、他）で唱えた貨幣自由化論に通じるものがあります。サトシ・ナカモトが知っていたかどうかは別として、ハイエク的な自由放任主義を背景にした仕組みを構築しようとしたと言えます。

ただ、ハイエクの貨幣自由化論は理論上の誤りです。そもそも資本主義とは、自己循環論法の産物でしかない貨幣の流通によって支えられている本質的な不安定性を持っています。すべてを利潤動機に任せる自由放任主義の下では、大不況やハイパーインフレーションといった経済危機が必ず起きます。だから、中央銀行という公共性を持った存在が通貨量をコントロールし、その規制の下に限られた民間銀行が信用によって預金通貨を創造しているのです。

リーマン・ショックは、自由放任主義的な資本主義には根源的な欠陥があることの必然的な結果です。貨幣の供給を含めて、何でも利潤動機で動く民間企業任せにするのではなく、やはり公共の利益を目的とする機関が必要だということを事実で示してしまった。

――中央が介在せず、分散型で信用を作ろうとした暗号通貨の仕組みについてどう思われますか。

岩井　ビットコインを支えるブロックチェーンという技術は面白い。日本語では分散型台帳とも言われ、すべての参加者が過去の取引情報を共有します。新たな取引記録が書き込まれる際、不正でないことが承認される必要があります。その承認はビットコインの場合、銀行などの専門機関ではなく、市場参加者の競争に任せます。

承認作業は採掘（マイニング）と呼ばれ、いちばん早く承認できた人に新たなビットコインが報酬として与えられる。参加者の利潤動機による自由競争によって、デジタル通貨につきまとう二重支払いなどの不正を防ぐ工夫です。

しかし、問題だらけです。採掘といっても、膨大な計算を要する数学問題を解く競争をさせることで、それ自体は無駄な計算です。そして中国などでは、その無駄な計算のために何十台ものコンピューターを設置した採掘村が出現し、莫大な電力を消費している。しかも、圧倒的に計算能力の速いコンピューターを造れた人が不正な承認をしてシステムを破壊する可能性は排除できません。

また、承認作業に時間がかかるので、関係者の間で時間短縮のための仕様変更の議論がなされましたが、混乱し、ビットコインの分岐が起きてしまいました。分岐を主導した人たちの多くは、新たな仮想通貨の値上がりで儲けるのが目的でした。そこが、純粋な「貨幣」を目指したサトシ・ナカモトとの最大の違いで、投機をさらにあおってしまった。

3 基軸通貨も自己循環論

——近年、各国の中央銀行もデジタル通貨の研究を進めています。

岩井 当然、中央銀行も研究すべきテーマです。北欧はキャッシュレス先進国で、中国はモバイル決済の普及でキャッシュレス化が進んでいます。日本はまだ現金主義が強いものの、お金はだんだん暗号的なものになっていくはずです。

実際、ある意味では日本でもすでにキャッシュレスを実践しているのです。私たちが使っている貨幣の大部分は、現金ではなく、民間銀行が信用によって創造する「預金通貨」です。それは銀行間の閉じたネットワークによって管理されたデジタル貨幣でしかない。その民間銀行が日銀に預ける準備預金も、数字を日銀に預けているだけです。

われわれが今持っている現金も暗号化していくことは中央銀行も認識しているはずです。ブロックチェーン技術やさまざまな暗号通貨の仕組みについて、それらの特性や問題点を研究しておく。そして、将来的にどのように中央銀行が関わっていくのかを考えておくことはきわめて重要です。

——では、現在の通貨の世界をどう見ていますか。

岩井　ドルの使われ方は先ほどの自己循環論法で説明できます。たとえば、日本とブラジルの商取引に円やレアルではなく、なぜ米ドルが使われるのか。米国製品を買うためではなく、どの国も「他の国も米ドルを取引に使う」と思っているからで、この自己循環論法によって世界の基軸通貨になっています。

かつて一九七一年にアメリカが金とドルの交換停止を発表しました。いわゆるニクソンショックです。アメリカはドルが基軸通貨である限り、金との交換を保証しなければならないので負担だと考え、円やマルクと同じように一国の通貨になろうとしました。

だがその後どうなったか。ドルは金とは切り離されたものの、まさに自己循環論法の働きによって、基軸通貨であり続けているのです。

——基軸通貨の持つ意味とは？

岩井　政府がドル札を一〇枚刷ると、そのうち三枚しか米国内で使われません。他国の商品の購買に使われた残りの七枚は米国以外で流通し続け、米国商品の購買には使われません。その分、米国はタダで他国の商品を手に入れている。

また、ドルで世界中の取引ができることは、米企業にとって為替リスクがないので圧倒的に取引で有利です。それは米国の国力にプラスに働いています。

大きなメリットを享受する一方、相応の責任も負う必要がある。世界経済の安定を図ることです。ドルの供給を引き締めると、世界が不況に陥ります。過剰に供給され、ドル安になると、世界的なインフレにつながってしまう。

そして、ドルの価値が極端に落ちると、自己循環論法が崩れ始めます。先の例で言えば、日本がブラジルとの取引に米ドルを使おうとしても受け入れてくれない。それは、ブラジル側が受け取っても、「他の国が米ドルを受け入れてくれない」と思うからです。

――どこの国もドルを使わなくなると、最終的にどうなりますか。

岩井 米ドルを唯一使えるのは米国だけになり、それまで基軸通貨としてドルを持っていた世界中の人々は米国製品に殺到します。結果、米国でハイパーインフレが起き、世界経済が大混乱に陥ります。

そうした事態は極端ですが、可能性はゼロではない。世界経済が不安定化しないように、FRB（米連邦準備制度理事会）は米ドルの価値を安定させる義務があります。基軸通貨であるがゆえに、世界の中央銀行としての役目を部分的に果たす必要があるのです。

――しかし、トランプ米大統領は保護主義の色合いを強めています。

岩井 米ドルが基軸通貨であることの恩恵の裏返しとして、世界経済の安定性を米国のFRBが確保することの重要性を、米国第一主義を掲げているトランプ大統領がわかっているとは思いません。

ＦＲＢが独立性を保てればいいのですが、現在のパウエルＦＲＢ議長の行動は心配です。一時、トランプ大統領の批判をよそに利上げをしましたが、ここに来て露骨にすり寄っています。

金融政策というのは、経済安定化のために、一定の独立性を持って行われることが重要です。ＦＲＢがトランプ大統領の意向に平仄を合わせているとみなされると、米ドルの信用が失墜します。もっとも、その前にトランプ政権が頓挫する可能性もありますが。

4 米ドルの代わりはない

――ドルの信用が著しく揺らぐと、ほかの国が基軸通貨を肩代わりすることになるのでしょうか。

岩井 ユーロも人民元も、基軸通貨としての肩代わりは難しい。

そうなった場合、急遽Ｇ20の首脳が集まって、非常手段として世界中で不足している流動性を供給する新たな国際コンソーシアムを設置する。非常事態なので、新しい紙幣を印刷する時間はない。そこで、ビットコインをモデルにした暗号通貨が作られ、世界中にばらまかれ、それが新たな基軸通貨として流通し始める――。まぁ、ここまで言うのはあり得ないシナリオですが……。そのような形でビットコインの思想ではなく、技術が活用されるかもしれません。

――中国は人民元の国際化を実現しようとしています。

岩井 国際通貨は基軸通貨とは違います。元の国際化とは、中国との取引で他国が元を使うことです。中国以外の国同士の取引で元が使われて初めて基軸通貨になります。

ある国の通貨が基軸通貨となるためには、その金融市場がオープンでなければなりません。いつでも資金を出し入れできると思うから、国外にいてもその国の通貨を使い続けて大丈夫と思うのです。

しかも繰り返しますが、基軸通貨であるためには、自国だけではなく、世界経済の安定性も考えて金融政策を行わなければならない。中国の金融市場は規制だらけですし、中国人民銀行の背後には共産党がある。党の意向一つで金融政策や市場規制が変わるかもしれない、と考えたらどうですか？

――「ほかの国も人民元を使うだろう」とは思わないです。

岩井　そう。基軸通貨になるための自己循環論法は起きません。

5　忘れた頃に再び現れる

――最後にビットコインに話を戻します。バブル崩壊で価格が急落したものの、現在の一ビットコインの価格は四〇万円弱です。この水準をどう見ますか。

岩井　もう一度値上がりを夢見る買い手とそれを諦めた売り手の需給がたまたまその水準で一致したことが示されているだけです。ただ、国家や中央銀行への不信がいかに根強いかの指標とも見ています。

――今後、新たな仕組みで、自由放任主義を象徴する暗号通貨が出てくる可能性はあるでしょうか。

岩井　私がデジキャッシュと言っても誰も知らない。人間の記憶は二〇年したら薄れていくのでしょう。

将来、新興国のどこかで、いやこの日本でも、自由放任主義的な貨幣の怖さを知らない人たちが、再び暗号通貨に集まってくることは考えられます。二〇年後、それよりもっと早くに、新たな暗号通貨が出てくるのかもしれませんね。

（聞き手・井下健悟氏）

（『東洋経済』二〇一八年三月二六日）

（1）何かが貨幣として流通するためには、以下の三つの条件を満たさなければなりません。（a）貨幣の額面がわかること、（b）模造されないこと、（c）「二重支払い問題」を解決していること、です。数字など記号を貨幣として使うとき、（a）はお手の物です。（b）は暗号技術の発達が解決しました。問題は（c）です。モノが貨幣の素材として使われている場合は、私が誰かに支払うときは貨幣それ自身が物理的に動きますから、同じ貨幣を二度使うことは不可能です。ところが、記号が貨幣になった場合には、使った後でもコピーを残せる。すくなくとも私の頭に記憶できる。記号のコピーは記号それ自体ですから、同じ貨幣を何度でも使えてしまう。これが「二重支払い」問題です。それをいかに防ぐかが、暗号通貨をつくろうとする人が直面してきた問題です。

私のこの論文では、一度貨幣として使われた暗号数字を公開することによって二重支払いを防ぐことにしています。その場合、貨幣取引が行われるたびに貨幣である暗号数字を更新しなければなりませんが、ブラインド（盲目）署名という仕組みを二重に組み合わせ、取引する個人にも数字の更新を行う仲介機関にも更新された数字がわからない方法を考案してみました。

ピケティと株主主権論

米国の共和党大会で不動産王ドナルド・トランプが大統領候補に選出され、英国の国民投票ではEU（欧州連合）離脱派が過半数を制した。

この二つの出来事には多くの共通点がある。移民への反感、自由貿易への抵抗、金融自由化への反発。だがこうした反グローバル主義の底流にあるのは「格差」の拡大だ。グローバル化の中で巨万の富を得ているエリート層に対して、残りの非エリート層が異議申し立てをしているのだ。

格差批判は世界的な広がりを持つ。だが私が注目するのは、それが米英で最も先鋭的な形で表れたことである。両国での格差の急拡大こそ、米英型資本主義が旗印にしてきた「株主主権論」の破綻を意味するからにほかならない。

＊

近年、トマ・ピケティ仏パリ経済学校教授の著書『21世紀の資本』が格差問題に関する議論を世界中に巻き起こした。(1) 図は同氏が用いたデータ集から作成した。図の上半分は、代表的な資本主義国で

上位1%の所得階層が占める所得割合

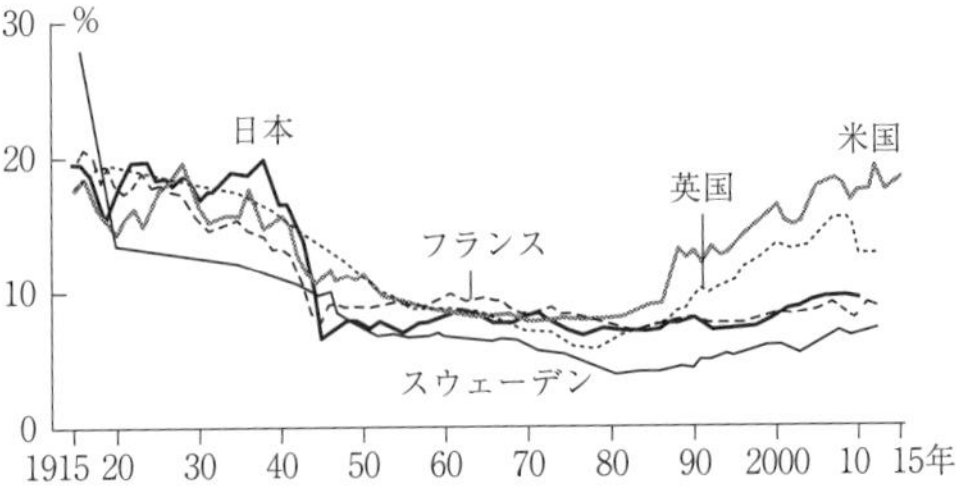

米国の上位1%の所得階層の所得内訳

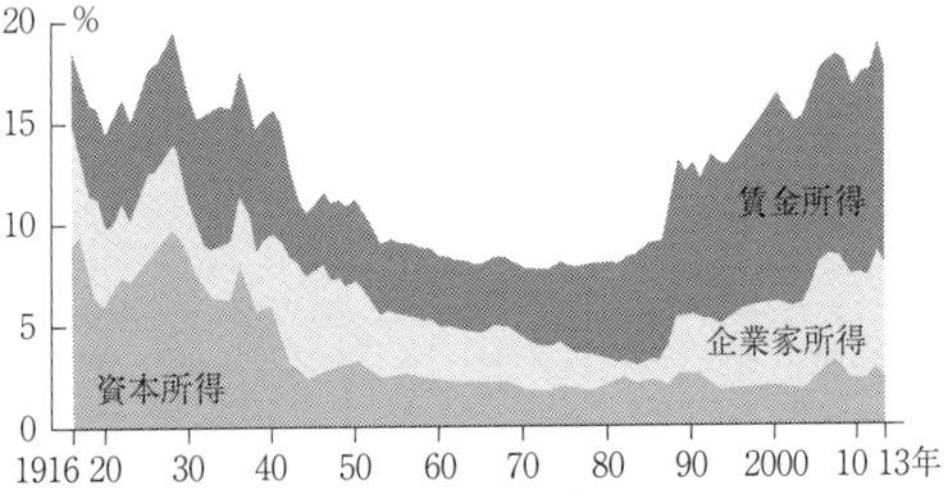

（注）資本所得は配当、利子、地代の合計。企業家所得は非法人企業（税法上も含む）の所得
（出所）The World Wealth and Income Database

上位一%の所得階層が国全体の所得の何%を手にしてきたかを一〇〇年にわたり示したものだ。

第一次大戦直後はどの国も極端な格差社会だった。上位一%が全体の二〇%もの所得を手にしていた。だが世界大恐慌から第二次大戦にかけて格差は急激に縮小、その後長らく上位一%の所得割合が五〜一〇%にほぼ収まるようになる。第二次大戦後の資本主義は、平等化を特徴としていた。

一九八〇年代に入り、米国のレーガン政権と英国のサッチャー政権が自由放任主義的な政策を推進すると、異変が起き、どの国でも格差が拡大し始める。とくに米英両国の上昇幅は突出しており、二一世紀に入ると上位一%の所得割合は二〇%近くに達する。大恐慌前の極端な格差社会に後戻りしてしまったのである。

なぜ八〇年代から平等化傾向が逆転したのだろうか。

「r>g」――この不等式がピケティ氏の答えだ。rは資本の収益率、gは経済成長率を表す。同氏は、資本家は資本からの収益を再投資するから、資本はｒの率で成長すると考える。それゆえｒがｇより大きいなら、その国の資本は国民全体の所得より高い率で成長し、資本家に所得や富が集中していくという。

事実、ピケティ氏は過去のデータから、先進資本主義国では資本収益率ｒは四～五％を保つが、経済成長率ｇは長期的には一～二％しか期待できないと主張する。資本主義には所得や富を資本家に集中させていく不平等化傾向が、本来的に備わっているという。

戦後の平等化は、恐慌や大戦による資本の損失、戦費のための租税の累進化といった例外的状況が生んだ一時的現象である。八〇年代以降、米英主導の自由放任主義の下で多くの国が税制の累進度を下げると、資本主義本来の不平等化傾向が顕在化しただけだというのだ。

＊

私はピケティ氏の仕事を初期の頃から読んでおり、大いに尊敬している。だが、以上の議論には誤りがあると思う。同氏は資本収益率ｒを資本の成長率とみなすが、資本家といえども所得をすべて貯蓄（再投資）するわけではない。資本家の貯蓄率をｓで表すと、資本の成長率はｒではなく、それにｓを掛けた「ｓ×ｒ」だ（資本家の賃金所得は0と仮定する）。すなわち資本家に所得や富が集中する条件は「ｒ＞ｇ」ではなく「ｓ×ｒ＞ｇ」という不等式なのである。

ｓに関しては、エマニュエル・サエズ米カリフォルニア大バークレー校教授らが米国の上位一％の資産家の貯蓄率を二六％と推計している[2]（サエズ氏はピケティ氏の共同研究者の一人でもある）。それゆえピケティ氏の数字の中間をとり、ｒを四・五％、ｇを一・五％とすると、資本の成長率であるｓ×ｒは一・二％弱となり、ｇの値の一・五％より小さくなる。これは一例にすぎないが、資本主義は本来的に不平等化傾向を持つという主張を多少とも疑わせるには十分だろう。

では、八〇年代以降の米英での極端な格差拡大は、何に起因するのだろうか。

図の下半分は、米国の上位一％の所得割合を資本所得と企業家所得と賃金所得（報酬・年金含む）に分解したものだ。

大恐慌以前に目を向けると上位一％の所得の大きな部分を資本所得が占めている。資本家が労働者を搾取する古典的な階級社会だった。

だが八〇年代からの上位一％の所得割合の急上昇はまったく様相を異にしている。驚くべきことに、資本所得の割合はあまり増えていない。一方、ベンチャー企業家などの所得を含む企業家所得の割合が上昇している。資本主義の形態がポスト産業資本主義へと大きく変貌したことの反映だ。

ただ私が注目するのは賃金所得の割合の急上昇だ。もちろん通常の労働者の賃金ではない。経営者の報酬が高騰したのだ。米国では最高経営責任者（ＣＥＯ）と平均的労働者の報酬の比率は六〇年代には二五倍だったのが、近年では三五〇倍以上になっている。一五〇億円という天文学的な報酬を稼ぐＣＥＯもいる。経営者報酬の高騰こそ、米国での格差拡大の最大の原因だ。

何と皮肉な事態なのだろう。というのは、米英両国が推し進めてきた自由放任主義政策は、同時に「株主主権論」も推し進めてきたからだ。

株主主権論とは、会社は株主のものであり、経営者は株主の代理人として、株主資本の収益率を最大化すべしという主張だ。だが株主主権論の旗印の下で実際に大きく上昇したのは、資本所得ではなく、経営者の報酬だった。

なぜこうした逆説が生まれたのか。

＊

それは株主主権論が理論上の誤りだからだ。

株主主権論は、会社の経営者には会社に対する「忠実義務」という倫理的義務が課されていることに目を塞いでいる。会社は法人である。法律上の人でしかない会社を現実に人として動かすには、会社に代わって決定を下し契約を結ぶ生身の人が不可欠である。それが経営者なのだ。もし経営者に自己利益の追求を許すと、会社の名の下に自分を利する人事決定や報酬契約を行うことが可能となる。それを抑制するのが忠実義務である。

ところが株主主権論は、経営者は株主の代理人だと称して、この倫理的義務を株式オプションなどの経済インセンティブ（誘因）に置き換えてしまった。まさにそれは、自己利益追求への招待状だ。そして実際、米英の経営者はみずからの報酬を高騰させ始めた。その帰結が、トランプ旋風とＥＵ離脱派勝利なのだ。

＊

私は実は、これらの混乱が米英で起きたことに、一条の希望の光を見いだしている。

ベルリンの壁崩壊以降、もはや社会主義は選択肢ではない。私たちは、資本主義の中で生きていかざるを得ない。

もし米英の格差急拡大が資本主義本来の傾向の顕在化であるとしたら、どうなるか。エリートと非エリートの抗争により、資本主義は内部分裂し、混乱に満ちた新たな中世を迎えざるを得ないだろう。これに対して、もし英米の格差急拡大が株主主権論の誤りに起因するものならば、まだ選択肢は残されている。その誤りを正せばよい。

株主主権論を捨て去った後の資本主義がどのような形になるかはまだ模索中だ。資本主義とは本来的に倫理性を要求するシステムであること。まずそれを確認することから出発しなければならない。

(『日本経済新聞』「経済教室」二〇一六年八月一五日付)

(1) Piketty, Thomas. *Capital in the Twenty-first Century* (Harvard University Press, 2014); 邦訳トマ・ピケティ『21世紀の資本』山形浩生ほか訳(みすず書房、二〇一四)。

(2) Saez, Emmanuel, and Gabriel Zucman. "Wealth inequality in the United States since 1913: Evidence from capitalized income tax data." *The Quarterly Journal of Economics* 131.2 (2016): 519–578.

戦後七〇年に考える――「日本型会社システム」の可能性

一九四五年八月、第二次大戦が終わった。

ＧＨＱ（連合国軍総司令部）主導の戦後改革が始まり、新憲法の制定とともに、財閥解体、労働組合奨励、農地解放などの「民主化」政策が実施されることになった。

ＧＨＱは、戦前の日本は封建的な社会であり、その封建的抑圧が国民の生活水準を抑え、国内市場を狭め、軍国主義を促したと理解していた。とくに三井・三菱・住友・安田などの財閥は封建組織の典型とされ、経済の民主化のためにはその巨大な力を解体する必要があると考えたのである。

戦前の財閥の特徴はピラミッド型の支配構造であった。財閥家族が出資した財閥本社を頂点とし、本社が様々な事業に特化した多数の中核会社を支配し、中核会社も多数の子会社を支配し、子会社も多数の孫会社を支配した（次頁図1）。

ＧＨＱは、その財閥本社を解散させ、本社や財閥家族が所有する株式を放出させ、財閥指導者と財閥家族を公職から追放した。ピラミッドの頂点を消し去ったのである。

初期のＧＨＱには理想主義的な民主主義者が多数いたことはよく知られている。目指したのは株式所有の大衆化。多数の国民を株主にすることによって会社統治を民主化するという、米国自体が理想とする会社システムの実現である（図2）。

＊

だが実際に戦後の日本において現実化したのは、ＧＨＱが目指したものとは大きく異なる会社システムであった。

財閥が解体された後も、傘下の事業会社は残り、従業員も残った。五〇年代に入ると、同一グルー

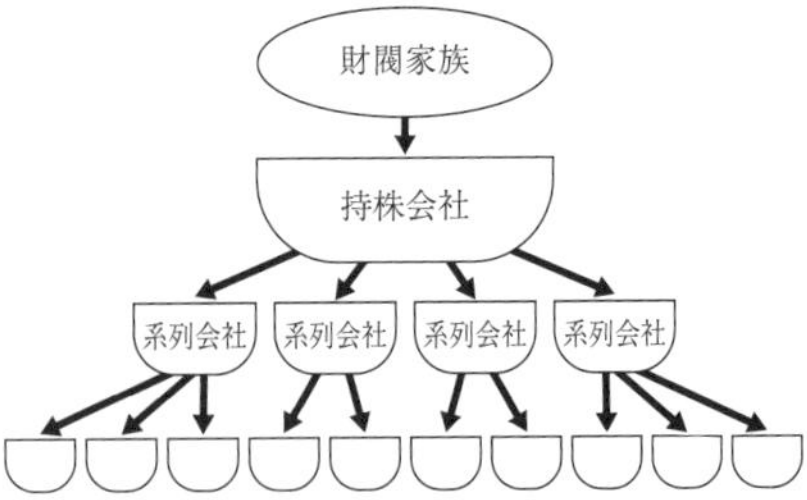

図1　戦前の財閥システム

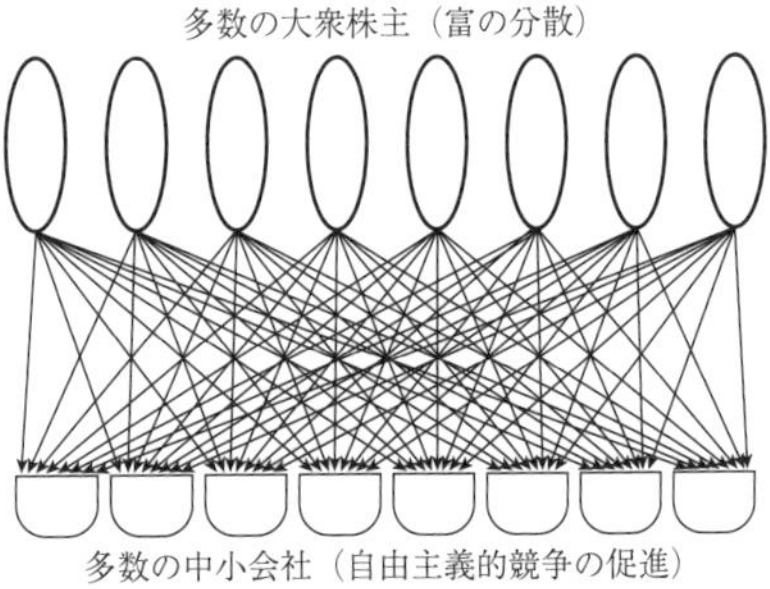

図2　GHQ 版民主的会社システム

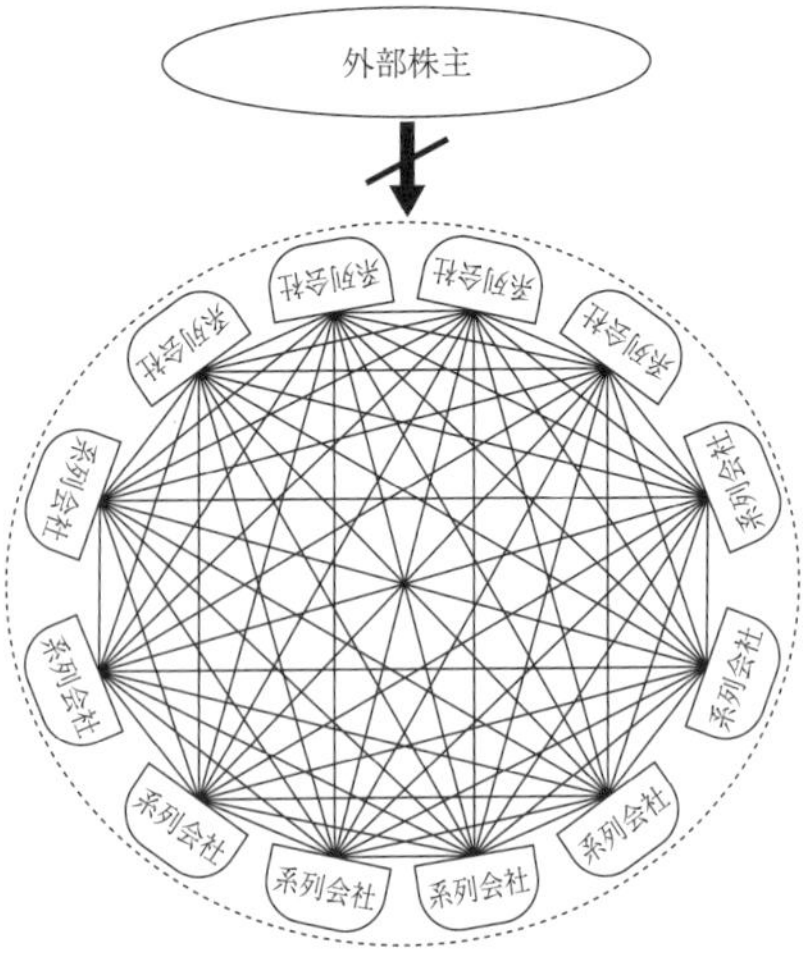

図3　戦後の「日本型」会社システム

プ内の中核会社が互いの株式を持ち合い始める。会社買収の脅威を取り除き、会社間の取引関係や会社内の雇用関係を安定化しようとしたのである。この動きは六〇年代に入って加速し、都市銀行などのメーンバンクを軸としてネットワーク的に関係し合う、様々な会社グループが成立することになる。株式持ち合いによって外部の株主の影響を排除し、従業員を中心とした内部組織の維持拡大を目標とする「日本型」会社システムの成立である（図3）。

このシステムには、江戸時代の商家における番頭経営や第二次大戦中の統制経済など、幾つかの歴史的な「起源」がある。そのため当時多くの人が、その成立に戦前の財閥の復活や日本的な封建主義の再現を見いだしていた。

では、このような「日本型」の成立は、日本の会社システムが「民主化」から逆行したことを意味するのだろうか。

＊

私はそう思わない。

確かに、それはＧＨＱが意図した「民主化」ではなかった。だが、組織の内部で企業活動に従事する従業員の利害を、外部で資産運用の一環として投資する株主の権利よりも重視する会社システムの成立——。それは、米国型とは異なる「もう一つの民主化」と見なすべきものである。

ここで強調すべきは、この日本型の会社システムとは、日本の社会がみずから築き上げたものであることだ。東西冷戦の開始によるＧＨＱの方針転換や、資本自由化を恐れた日本側の行政指導などもあった。だが、敗戦後しばらくはGHQが目指した米国型を選ぶことも可能であった。それなのに、財閥解体によって開かれた新たな環境の中で、日本社会は日本型の会社システムを築き上げた。

この日本型の会社システムに支えられ、日本経済は五五年から七三年にかけて「高度成長」を実現、さらに二〇年近くも経済成長を継続できた。それは、株主を会社の主権者とする米国型とは異なった型の会社システムが経済効率性の立場からも可能であることを、事実として示す実験でもあった。七九年、エズラ・ヴォーゲル氏の「ジャパン・アズ・ナンバーワン」が出版され、日本経済は栄光の絶頂にあった。だが栄光は「バブル」となり、九〇年のバブル崩壊とともに「失われた二〇年」が始まる。

この二〇年の間、米国経済は未曾有の高成長を謳歌していた。八一年に自由放任主義を唱えるレーガン大統領が登場、株主主権を前面に押し出した会社システムをけん引車にした米国経済は、九〇年代の金融革命とIT革命を先導した。米国型の会社システムが唯一の「グローバル標準」と見なされるようになり、日本型会社システムの終わりが宣言された。「第二の敗戦」である。

*

二〇一五年、第一の敗戦から七〇年。日本経済は失われた二〇年からようやく抜け出した。「第二の戦後」である。

この第二の戦後において、日本はどのような会社システムを選ぶべきなのだろうか。

これまでの米国型のシステムでも日本型のシステムでもない。なぜならば、いずれも産業資本主義に適応したシステムであったからである。

産業資本主義とは、大量生産を可能にする機械制工場を利潤の源泉とする資本主義である。だが二一世紀の今、先進諸国の中でポスト産業資本主義への大転換が起きている。利潤の源泉が、機械制工場から、他よりも効率的な技術、他よりも魅力的な製品、他が開拓していない市場など、他との「差異」に移行している。

ここに大変革が起きる。「差異」を意図的に創り出せるのは人間だけだからである。利潤の源泉が機械や設備のようなモノから創造性を持つヒトになったのである。おカネで買えるモノからおカネで買えないヒトに移ったのである。それはまず会社において株主の支配力が弱まることを意味する。なぜならば、会社に対する究極的な資金提供者は株主である。その株主をポスト産業資本主義的な会社は必要としなくなっている。

二一世紀に入ると株主主権を標榜した米国経済が動揺し始める。二〇〇一年にITバブルが崩壊、エネルギー大手エンロンなどの粉飾決算が発覚した。二〇〇八年にはリーマン・ブラザーズが破綻し、「一〇〇年に一度」の危機を引き起こす。同時に米国は、上位一％の所得階層が全体の二〇％もの所得を受けとる極度に不平等な社会になってしまった。しかも所得の上位を占めるのは、株主主権の旗印の下にストック・オプション（株式購入権）を利用して平社員の何百倍もの報酬を稼ぐ経営者である。

第二の戦後において、米国型会社システムはもはや世界標準ではなくなっている。

＊

もちろん、それはそのまま日本型会社システムの復活を意味するのではない。

一九世紀末から始まった産業資本主義の重化学工業化においては、大規模設備を効率的に運営するために、専門的なノウハウや高度の熟練を持つ人材の育成が不可欠となった。組織内の従業員の利害を重視する日本型会社システムは、この重化学工業化の落とし子であったのである。

利潤の源泉のモノからヒトへの移行——。株主主権から距離を置いてきた日本型会社システムはポスト産業資本主義と親和性をもっている。だが、そこで必要とされるヒトは、機械制工場の脇役としてのヒトではない。差異を生み出す知識や能力をみずから率先して開発できるヒトである。果たしてそのようなヒトを育成していく組織作りが可能であるかどうか？

この「第二の戦後」において、私たちは「第一の戦後」において築き上げた日本型会社システムの礎の上に、新たな会社システムを造り上げていかなければならない。そして、そのようなシステムが可能であることをもう一度現実によって示すこと——それが国際社会に対して日本がなし得る最大の貢献となるだろう。

（『日本経済新聞』「経済教室」二〇一七年一一月一六日付）

明治維新一五〇年に考える——「日本資本主義論争」を超えて

昔々「日本資本主義論争」とよばれた論争があった。一九三〇年代から第二次大戦を挟んで六〇年代まで、マルクス主義者の間で闘わされた血みどろの政治闘争である。

それは戦前の日本が抱えていた貧困や不平等などの原因をめぐる論争から出発している。一方の陣営は講座派とよばれ、日本の社会を、西欧資本主義がたどった発展経路から外れ、天皇制という独自の封建制の下で固有の「構造」をもってしまった社会と規定した。他方の陣営は労農派とよばれ、日本社会を資本主義の通常の発展経路をたどってはいるが、その発展が西欧に比べて大きく「遅れ」ている社会であると主張した。

学問上の対立にしか見えないこの論争が血みどろの政治闘争になったのは、それが社会主義の実現のための革命戦略に関する決定的な対立を導いたからである。日本社会がまだ封建的ならば、社会主義革命の前に市民革命を行う必要がある。だが、すでに資本主義的であれば、次の革命は社会主義革命だけでよいことになる。

ベルリンの壁が崩壊してしまった今では、社会主義への道をめぐってマルクス主義者の間で闘われたこの論争は、喜劇にしか見えないだろう。だが、私は喜劇として笑い飛ばせない。なぜなら、日本社会の特質をその固有の「構造」に見いだすべきか、発展上の「遅れ」に見いだすべきかという論争は、マルクス主義を超え、その後も様々な形で繰りかえされてきたからである。

たとえば一九九〇年代。バブル崩壊後の日本経済が失われた二〇年に突入したのを尻目に、IT革命と金融自由化を先導した米国は未曾有の高成長を謳歌する。その勢いに乗じて、米国型資本主義こそ「グローバル標準」と喧伝された。すると、日本経済の停滞の理由を、独自の文化によって硬直化した固有の「構造」に見いだす議論と、米国的な市場の自由化の「遅れ」に見いだす議論とが対立したのである。

類似の論争は日本だけでなく、多くの非西欧社会、さらにはドイツなどの欧州大陸諸国にすら見いだされる。

私は、講座派と労農派との対立が様々な形で繰りかえされてきたのは、その対立の背後に、共通の思考が存在しているからだと考えている。

その共通の思考とは、かつてであれば西欧社会、近年ならば米国社会を唯一の「普遍」とみなす思考である。それは、日本を含めた非西欧社会、近年ならば欧州大陸すら含めた米国以外の社会のあり方を、この唯一の普遍からの「逸脱」とみなす思考である。

講座派と労農派とが分かれるのは、逸脱の理由を「構造」に求めるのか「遅れ」に求めるかの違いである。その激しい対立にもかかわらず、唯一の普遍からの逸脱という思考に囚われている点においては同一なのである。

*

いま私は、長らく私たちを支配してきたこの思考から脱する時が来たと考える。その時を告げたのは、米国でのトランプ大統領の登場である。

米国型資本主義の柱は自由放任主義である。それは市場の「見えざる手」を信頼し、その働きを阻害する制度や慣習、政府や中央銀行の規制や介入などを排除すればするほど、社会の効率性も安定性も増すという主張である。

だが自由放任主義は、市場経済が貨幣経済であることを無視した誤謬である。人が貨幣を受け取るのは、モノとして使うためでない。他の人もそれを貨幣として受け取ると予想しているからである。人はそう意識していなくとも、貨幣を受け取るたびにまさに投機をしているのである。

投機にはバブルが伴い、バブルは破裂する。貨幣のバブルとは、人がモノより貨幣を欲しがる不況であり、貨幣バブルの破裂とは、人が貨幣から逃走するインフレである。不況が悪性化すると恐慌となり、インフレが悪性化するとハイパーインフレとなる。

すなわち市場経済とは貨幣経済であることによって、恐慌やハイパーインフレの危機に常にさらされている。

大恐慌の最中の一九三三年、米国は銀行業に強い規制を課すグラス・スティーガル法を制定した。だが九九年、自由放任主義の高まりの中、みずからのリスクはみずから管理できるという金融業界の圧力により廃止されてしまった。リーマン・ショックが起きたのはそれから一〇年もたってない時であった。米国の失業率は一〇％に上昇し、ブルーカラーだけでなくホワイトカラーにも職の不安をもたらしたが、その元凶はまさに自由放任主義という誤謬なのである。

さらに、米国型資本主義は、株主主権を絶対視し、会社を株主の利益追求の単なる道具（モノ）とみなしている。

しかし、株主主権論は会社が法人であることを無視した誤謬である。オフィスや工場を所有し、従業員や仕入先や銀行と契約を結ぶのは、株主ではなく法律上のヒトとしての会社である。その会社を現実にヒトとして動かすのも、株主ではなく経営者である。いつでも株を売れる株主と違い、経営者は会社に対して忠実義務を負っている。ひとたび会社をヒトとして動かす役を引き受けたならば、会社を自己利益の道具としてはならないという義務である。

ところが米国の会社システムは、株主利益を最大にするには経営者も株主にすればよいとして、株式オプションを中核とする報酬制度を導入した。不幸にもそれは経営者を忠実義務から解放し、会社をみずからの利益追求の道具とする機会を与えただけであった。大会社の経営者報酬は平均的労働者の三五〇倍にまで高騰した。

その結果、米国の不平等化は先進国の中で突出する。驚くべきことに上位一％の高所得者層が全所得の二〇％を手にしているが、その内訳を調べると、資本所得の割合は小さい。起業家所得も大きいが、それ以上に大きな割合を占めているのはほかならぬ経営者の報酬である。米国の不平等化の元凶はまさに株主主権論という誤謬なのである。

＊

このような経済危機と不平等化が生み出す不安と不満を背景として、トランプ大統領が登場したのである。民主主義国であるべき米国の中で僭主のように振る舞うこの大統領は、米国型資本主義が「グローバル標準」ではなくなったことの戯画なのである。

自由放任主義が誤謬であるならば、市場経済は市場だけでは自立しえない。政府や中央銀行の規制や介入、社会保障や相互扶助などと組み合わさって初めて安定的に機能する。市場経済それ自体も、市場とそれ以外の制度をどう組み合わせるかによって様々な「形」をもつことになる。

資本主義を巡る思考

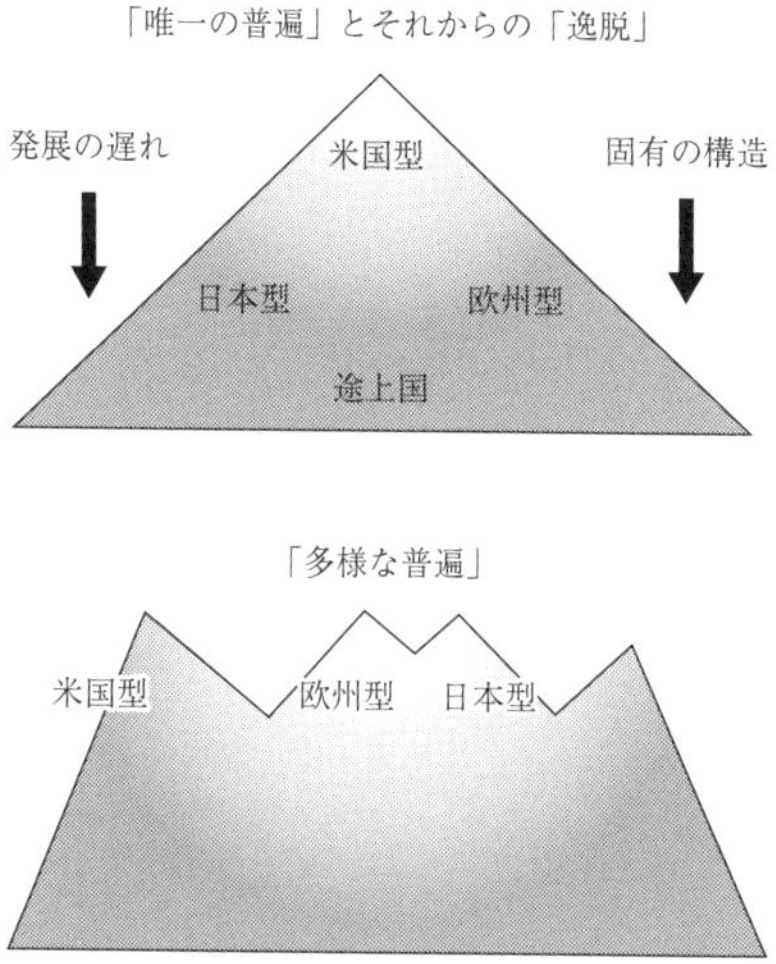

株主主権論が誤謬であるならば、会社とは株主の道具ではなくなる。それは人的組織としての自律性をもち、株主だけでなく、従業員や他の関係者の利益をその目的の中に含みうる。会社システムそれ自体も、その目的をどう設定するかによって様々な「形」をもつことになる。

自由放任でも株主主権でもない資本主義の「形」――もちろんそれは日本そして多くの欧州大陸諸国の資本主義の特質であり、その意味では新しさはない。だが今、それを唯一の普遍からの逸脱としてではなく、資本主義がとりうる様々な「形」の一つ、いや多様な普遍の中の「一つの普遍」として捉え直す機会が来た。

それは、「日本資本主義」を、日本固有の「構造」をもつ資本主義としてでも、発展が「遅れた」資本主義としてでもなく、日本社会が自主的に選びとる「一つの普遍」としての資本主義とすることである。いうまでもなく、その「普遍」の中身をどう作り上げるかは、私たちの意思と決定にかかっている。

それが、日本の近代化元年の明治維新から一五〇年にあたる、今年の課題である。

(『日本経済新聞』「経済教室」二〇一八年一月四日付)

「社会契約論」再考――コロナ危機と二つのディストピア

二〇二〇年、私たちは新型コロナウイルスに苦しんだ。明けて二一年、ワクチンという一条の光が見えるが、展望は依然として暗い。

しかし、暗闇の中で少なくとも一つのことを考え直すことができた。「自由」と「国家」についてである。ただ、それがどういう意味かを論ずる前に、まずは米中の対立について語ってみたい。

米中対立の起点を「米国を再び偉大に」と叫ぶトランプ氏が大統領となった二〇一六年とするか、「中華民族の偉大な復興」を唱える習近平氏が国家主席となった二〇一三年とするかは意見が分かれるだろう。ただ、米中対立がこれからも続くことは間違いなく、米国の大統領がバイデン氏になっても変わることはない。

だが、コロナ危機の中で、対立する二つの大国に対する人々の意識は大きく変化した。両国とも「ディストピア（反理想郷）」と見られるようになったのである。

＊

二〇世紀を特徴づける最大の対立は米ソの対立であった。第二次大戦前から経済大国であった米国は、大戦後に資本主義陣営の盟主として振る舞うようになる。他方、一九一七年の革命によって最初の社会主義国として誕生したソビエト連邦も、大戦後には大きく拡大した社会主義陣営の盟主の地位を占めるようになる。米ソの冷戦が始まり、二つの政治経済体制が優劣を競い合ったのである。

重要なのは、米国もソ連も、みずからの政治経済体制を人類にとっての究極の形態として提示していたことである。米ソの対立は世界中の国が追い求めるべき「ユートピア（理想郷）」の争いであったのである。

だが、米国の主導の下に八〇年代に加速した資本主義のグローバル化の中で、八九年にベルリンの壁が崩壊し、九一年にはソ連も解体してしまう。壁崩壊の直前に発表された『歴史の終わり』という論文で米国の政治哲学者フランシス・フクヤマは、人類を支配したイデオロギーの争いの歴史は終わり、資本主義と民主主義とを柱とする政治経済体制こそ究極の勝者であると宣言した。その宣言を裏書きするかのように、九〇年代を通して米国資本主義は未曾有の高成長を謳歌したのである。

＊

しかし、歴史は終わっていなかった。

二一世紀に入り、米国の資本主義、そして民主主義が変調をきたす。ＩＴバブル崩壊に続いて、二〇〇八年にはリーマン・ショックを引き起こす。また一九八〇年代からの所得格差の拡大が加速化し、上位一％の高所得層が全所得の二〇％を得る先進国の中でも突出して不平等な国になった。このような経済危機と不平等化が生み出す不安と不満を背景として、米国第一主義を唱え、議会制度や法の支配をリベラル派の政治手段にすぎないと切り捨てるトランプ大統領が登場した。米国社会は南北戦争時代のように分断化されてしまった。

そこにウイルスが襲う。だが、トランプ大統領は科学者の進言を嘲弄し、個人の行動の自由を強調し続ける。対策は混乱し、感染者も死者も世界最多を数えるようになったのである。

米国は、一転してディストピアとなったのである。

*

資本主義のグローバル化のもう一つの勝者、中国も同様の運命をたどった。

膨大な量の低賃金労働を武器に世界の工場となった中国は、二〇一〇年に世界第二位のGDP大国となり、多くの途上国に経済成長のモデル・ケースを提供する、希望の星となった。

だが、新型コロナウイルスが武漢で発生してしまう。当初その情報を隠蔽して感染の拡散を許してしまったことで世界中の非難を浴びたが、習主席の号令によって感染を抑え込むと、一時的に成功物語の主人公になる。しかし、地政学的な拡大姿勢を強める一方で、ウイルスの流行による混乱に乗じて香港の自治を弾圧し、さらにウイルス対策を名目として個人への監視体制を大幅に強化するに及んで、中国もディストピアへと陥落してしまう。

二一世紀は、二つのディストピアが対立し合う世紀となったのである。

人間の自由を支える社会契約

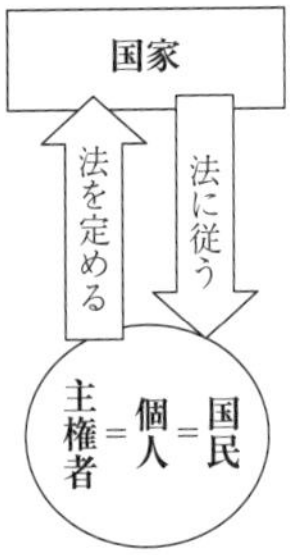

自由の破綻・米国型

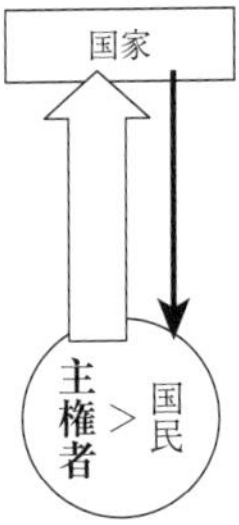

自由の破綻・中国型

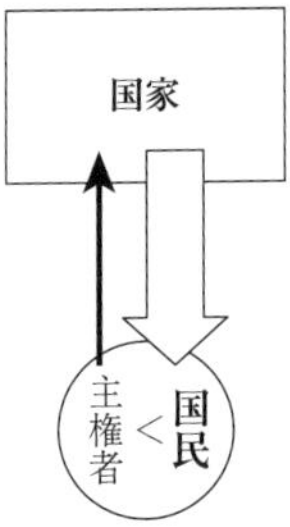

＊

この対立を理解する鍵となるのが、昔私たちが勉強した「社会契約論」である。

社会契約論の出発点は、個人が利己心を自由に追求する自然状態とは、互いが互いの敵となる戦争状態であるという想定である。その悲惨さから脱出するために、人間は互いに契約を結んで「国家」を作ることになったというのである。

「みずから定めた法に従うことこそ自由である」とは社会契約論の創始者の一人ジャン＝ジャック・ルソー（そして、その完成者の一人イマヌエル・カント）の言葉である。だが、自然状態の人間は、他者の自由の侵害を禁ずる法をみずから定めたとしても、みずからの良心以外にはその法を強制するものはない。だが、良心は利己心よりもはるかに希少である。

社会契約論の最大の貢献は、利己的な人間であっても、「国家」を媒介とすれば、みずから定めた法にみずから従うことが可能になるという洞察である。

私たち人間は、「国家」に対して、「主権者」という役割と「国民」という役割を同時に果たすことができるのである。すなわち、主権者として法の決定に（投票を通して）等しく参加する権利をもち、国民としてその法に等しく従う義務を負う。それによって人間は、互いに侵害しあう自然状態の自由の代わりに、同じ社会の中に生きる他者の自由と共存しうる、真の意味での「自由」を獲得することになる。

＊

コロナ危機とはまさに戦争状態である。各人の自由な行動が互いの感染確率を高めてしまうからである。

米国の場合、トランプ大統領は個人がマスクをしない自由を奨励し、参加者が密集する支持者集会を開き続けた。主権者意識のみ強調され、法に従う国民としての義務が軽視される。その結果感染が爆発し、人々の行動の自由が逆に大きく制限されることになった。

中国の場合、国家が定める法に従う義務のみが強調される。監視体制の強化やロックダウンの一方的な強制はウイルスの再流行を少なくとも一時的に抑えたが、法の決定に参加する主権者としての役割を個人からさらに奪うことになった。

社会契約論が示したのは、人間の自由は主権者としての国家への関わりと国民としての国家への関わりという二つの関係によって支えられていることであった。ディストピアとしての米中が示したのは、その関係の不均衡がもたらす、自由の破綻の二つの形にほかならない。

二〇世紀の私たちは、米ソが標榜する二つのユートピアのどちらを選ぶかを迫られていた。二一世紀の私たちは、米国と中国という二つのディストピアのいずれにも陥らないよう、二つの関係の間の均衡を探り続けていくよりほかはない。

＊

今回の日本のコロナ危機対応の基本は「自粛」である。政府が平身低頭して「お願い」し、人々は周囲に配慮しながら身勝手な行動を「慎んで」きた。それは社会契約の均衡からはほど遠い。

確かに日本は人口当たりの感染者数も死者数も欧米などと比べて少なく、それを誇る人も多い。だが多くのアジア諸国も同様であり、その中では日本の成績は抜群に悪い。このようなアジアと欧米との被害の差が免疫によるのか遺伝によるのか、さらに別の要因によるのかはまだわかっていない。いま言えるのは、世界には感染しにくい運の良い国と感染しやすい運の悪い国があるということである。日本はたまたま運の良い国の一つだったにすぎない。

そして今回の危機が去ったとしても、いつか世界は新たな危機に襲われる。その危機において、日本は運が良いとは限らない。その時、今回のような「自粛」では米中が具現したディストピアのいずれかに陥る真の危機を迎えてしまうだろう。

＊

「国家」とは「みずから定めた法に従う」という人間の真の「自由」のための「媒介」である。

私たちが法に従うのは、それが主権者としてみずから決定に参加した法であるからである。私たちが法の決定に参加するのは、それが国民としてみずから従う法であるからである。
次なる危機がディストピアを招かないために、私たちは社会契約論の基本に立って、国家に対する主権者のあり方と国家に対する国民のあり方をともに構築し直す必要がある。それは実は、明治維新以来、近代日本に課されてきた最大の課題にほかならない。

（『日本経済新聞』「経済教室」二〇二一年一月四日付）

グローバル化とその「敗者」

経済のグローバル化は人類全体に大きな恩恵をもたらした。全世界の平均所得は急成長し、途上国の貧困率も激減した。各国は得意なものを輸出し、不得意なものは輸入できるからである。

だが、まさにそのことが各国の内部に必然的に「勝者」と「敗者」を生む。得意な産業は輸出によって栄えるが、工場の海外流出や海外製品の流入によって、不得意な産業が必要とする能力や特性しか持っていない労働者や他の生産資源が打撃を受ける。この「敗者」を支える民主主義的仕組みが欠けていると、グローバル化は破綻する。

一八二〇年からの一世紀はまさにその例だ。交通機関や通信技術の発達によって世界の貿易量や資本取引量が飛躍的に増え、第二次大戦後に匹敵するグローバル化の時代であった。だが、各国内の「敗者」の不満が政治を不安定化させ、一九一四年に第一次大戦を引き起こした。それは、ファシズムの台頭、世界大恐慌、第二次大戦という暗黒の時代を招いた。

第二次大戦後、現在のWTO（世界貿易機関）の前身となるGATT（関税・貿易一般協定）のもとで再びグローバル化が進み、所得の上昇と貧困の縮小を実現した。その様相が変わるのは、米国主導のもと、自由放任主義や株主主権論が前面に出る一九八〇年以降だ。

たとえば株主主権論は、会社を株主の金儲けの道具とみなし、その自由な利益追求を促した。その結果、米国では一握りの富裕層がますます富を増やす一方で、多数の「敗者」を生み出し、その不満がトランプ大統領という鬼子を生んだ。いま米国の分断は深刻で、民主主義それ自体を危うくしている。みずから進めたグローバル化が跳ね返ったのだ。

ところで、GATTやWTOが進めた貿易自由化の背後には、各国が経済的な結びつきを強めれば、民主主義や法の支配という普遍的理念が共有されるはずだという期待があった。だが冷戦終焉以降、グローバル化が自由放任主義の名で加速されると、その動きを米国の覇権主義と同一視する「敵対者」も生み出した。中国は強権的な姿勢を強めて地政学的な拡大をはかり、今年二月にはロシアがウクライナを侵略し、経済的な相互依存を「人質」にさえした。期待は幻想となった。

そもそもグローバルな世界には統一国家が存在しない。ウクライナ戦争が示したのは、統一国家のない世界で民主主義や法の支配を近似的にでも確保するためには、好むと好まざるとによらず、各国家が取り結ぶ集団的な安全保障の枠組みが不可欠だという事実である。

そして経済に関しても、ウクライナ戦争やコロナ禍などをきっかけとして、安全保障が重視されるようになった。これまでのグローバル化では、国境が無視され、生産コストを下げることのみが優先された。だが、国際的な対立は、一方で供給網の断絶、他方で技術情報の漏洩などのリスクを生み、疫病の伝播は人々の移動を止めてしまう。このようなグローバル化の「本当のコスト」を考慮するために、経済安全保障という概念が不可欠となった。

ただそれは、グローバル化それ自体の否定ではない。グローバル化の恩恵は大きい。実は、グローバル化はモノやおカネの交換だけでなく、アイデアの交換も促す。その意味で、地球温暖化という人類全体の課題の解決には、さらなるグローバル化が必要である。だが、これまでのような自由放任主義的なそれではない。「敗者」を支え、「本当のコスト」を考慮していく「修正されたグローバル化」である。そして、この修正されたグローバル化が軌道に乗って初めて、民主主義や法の下の平等という普遍概念のグローバルな共有という期待が単なる幻想ではなくなるはずである。

だが、まだ脱線が続いている。

（聞き手・二階堂祥生氏）

（『読売新聞』二〇二二年八月二一日付）

ポンコツ資本主義の修理法

株主のために利益を稼ぐ組織、それが株式会社だと広く考えられてきた。しかし、広がる格差、鈍い成長、異常気象といった世界の危機は、株主中心の資本主義のあり方を見直すよう、私たちに迫っている。会社は本来、誰のため、なんのためにあるのか。株式会社という存在について考察を重ねてきた経済学者の岩井克人さんに、「資本主義の修理法」を語ってもらった。

――株主中心の資本主義への反発が強まっています。

岩井 米国型の株主資本主義が大きな問題を抱えていることはリーマン・ショックであらわになったが、その後も大きくは変わらなかった。しかし、格差や気候の問題が深刻化したことで、資本主義が変質を迫られているのが誰の目にも明らかになった。今のままでは文明は滅びてしまう。

――米国では財界トップが「株主だけでなく社会全体に尽くす」と言い出しました。

岩井 ビジネスエリートの危機感の表れだが、具体的に行動を変えたかは怪しい。コロナ禍では労働者のクビを切って株主利益を守った。ただ、建前であったとしても、従来の株主主権論が間違いだという宣言が、財界主流派から出てきた意味は大きい。

――株主資本主義の理論的支柱となった米経済学者ミルトン・フリードマンは半世紀前、「会社の唯一の社会的責任は株主のために利益を最大化すること」と説きました。

岩井　会社は社会に配慮せよという動きが当時もあった。だがフリードマンによれば、会社資産は株主のものでしかなく、経営者が環境や雇用のために利益を犠牲にするのは、株主の財産の盗みにほかならない。そうした考えが経済学や財界の主流をなしてきた。

――最近は、短期的な利益を超えて環境・社会・ガバナンス（ＥＳＧ）を重視する考え方も広がっています。

岩井　ブランド価値を高めたり、優秀な従業員を集めたりするためならば、最終的な目的は株主利益の最大化であり、フリードマンの手のひらの上で踊っているに過ぎない。

短期的にはもちろん、長期的にも株主の利益にならなかったとしても、それぞれの目的を追求できるのが本来の株式会社の仕組みだ。会社は株主の金もうけの道具に過ぎず、会社の資産はすべて株主様のものだというフリードマンの主張は、理論的に完全に誤っている。

――どういうことでしょう。

岩井　会社は「法人」だからだ。法人とは、本来はヒトではないモノだが、法律上ヒトと見なされるモノのことだ。その法律上のヒトとしての会社が、工場設備やオフィスの所有者であり、売買や借金や雇用などの契約者なのである。百貨店の株主だからといって、食品売り場のリンゴを勝手に食べれば立派に窃盗である。つまり、株主は会社資産の所有者などではない。

株主が所有しているのは、株式。株式とは、モノとしての会社の別名であり、会社が所有する資産とは独立に、自由に株式市場で売り買いすることができる。しかも、株主は会社の借金の契約者ではないから、会社がつぶれても、持っている株式の価値はゼロになるが、それ以上の損を負わない。すなわち、有限責任である。したがって、その権利も有限でしかない。

――株式会社の目的は多様でいいと指摘していますね。

岩井 会社は二階建て構造をしているからだ。二階では、株主がモノとしての会社（株式）を所有し、一階では、その会社がヒトとして会社資産を所有し、顧客や仕入先や銀行や従業員などと契約を結んでいる。その会社を現実にヒトとして動かすのも、株主ではなく経営者である。

二階部分を強調すれば、もちろん、株主利益が重視される。そういう会社があってもいい。米金融などがそうだ。ただ、二階を弱めて、物言う株主に物を言わせない仕組みを作れば、様々なステークホルダー（利害関係者）への貢献が可能になる。ＥＳＧなどの社会的な貢献も目的に加えられる。

――会社は利益を出さなくてもいいのでしょうか。

岩井 事業を続けるための利潤はもちろん必要だ。だが、それさえクリアすれば、利益の最大化は目指さなくてもいい。時代の変化の中で会社が生き延びてきたのは、法人としてのヒトとモノの二面性を巧みに利用した二階建て構造によって、多様な目的や形態を持てるからなのだ。

――日本は、株主による規律を強める方向で企業統治の改革を進めてきました。

岩井 米国は株主資本主義の弊害が大きいが、技術革新も生まれている。日本は一周遅れで米国を追った結果、弊害だけが大きく出ている。自社株買いを解禁したり、四半期開示を義務づけたりしたが、成長にはつながらなかった。企業が株主還元ばかり膨らませ、人材や設備、研究開発への投資が滞ったからだ。

欧州も一時は米国型に引っ張られた。ドイツ的経営の模範だったドイツ銀行ですら株主資本主義に流れて失敗し、マネーロンダリング（資金洗浄）に手を染めたという。しかし、欧州はしたたかだ。短期的な株主の議決権を制約するなど、米国型ではない方向に軌道修正している。

――株主が厳しくチェックしないと、経営者のやりたい放題にはなりませんか。

岩井 そもそも経営者とは、会社に対して「忠実義務」を負っている存在だ。自分の出世や蓄財や保身のためではなく、会社が目指す目的や理念のために忠実に経営しなければならないという義務だ。

ソニーグループと東芝の明暗を見てほしい。ともに厳しい経営状態に陥ったが、ソニーは復活を遂げた。短期的利益を求めて事業分割を求める株主に対して、みずからが目指す価値や「ソニーらしさ」を守り抜いたからだ。対照的に、東芝は理念を忘れ、物言う株主の言いなりになった。配当や自社株買いで資金を流出させ、事業を切り売りさせられた。

米グーグルは「世界中の情報を整理し、世界中がアクセスできるようにする」という、フリードマンからすれば偽善でしかない社会的理念を掲げている。そして議決権が大きい種類株を創業者に割り当てることによって、短期的な利益を求めて株式市場で売買する株主に「物を言わせない」仕組みを作った。だが、それによって従業員が長期的な視野に立った技術革新に集中することを可能にし、結果的に資本主義的にも最も成功した会社の一つになった。

――岸田政権の「新しい資本主義」も、当初は株主重視を改める方向に見えました。

四半期開示の見直しや自社株買いガイドラインなど一時的に浮上した政策の方向性は評価できる。だが、それらがあいまいになった上、イノベーションを起こす戦略が見えない。経営者が物言う株主を怖れずに、リスクを取って人材や研究開発に投資するのを促す政策がほしい。

――成長や資本主義そのものへの懐疑も広がっています。

岩井　資本主義はたしかにポンコツだ。だが、二〇世紀という世紀を長く生きた経験から言うと、社会主義は必然的に恐怖社会を生み出す。また、コモンズ（共有財産）の理念に基づく共同体も、お互いの顔が見える範囲を超えて大きくなると、必然的に監視社会に転化する。人と人との関係を匿名化する貨幣や法や言語といった社会的媒介がもたらした「自由」を、人間は手放せない。いや、手放してはならない。そのためにも、ポンコツな資本主義をなんとか修理しながら、空中二酸化炭素固定化や常温核融合などのイノベーションの到来まで時間を稼ぐ。そういう時代に、私たちはいる。

（聞き手・江渕崇氏）（加筆）

（『朝日新聞』二〇二三年一月二一日付）

V

時代を超えて考える——『貨幣論』以降の研究から

『貨幣論』の系譜

1　アリストテレス

アリストテレスの名を聞いたことがない人はいないだろう。ソクラテス、プラトンと並び称される古代ギリシャ最大の思想家の一人で、物理・生物・論理・修辞・芸術・政治・倫理・哲学など多方面で思索を残し、「万学の祖」と称されている。

だがいくら万学の祖とはいえ、いま貨幣の思想史を俯瞰《ふかん》するのに、紀元前三八四年に生まれ、同三二二年に世を去ったこの古代の人物から始めるには、それなりの理由が必要である。彼はなぜ現代社会にも示唆を与える思想家なのか。

宇宙を客観的に支配する法則性を探求する科学。自立した市民が等しい投票権を持つ民主制度。共同体的規範を失った人間が犯す悪行や愚行を描いた悲劇や喜劇。これらはすべて、紀元前六〜前四世紀の古代ギリシャで誕生し、現代に受け継がれている。古代文明の多くは私たちには異質であるが、アリストテレスが生きた古代ギリシャとは、現代人にも理解しうる高度の「近代社会」であった。

なぜ古代ギリシャは近代的だったのか？　アルファベットの使用に着目する見方も、自由な討論の伝統を重視する見方もある。だが私は、ギリシャ古典学者のリチャード・シーフォード氏に倣い、その理由を貨幣経済の発達に見いだしている。

貨幣の起源は歴史のかなたにあり、古代メソポタミアなど貨幣を使った文明も古くから存在した。だが、紀元前六世紀以降のギリシャ社会の最大の特徴は、それが歴史上初めて全面的に「貨幣化」した社会であった点にある。

なぜ貨幣経済の発達が科学を生み、民主主義を育み、現代にも通じる文芸を創ったかは別の機会に譲ろう。[1] これから数回にわたって論じたいのは、アリストテレスがまさに最初の「近代社会＝貨幣化した社会」に生きたことにより、国家と資本主義との対立関係を最初に思考した思想家であったことである。

そして皮肉なことに、古代ギリシャにおいてアリストテレスが見いだしたこの対立関係は、現在「ギリシャ問題」に端を発したユーロ危機という名の「悲喜劇」として私たちの眼前で再演されているのである。

2　ポリスの思想家

アリストテレスが膨大な著作の中で人間社会を論じたのは『政治学』と『ニコマコス倫理学』である。

「すべての共同体は何らかの善を目的としているが……他のすべてを包括し、最高の善を最大の努力をもって目指す……最高の共同体。それがポリスである。」

これは『政治学』の冒頭の文章である。ここでポリスとは、古代のギリシャ都市アテナイのような国家共同体のことを指す。ポリスがなぜ最高の共同体であるかを示すのが『政治学』の目的であり、その基礎作業が『ニコマコス倫理学』である。

そのため彼は、ポリスを最小単位に分解することから始めた。ただ最小単位は近代のような個人ではない。共同体としての「家」である。夫婦と子供と奴隷によって構成された家。それが、古代において人間が自足的に生きていくための最小限の単位だったからだ。

冠婚葬祭や領土防衛など日々の必要を超えた目的のために家が集まると村となり、さらに拡大すると王国となる。だが人間は「言語」を与えられた動物であるとアリストテレスはいう。確かに他の動物でも快不快を伝える音声をもつが、言語は何が正義で何が不正であるのかを表示する能力を与える。その結果、人間は単に生きるだけでなく、善く生きるという目的を他の人間と共有できるようになるという。

ただ、その目的は村や王国では実現しえない。長老や君主は独善的になるからである。人間が他者とともに善く生きるためには、それゆえ、善き立法と公平な裁判を行うことを可能にする国家的な制度が不可欠となる。そのための共同体、それがポリスであると、アリストテレスは言う。

「人間は」とアリストテレスは結論する。「自然によってポリス的動物である」と。ポリスの中ではじめて、他者とともに善く生きるという、言語が与えた目的を実現できるからだ。

近年サンデル米ハーヴァード大学教授の熱血授業で注目を浴びる「コミュニタリアニズム（共同体

主義)」は、社会での共同善の復権を求め、まさに「ポリスの思想家」としてのアリストテレスへの回帰を唱えている。だがアリストテレスの真の面白さは、彼が誰よりも深くポリスを思考したことによって、単なるポリスの思想家を超えた思想家となったということにある。

3　家政から商人術へ

英語で経済を意味するエコノミーの語源は、ギリシャ語の「オイコノミア」である。それは家を意味するオイコスと法や統治を意味するノモスとが合成された言葉で、家の統治すなわち「家政」を意味していた。

すでにアリストテレスにおいて、家政とは家だけでなくポリスを含む共同体一般の統治の意味をもっていた。はるか後の一九世紀になると、一国経済の統治、さらには経済それ自体を指すようになったのである。

家政とは本来は共同体の「自足性」の実現を目的とした活動であった。それは、家の場合は夫婦や親子や主人と奴隷の統治のことであるが、さらにポリスになると指導者と被指導者に関する統治に加えて、生活に必要なモノの獲得に関わる経済活動——それをアリストテレスは「財獲得術」と呼んだ——を必然的に含むことになる。

共同体が家の段階にある時の財獲得術は、農業や牧畜や狩猟などで、自給自足的である。村や王国の段階になると、物々交換が始まるが、その目的は必要なモノの獲得にとどまる。(2) だが共同体がポリスにまで発展すると、「必要に迫られて、貨幣が案出された」とアリストテレスは述べる。

ポリスの中には農民も靴屋も医者もいる。彼らが生活するためには、自分が提供するモノや仕事をお互いに交換する必要がある。だが物々交換では難しい。お互いに相手が必要とするモノをもっていなければ不可能な交換だからである。

そこで、農民や靴屋や医者の間の交換関係を維持するためには、交換されるべきモノの間に等価関係を確立する共通の「媒介」が不可欠となる。「等しくないからこそ、等しくされる必要ある」とアリストテレスはいう。その媒介が貨幣にほかならない。

貨幣が案出された当初は、それは交換の手段としてのみ使われていただろう。余ったモノと交換に貨幣を手にし、貨幣と交換に必要なモノを手に入れる。

だが、貨幣交換が拡大すると、手段と目的とが入れ替わってしまう。本来は交換の手段でしかない貨幣それ自体を人々は欲し始めるのである。貨幣でモノを買うのはモノを売って貨幣を手に入れるためとなり、「貨幣が交換の出発点であり、目的点でもある」財獲得術が生まれてしまう。

それが「商人術」である。

4　資本主義の発見

なぜ人は貨幣それ自体を欲するのか？　それは、貨幣がすべてのモノを手に入れる「可能性」を与えてくれるからだ。個々のモノへの欲望には限りがあり、必要が満たされれば解消される。一方、すべてのモノを手にする可能性が満たされることはない。可能性それ自体としての貨幣に対する欲望には限りはない。

貨幣の存在によって、人間は「無限への欲望」を手にしてしまったのである。

事実、貨幣が交換の出発点であり目的点でもある商人術においては、目的点はさらなる拡大の出発点となり、貨幣によって一層の貨幣を求める「貨幣の無限の増殖」が始まってしまうとアリストテレスは論ずる。すなわち商人術とは現代では「資本主義」と呼ばれる経済活動にほかならない。

アリストテレスはポリスの中に資本主義を発見してしまったのである。それは、共同体に有用なモノの確保を目的とする財獲得術に反し、モノの交換手段にすぎない貨幣それ自体の無限の増殖を求める活動である。

実際、ひとたび商人術が生まれると、ポリスに勝利や健康をもたらすための軍事や医術さえも貨幣増殖の手段になるとアリストテレスは述べる。人々は「善く生きることではなく、ただ生きることに熱中する」ようになり、共同体としてのポリスの自足性を内部から解体し始めるのである。

もちろん、ポリスの思想家としてのアリストテレスは商人術を断罪する。とくに貨幣によって貨幣を増やす高利貸し——現代の金融業——を激しく否定した。

だがこの断罪や否定それ自体は重要ではない。本当に意味があるのは、アリストテレスがポリスについて最も深く思考した思想家であるがゆえに、ポリスと資本主義の間の逆説的な対立関係を見いだした点にある。共同体の高度化に不可欠な媒介としてポリスに導入された貨幣が、ポリスの共同体的な基盤を掘り崩す商人術を生み出してしまう。この逆説からアリストテレスは目をそらさなかった。

歴史上始めて全面的に貨幣化した古代ギリシャにおいて、人類はすでに貨幣に関して最も本質的な思考をなしとげていたのである。

しかし、貨幣をめぐる逆説は長らく忘れられ、資本主義の危機の中で再発見されなければならなかった。

5 『国富論』の目的

「国民の年々の労働は、その国民が年々消費する生活の必需品と便益品のすべてを供給する源であり……」。現代の経済学は、一七七六年にアダム・スミスが出版した『国富論』から始まった。その冒頭部分である。

『国富論』の原題は『諸国民の富の本質と原因に関する研究』。スミスはその出だしから、「国富の本質」は「国民の年々の労働が生み出す生産物」、現代語に訳すと国内総生産であると宣言した。では「国富の原因」は何か?

「よく統治された社会では、分業の結果生じる様々な技術全体の生産物の巨大な増加が、国民の最下層にまで豊かさを行き渡らせる」。分業による生産性の増加、それが国富の最大の原因だというのである。

分業とは、しかし、社会全体を見渡す知性の産物ではない。それは、個々の人間がもつ「交換性向」、「あるモノを他のモノと……交換しようとする性向」の結果であると彼は主張した。

人間は文明社会においても他の人間の助けがなければ生きていけない。だが、友人の数は少なく、「博愛心」のみには期待できない。むしろ赤の他人の「自愛心」に訴えるほうが助けを得やすいとスミスはいう。自分の必要ではなく、他人の利益が何かを考え、「私の欲しいモノを下されば、あなたの欲しいモノを差し上げます」と話しかけることで、必要なパンや肉や酒を手に入れるのである。

それゆえ、人間だけが交換性向をもつ。それは「理性と言語」の自然な産物だからである。「犬同士が話し合いによって骨と骨を公平に交換するのを誰も見たことはないはずだ」という。

この交換性向に導かれ、人々がお互いの生産物を交換することが一般化すると、各自が特定の職業に専念できるようになる。その結果、様々な技術の生産性が高まり、社会全体に豊かさが広がることになる。

分業が完全に確立した社会を、スミスは「商業社会」と呼んだ。「誰もが交換することによって生活し、ある程度商人となる」社会だからだ。それは「資本主義社会」のことである。

ポリスの共同体的秩序を乱すとしてアリストテレスが断罪した商人術、その商人術が全面的に支配する商業社会を分析することこそ『国富論』の目的であった。

6 「見えざる手」の「発見」

では、スミスがいう商業社会とは、何によって秩序を維持しているのか？

「見えざる手」である。

市場での価格の調整により、商業社会はあたかも「見えざる手」に導かれるかのように、みずからの秩序を維持する力をもっていると彼は説いた。

スミスは、市場で日々現実に決定される価格を「市場価格」と呼び、生産に投入された資本と労働が適正な利潤率と賃金率を確保した時の価格を「自然価格」と名付けた。後者は資本や労働が無駄なく配分された状態の価格であるという意味で、自然法的秩序を体現していると考えていた。

スミスが市場価格と自然価格を区別したのは、両者を対等に扱うためではない。逆に、自然価格こそ真実の価格であることを強調するためだった。市場価格は自然価格を短期的に上回ったり下回ったりする。だが資本が自由に市場に参入できる限り、利潤率の高低に応じて生産量が上下し、「市場価格は自然価格に常に向かう傾向をもつこと」を示そうとしたのだ。

「見えざる手」の発見は、思想的にも学問的にも重大な意義をもつことになる。

一つは、商人術がもはや秩序の破壊者として断罪されるべき活動ではなくなったことである。いや逆に、市場での自由な競争さえ確保できれば、資本主義的な自己利益の無限の追求こそ、資源の効率的使用という公共の利益を促進することになる。「公共善のために仕事をするなどと触れ回る人間によって大きな善がなされたという例を私は知らない」と彼は皮肉る。商業社会は、ポリス的正義の代わりに自由放任主義を規範とすることになった。

等しく重要なのは、それによってまさに経済学という学問が「経験科学」として成立したことである。

市場価格の日々の動きは一見すると混沌としている。だが、それが絶えず自然価格に向かう傾向をもつことは、市場価格を観察し続ければ、その背後にある自然法秩序が一種の統計的「平均」として浮き上がってくることを意味する。人間が日々「経験」する現実の経済現象が、単なる無秩序ではなく、自然現象と同様の「科学」的分析の対象に昇格したのである。

経済学と自由放任主義とはともに「見えざる手」の発見の落とし子なのである。

7 貨幣は「富ではない」?

しかし、「見えざる手」は本当に発見されたのだろうか? 実は、スミスはその発見の前にもう一つの発見をしていた。「貨幣」である。

分業化による商業社会の確立について述べた直後、「しかし、分業が始まった当初は、この交換の力はしばしば阻害されたに違いない」と彼は付け加えた。アリストテレス同様、物々交換の困難を指摘する。肉屋もパン屋も相手がそれぞれパンと肉を必要としなければ、いくら交換したくとも交換できないからである。

そこで人々は自分の生産物のほかに、多くの人の欲望の対象となるモノを手元に置いて交換手段として使い始めるとスミスはいう。

貨幣の生成である。

ひとたび貨幣が生まれ、広範に使われるようになると、すべてのモノは貨幣を媒介として交換されるようになる。それによって商業社会が確立するのである。

ここに私たちは、アリストテレスのポリス論の構造が大きな意味で繰り返されているのを見て取ることができる。出発点はともに人間が言語をもつことだ。アリストテレスにおいてはそれが人間に正義を与え、共同体を高度化し、最終的にポリスに到達する。スミスにおいてはそれが人間に交換性向を与え、分業を高度化し、最終的に商業社会に到達する。そして、二人とも発展過程の最終段階において、貨幣の媒介が不可欠であることを認める。

だが、その貨幣について、二人はまったく異なった議論を展開するのである。

一つは、貨幣法制説と貨幣商品説の違いである。アリストテレスが貨幣とは共同体の合意や国家の法律の産物であると主張していたのに対し、スミスは貨幣とは多くの人が欲望する商品だから貨幣となると考えていた。これは重要な違いだが、ここではこれ以上踏み込まないでおこう。

より根源的な違いは別の部分にある。アリストテレスはポリスにおいて貨幣が果たす逆説的な役割について思考したのに対し、スミスの場合は貨幣についての思考をやめてしまう。

事実、スミスは次のように宣言している。「富とは貨幣……ではなく、貨幣で買える商品である。貨幣は商品が買えるから価値があるにすぎないことを真面目に証明しようとすることほどばかげたことはない。」

8 セーの法則

貨幣は商品交換の媒介であるから価値をもつというスミスの言葉は正しい。だがさらに、貨幣は単なる媒介でしかないという次のような主張になると、それは誤りに転化する。

「人が商品を買うのは、多くは使用や消費が目的であり、必ずしも再び売るためではない。だが、人が商品を売るのは、常に再び何かを買うためなのである。」

後にデーヴィッド・リカードはアダム・スミスのこの言葉を以下のように定式化した。「生産物は常に生産物によって……買われる。貨幣は交換のための単なる媒介でしかない。特定の商品が多く生産されすぎて……その市場が供給過剰になることはある。だが、それはすべての商品については不可能である」（『経済学及び課税の原理』一八一七年）。

ここで述べられているのは、「供給はみずからの需要を創り出す」という「セーの法則」である。フランスにおけるスミスの代弁者であったJ＝B・セーの名を冠したこの法則は、一つの商品の供給によって得られた貨幣はただちに別の商品の需要に使われるので、すべての商品が同時に供給過剰や需要過剰になることは不可能だと主張する。

もしこの法則が正しければ後は「見えざる手」の独擅場になる。経済全体の供給過剰や需要過剰が不可能なら、起こりうる不均衡は一つの商品の供給過剰が別の商品の需要過剰を伴う形しかない。こうした相対的不均衡は二つの市場の間の相対価格の調整に任せればよい。

実際、「セーの法則」を想定した上で、リカードは見事なまでの論理性をもつ、高度に効率的で強固に安定的な資本主義社会のモデルを構築することに成功した。

だが「セーの法則」は正しくない。貨幣は単なる交換の媒介ではないからである。

ひとたび貨幣が流通すると、人は貨幣それ自体をすべての商品を手にする可能性として欲し始める。そのような欲望こそ、アリストテレスが論じたように、貨幣の無限の増殖を求める資本主義の起源である。

しかも貨幣それ自体への欲望は別の形もとりうる。「今は何ものも必要としなくとも、将来必要が生じた時の保証」として貨幣が保有されることを、既にアリストテレスが『ニコマコス倫理学』で指摘していた。それは二三〇〇年近く後に、ケインズが改めて「流動性選好」と名付けた貨幣需要の形態にほかならない。

9　リカードとマルサス

貨幣のそもそもの存在理由は、物々交換の困難を取り除き、いつでもどこでも誰とでも交換できる「自由」を人間に与えることである。それによって分業が進展し、アダム・スミスが述べたように、資本主義社会はかつてない経済効率性を実現することができたのである。

だがこの交換の自由が「セーの法則」を必然的に破壊する。貨幣経済では、人は商品を売ってもただちに他の商品を買う必要はない。手にした貨幣を保有し続けてもよい。商品を買うために他の商品を売る必要もない。保有する貨幣を取り崩せばよい。

事実、将来への不安から、人々が「必要が生じたときの保証」として貨幣保有を増やし一斉に商品を買い控えると、大部分の商品が同時に供給過剰になる。それが不況であり、激化すると恐慌となる。先行きへの期待感から人々が貨幣保有を一斉に取り崩し商品と交換し始めると、大部分の商品が同時に需要過剰になる。この状態が続くとインフレが起き、極限まで進むとハイパーインフレになる。

すなわち、資本主義社会を可能にする貨幣の存在それ自体が、効率性とともに不安定性をもたらすことになる。アリストテレスがポリスに関して見いだした貨幣の逆説がここにも形を変え見いだされるのである。

だが経験科学を標榜する主流派経済学にとって、見えざる手の働きを保証する「セーの法則」の否定はみずからの存立基盤の否定に等しい。「セーの法則」は学界の中では長らく生きていくのである。

その最初の批判者は『人口論』の著者マルサスであった。彼は第二の主著『政治経済学原理』（一八二〇年）で、「商品は常に商品と交換されるが故に……一般的過剰は不可能だ」という「何人かの有能な論者」の「学説はまったく根拠がない」と、友人でもあったリカードを批判する。そしてどんな商品も交換の媒介としての貨幣を代替できないと強調し、商品は貨幣に裏付けられた需要がなければ供給されないという「有効需要原理」をケインズに先駆けて提唱した。だがその体系化には成功しなかった。

一方は「セーの法則」の下に完璧な論理性をもつ理論モデルを定式化したリカード。他方は「セーの法則」を否定したが、貨幣経済の理論を構築できなかったマルサス。両者の論争は論理性において卓越していたリカードの圧勝に終わる。マルサスは経済学の系譜の主流から外れてしまうのである。

10 マルクスとヴィクセル

「どの売りも買いであり、またその逆でもあるのだから、商品流通は売りと買いとを必然的に均衡させるという説ほどばかげたものはない。」（『資本論』一八六七）

「セーの法則」の最も声高な批判者はマルクスだった。恐慌の勃発による資本主義の崩壊を待望していた彼は、その「恐慌の可能性」をまさに「セーの法則」の破綻に見いだしていた。

だがマルクスは恐慌理論を完成できなかった。

貨幣がもたらす不均衡に関する考察を進めると、社会主義思想の大前提である「労働価値論」の否定につながると無意識に気づいていたからだろう。結局、資本主義は何度も恐慌に見舞われたが、彼の期待を裏切り崩壊することなく続いている。

「セーの法則」の破綻に関する最も根源的な思考は、意外なところから生まれた。スウェーデンの新古典派経済学者ヴィクセルである。

貨幣は商品交換の媒介にすぎないというスミスやリカードの貨幣思想は、一九世紀後半に登場した新古典派経済学では「貨幣の中立性」として表現された。貨幣量の大小は物価の名目水準を上下させるだけで、経済の実体には何ら影響を及ぼさないという命題である。

それによって、新古典派経済学は、物価水準の決定はいわゆる貨幣数量式に任せ、市場の需給均衡によって商品の相対価格や生産量・消費量を決定する価格理論、とくにすべての市場の同時均衡の可能性を分析する一般均衡理論の展開に全力を挙げることになる。

ヴィクセルの『利子と物価』(一八九八)と『国民経済学講義Ⅱ』(一九〇六)は、こうした名目と実体の二分法から脱し、価格理論を用いて物価水準の変動を説明する試みである。

ヴィクセルの出発点は通常の需給法則である。「個々の商品の価格の上昇や下落はその需給の均衡が……攪乱されたことによる」。それゆえ、「価格一般の上昇は、需要全体が何らかの理由で供給全体を上回る……状況を想定して初めて理解しうるはずである」と主張する。価格一般の下落も同様である。

ここでヴィクセルは、自分がそれまで新古典派経済学者として信奉してきた「セーの法則」を否定していることに気づく。そして多少のためらいの後、「セーの法則」を捨て去ってしまう。

11 ヴィクセルとケインズ

需要全体が供給全体を上回ったとしよう。それは「セーの法則」に反し、大多数の市場が同時に需要過剰になることを意味する。そのとき、各市場で名目価格が一斉に上昇する。

このような名目価格の上昇は、一部の市場だけに限定されているのであれば、それらの市場で売り買いされる商品の相対価格は上昇し、需要を減退させ供給を刺激し、需給の均衡を回復するだろう。だが、全体は個の単なる足し合わせではない。すべての市場の「相対」価格が同時に上昇することなど、論理的にあり得ない。

名目価格の上昇がすべての市場で同時に起こってしまうと、その間の相対的な関係は、多少のバラツキはあるが維持され、それぞれの市場の需給に対する効果はお互いに打ち消しあってしまうのである。需要全体が過剰である限り、同じ過程が繰り返されることになる。その結果、名目価格全体が連続的にそして累積的に上がり続けることになる。

経済全体の需要過剰は、したがって、「どれだけ僅かであろうと、価格の一般水準を連続的に際限なく上昇させていく」とヴィクセルは結論する。逆に供給超過は、どれだけわずかでも、物価水準を連続的に際限なく下落させてしまう。

すなわちヴィクセルは「名目価格の変動……は、相対価格の変動……とは根本的に異質な現象」であることを発見したのである。需給全体の不均衡は「単に永続的だけでなく累積的」な物価水準の上昇や下落を引き起こす本質的な「不安定性」をもつ。しかもそれは、市場における価格調整——「見えざる手」——それ自体が生み出す不安定性である。

自由放任主義は捨て去らなければならない。物価水準の安定のため、中央銀行は需給全体を均衡させるよう金融変数を絶えず調整する役割を担うことになる。

これは革命であった。スミスやリカードが描いた効率的で安定的な資本主義社会の構図を完全に転倒した経済学が誕生した。だがそれが経験科学としての体系性をもつためにはもう一つの革命が必要になる。一九三六年の『雇用・利子及び貨幣の一般理論』によるケインズ革命である。

ケインズ理論は、教科書的には、貨幣賃金の硬直性という現実的な仮定を組み入れた新古典派理論の特殊ケースだと解釈されている。

確かに『一般理論』では労働者は物価上昇には反応しないが貨幣賃金の切り下げには抵抗すると仮定されている。どちらも実質賃金を下げるから、新古典派の立場からは非論理的な「貨幣錯覚」に見える。だがケインズは「これは一見したほど非論理的ではない」と主張する。人間とは他人との関係性の中に生きる社会的動物であり、そのような行動は各人の賃金の相対的関係を維持するには一定の合理性をもつからである。

さらに「幸いにしてそうなのである」と謎めいた言葉を付け加える。ケインズ経済学の本質はこの言葉の意味に隠されている。

12 ケインズ経済学

ヴィクセル理論が描く資本主義社会は自己破壊的である。わずかの全般的需要過剰や供給過剰でも価格が累積的に上昇・下落する。その行きつく先はハイパーインフレや恐慌である。

マーシャルの高弟であったケインズも新古典派経済学者として出発した。だが大恐慌の最中の一九三〇年に出版した『貨幣論』ではヴィクセル理論の継承者となり、『一般理論』でも次のように論ずる時ヴィクセル的思考を捨ててはいなかった。「もし雇用が完全雇用水準以下に低下するたびに、貨幣賃金が限りなく下落するとしたならば……賃金がゼロになるまでは、完全雇用水準以下にはどこにも静止点は存在しなくなる」。

だが同時にこうも述べる。「我々が生きている経済の顕著な特徴の一つは、たとえ生産や雇用は激しい変動を示すとしても、それは破壊的なほどに不安定ではないことである」。実際、不況やインフレはたびたび起こるがハイパーインフレや恐慌は例外である。

では何が資本主義を自己破壊性から救うのか。このまさに逆説的な問いに、等しく逆説的な答えを与えたのが『一般理論』である。

ケインズはいう。「貨幣的体系が何らかの安定性をもつためには、その貨幣価値が……粘着的である生産要素が必要である」と。

それが労働である。新古典派の立場からは非合理性にしか見えない貨幣賃金の硬直性。それがヴィクセルの不均衡累積過程の進展を妨げ、「幸いにして」資本主義社会に一定の安定性を与えてきたという。

だがこの安定性はタダではない。貨幣賃金の硬直性は資本主義社会に労働の不完全雇用という大きな非効率性をもたらすからだ。

事実、ケインズはマルサスの「有効需要原理」を乗数理論によって体系化し、不完全雇用状態を一種の均衡として描くことに成功する。ただそれは教科書的解釈のような新古典派均衡の特殊ケースではない。貨幣賃金が通常のモノの価格のように自由に変動しても完全雇用は実現しない。逆にヴィクセル的不安定性を顕在化させ、資本主義社会を恐慌やハイパーインフレの危機にさらすだけである。

ここに「効率性と安定性と二律背反」という資本主義社会の「不都合な真実」が理論化されたのである。

13 新古典派の反革命

ケインズ革命は短命に終わる。ミルトン・フリードマンに主導された新古典派の反革命は一九六〇年代後半から勢いを増し、八〇年代には学界を制覇した。なぜ新古典派の反革命は成功したのか？ケインズ政策が「大安定」をもたらし、皮肉にも「見えざる手」への信頼を回復したこともある。サッチャー、レーガン政権に象徴される自由主義イデオロギーの台頭もある。

だが最大の理由は新古典派の理論的革新だ。フリードマンのマネタリズム、同じフリードマンやフェルプスの自然失業率仮説、ルーカスやサージェントの合理的期待モデルなど様々な装いを凝らしてはいるが、いずれも「情報の非対称性」を理論に組み込み、「セーの法則」の下でも景気変動的な現象が生じうるのを示す試みである。

ここで情報の非対称性とはたとえば個々の労働者は他の労働者の賃金を自分の賃金よりも遅れてしか観察できないという想定である。そのとき、貨幣量や財政支出の予想外の縮小によって経済全体の貨幣賃金が予想外に下落すると、自分の賃金の下落しか観察できない労働者は高い賃金を求めて自発的に失業するという。それが不況とみなされるのである。逆に貨幣量や財政支出の予想外の拡大による自発的失業の減少が、好況とみなされることになる。

労働者の失業をすべて自発的な職探し活動とみなしてしまうこの理論は驚くべきほど現実離れしている。だが、それは理論的には実に巧妙につくられている。短期的には実体経済の変動を許す一方、人々の予想が実現する均衡状態では貨幣の中立性という新古典派の基本命題を堅持する。それに従えば、有効需要の管理を試みるケインズ政策は長期的に無効であるだけでない。貨幣量や財政支出を予想外に変化させてしまう景気変動の主因として糾弾されることになるのである。

ケインズ理論が貨幣賃金の硬直性を組み入れた新古典派理論の特殊ケースと見なされている限り、その仮定なしに景気変動的現象を生み出す新古典派の理論的革新には論理性で対抗できない。ケインズはかつてのマルサスと同様、経済学の主流から外れてしまうのである。

貨幣が再び主役の座から降り、「セーの法則」が復権する。八〇年代以降、実物景気循環理論や確率的動学一般均衡理論の名の下に、単なる交換の媒介としての貨幣すら捨象する荒唐無稽な数理モデルが学問世界の中で量産される。

その間、現実世界では資本主義の「グローバル化」が推し進められていった。

14　再びヴィクセルへ

グローバル化とは、世界を市場で覆い尽くせば、「見えざる手」に導かれて効率的で安定的な社会が実現するという新古典派経済学の壮大な実験にほかならない。

だが実験は失敗した。

米国の資産バブル崩壊を機に瞬時に世界に広がった今回の経済危機は、グローバル化した資本主義社会とは効率性と安定性が二律背反してしまうケインズ的世界であることを立証した。

いやヴィクセル的世界だというべきだろう。グローバルな競争は貨幣賃金を含めた多くの価格の伸縮性を高め、資本主義に内在するヴィクセル的不安定性を顕在化させつつある。今回の危機はその一例である。だがヴィクセル的といったのはもう一つ理由がある。

ヴィクセルは不均衡累積過程を理論化するとき、ある仮想的な経済を詳しく分析した。それは銀行が創造する信用（預金勘定）のみが貨幣の役割を果たす「純粋信用経済」である。そこでは物価が上昇しても、貨幣の需要に応じた信用創造によって実質貨幣残高は縮小せず、商品全体の需給の安定化には寄与しない。

いや物価の上昇が予想され始めると銀行は信用創造によって貨幣供給を膨張させてしまう。政策的な介入がない限り、需要超過は逆に拡大して価格がさらに上昇するという悪循環が起こる。行き着く先はハイパーインフレである。その逆は恐慌である。純粋信用経済とは考え得る限り最も不安定な経済なのである。

ヴィクセルにとって純粋信用経済とは仮想のものであった。だがグローバル化と同時に進んだ金融の自由化と金融技術の発展は、金融市場全体が信用創造を行うことを可能にしたのである。現実のグローバル資本主義社会が仮想の純粋信用経済を模倣し始めている。

いまグローバル資本主義を舞台として、アリストテレスが見いだした貨幣の逆説が再現されつつある。見えざる手の働きに不可欠な媒介としての貨幣が、単なる媒介以上の作用を商品全体の需給に及ぼし、見えざる手の働きそれ自体を不安定化要因にしている。

だがグローバル化された資本主義社会にはみずからの不安定性に対抗するための世界政府も世界中央銀行も存在しない。

現在上演中のギリシャ劇をハッピー・エンドにする筋書きはまだみえない。

(『日本経済新聞』「やさしい経済学」二〇一二年一月四日〜一月二〇日付。日本経済新聞社編『経済学の巨人危機と闘う』日経ビジネス人文庫〔二〇一二〕に収録の際、関連文献を追加したが、今回さらに追加した)

(1) 以下を参照のこと。Seaford, Richard. "The Greek Invention of Money." in Heiner Ganssmann ed., *New Approaches to Monetary Theory: Interdisciplinary Perspectives* (Routledge 2012) および Seaford, Richard. *Money and the Early Greek Mind: Homer, Philosophy, Tragedy.* (Cambridge University Press, 2004)。岩井克人・前田裕之『経済学の宇宙』(日経新聞出版社、二〇一五/日経ビジネス人文庫、二〇二一) の第8章にその紹介がある。

(2) ただし、経済人類学によれば、古代社会は基本的に自給自足的であり交換が行われていなかったというアリストテレスの主張は正しくない。たとえばマルセル・モースによれば、「交換」とは人類に共通する現象である(『贈与論』一九二五)。近代以前の社会が近代社会と異なるのは、交換の有無ではなく、交換の「形態」の違いにほかならず、それは互酬的な「贈与交換」のシステムとして理解できると述べている。たとえばニュージーランドのマオリ族においては、贈られたモノのなかには返礼をしない受けとり手を殺してしまう魔術的な力が吹き込まれていると信じられており、ひとにモノを贈ることは受けとる側に返礼の義務を負わせることになり、それはさらなる返礼を引き起こし、その返礼がさらに返礼を引き起こす。本来は一方的な行為であるはずの贈与が、結果的に互酬的な交換に転化することになるのである。重要なことは、贈与交換においては、交換されるモノは、消費や鑑賞の対象としてだけでなく、それは社会的な秩序形成のための「媒介」という機能も果たしていることである。実際、財貨や宝物の交換と同時に、祭礼や饗宴、舞踏や軍事、新婦や養子なども交換され、宗教的祭典も政治的外交も婚姻関係も含む社会全体の秩序が形成されていくことになる。

本エッセイの関連文献

アリストテレス『政治学』山本光雄訳、岩波文庫、一九六一

アリストテレス『ニコマコス倫理学』(上・下) 高田三郎訳、岩波文庫、一九七一/一九七三

Richard Seaford, *Money and the Early Greek Mind*, Cambridge University Press, 2004.

マルセル・モース『贈与論』吉田禎吾・江川純一訳、ちくま学芸文庫、二〇〇九

マイケル・サンデル『これからの「正義」の話をしよう』鬼澤忍訳、早川書房、二〇一〇

アダム・スミス『国富論』(上・下) 山岡洋一訳、日本経済新聞出版、二〇〇七

D・リカード『経済学および課税の原理』(上・下) 羽鳥卓也・吉沢芳樹訳、岩波文庫、一九八七

T・マルサス『経済学原理』(上・下) 小林時三郎訳、岩波文庫、一九六八

K・マルクス『資本論』(全九巻) 向坂逸郎訳、岩波文庫、一九六九〜一九七〇

K・ヴィクセル『利子と物価』北野熊喜男・服部新一訳、日本経済評論社、一九八四

K・ヴィクセル『経済学講義Ⅱ』橋本比登志訳、日本経済評論社、一九八四

J・M・ケインズ『雇用、利子および貨幣の一般理論』(上・下) 間宮陽介訳、岩波文庫、二〇〇八

J・M・ケインズ『貨幣論』(1・2) 小泉明・長澤惟恭訳、東洋経済新報社、一九七九

岩井克人『貨幣論』ちくま学芸文庫、一九九八

岩井克人・前田裕之『経済学の宇宙』日経ビジネス人文庫、二〇二一

岩井克人・丸山俊一・NHK「欲望の資本主義」制作班『岩井克人「欲望の貨幣論」を語る』東洋経済新報社、二〇二〇

Iwai Katsuhito, "The Second End of Laissez-Faire: Bootstrapping Nature of Money and Inherent Instability of Capitalism," Chap. 14 in Heiner Ganssmann ed., *New Approaches to Monetary Theory. Interdisciplinary*

Perspectives (Routledge, 2011); SSRN-id1861949.pdf

おすすめの本

フリードリッヒ・ハイエク『致命的な思いあがり』(春秋社、二〇〇九) ——ハイエクの資本主義擁護論は、M・フリードマンに代表されるシカゴ学派の議論に比べてはるかに深い。金融危機以来、反市場メンタリティーが高まっている時だからこそ、逆に読む価値が高い。晩年に書かれたこの本は、主著である『法と立法と自由Ⅰ・Ⅱ・Ⅲ』(春秋社、二〇〇七〜二〇〇八) などよりも気楽に読めるが、文章が多少雑駁である。

フェルナン・ブローデル『歴史入門』(中公文庫、二〇〇九) ——資本主義の歴史の最良の入門書の一つ。ただ、大部だが、読み物としては同じ著者の『交換のはたらき1・2 (物質文明・経済・資本主義15-18世紀)』(みすず書房、一九八六) のほうが面白い。

阿部謹也『中世の窓から』(朝日新聞社、一九八一/ちくま学芸文庫、二〇一七) および網野善彦『日本の歴史をよみなおす』(ちくま学芸文庫、二〇〇五) ——西欧でも日本でも、中世は贈与交換的な共同体社会から貨幣交換に基づく資本主義社会への大転換期であった。その混沌とした時代を生き生きと描いてくれた阿部謹也と網野善彦の著作は、現代資本主義を考察するための貴重な手がかりを与えてくれる。

岩井克人『二十一世紀の資本主義論』(ちくま学芸文庫、二〇〇六) ——最後に、わたし自身の資本主義論を一つだけ付け加えておく。

なぜ人文社会科学も「科学」であるのか(1)(2)

1　人文社会科学の危機

近年の生物学の発展、とりわけ脳科学の急速な進歩は、たとえばミラー・ニューロンの発見などによって、人文社会科学に固有の領域と考えられてきた人間の「社会」的な行動の少なくとも一部に、「生物」的な基礎を与えつつあります。そして、このような人間の「社会生物」化は、いつの日か人文社会科学からその「科学」としての存在理由を奪い去ってしまうと、多くの人が考えるようになっています。たとえば、アリ研究の第一人者であり「社会生物学」という分野の創始者でもあるE・O・ウィルソンは、二〇〇一年のニューヨーク学士院会議での基調講演で次のように述べています。「自然科学・社会科学・人文学という学問分野を分ける伝統的な境界は壁でも線でもなく、……物質現象の十分に探求されてない領域でしかない。〔分野間の〕橋渡しの鍵は、遺伝随伴的な法則――精神の発達を司る先天的な規則性――によって構成される〈人間本性〉の発見と分析である(3)」。

不幸にして、いまだに多くの人文社会科学者はこのような「人文社会科学の社会生物学化」という学問の大きな流れに対し拒否反応を示しています。だが、私はこの流れを真剣に受け止めており、しかもこの流れはこれからますます早くなると考えています。

他方で、人文社会科学の内部においても、人文社会科学、いや科学それ自体を相対化する思想が大きな影響力をもっています。

たとえば、ポスト構造主義の旗頭であったミシェル・フーコーは、その主著の一つ『言葉と物』（一九六六）において、現在「言語学」「生物学」「経済学」の三つの学問はそれぞれ言語、生物、経済（貨幣）をその対象とする独立した学問として成立していますが、この三つの学問の地下を歴史的時間にそって掘り下げていくと、西欧文化の中では少なくとも三つの「知の地層」を見いだせると主張しています。[4] 現代から一九世紀初頭までの「近代」、一八世紀末から一七世紀中盤までの「古典主義時代」、一七世紀初頭から中世にまでさかのぼることのできる「ルネサンス」の三つです。そして、

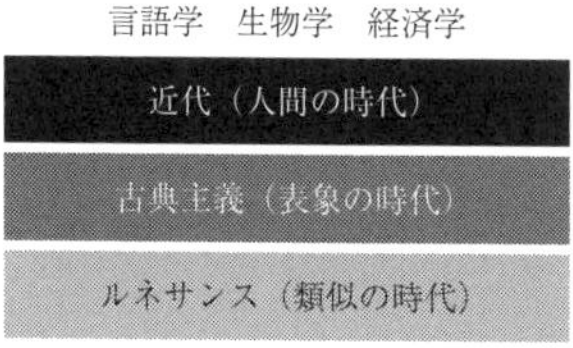

この三つの「知の地層」の内部においては、表層における学問の区分を横断した水平方向の共通性があるというのです。重要なのは、それぞれの知の地層の中に見いだされる共通性は、これらの学問の対象である言語や生物や貨幣の間の共通性ではなく、これらの学問がそのような対象について語るときの「語り方」の共通性であるということです（フーコーは語り方のルールの体系をエピステーメと呼んでいました）。しかも、その「語り方」は地層間で断絶されているだけではありません。どの地層の「語り方」がより真理に近いということも意味せず、それぞれの地層の「語り方」はそれぞれの社会における権力構造によって支配されることになるというので

す。ここで告白しますと、私自身、かつてはこの思想に大いに惹かれていました。

一方で、人文社会科学の「科学的」な部分はすべて脳科学に吸収し、科学の枠に収まらない周縁部分にその活動を限定しようとする生物学の発展と、他方で、人文社会科学の対象自体はカッコにくくり、その対象に関する「語り方」の分析に人文社会科学を還元しようとするポスト構造主義的思想とは、人文社会科学の科学性を無化する試みという点では、共犯関係にあります。人文社会科学の分野に将来残されるのは、良く言えば、形而上学的考察や倫理的判断、悪く言えば、文学的言説の戯れや政治的イデオロギーの表出だけだろうという主張さえあるのです(5)。

このような危機の中で、人文社会科学の生物学化の動きを受け入れた上で、はたして人文社会科学に自然科学と同等の「科学」としての固有の領域を見いだせるのか？　それが今回の合同談論会における私の問題提起にほかなりません。付け加えておきますが、ここで「科学」というとき、私は「科学」についてあえて保守的な定義を採用しています。つまり、カール・ポパーのいう「反証可能な知的実践の体系」としての「科学」という定義です。

ところで、この問題提起に対する私自身の出発点は、ミシェル・フーコーに対する疑義です。フーコーは、言語学と生物学と経済学とを比較していました。確かに、言語学と経済学には共通性があります。いずれも「言語」や「貨幣」といった「社会的実体」を対象とした学問であるからです（この「社会的実体」という言葉の意味は、すぐに解説します）。だが、生物学は違います。それが分析の対象としている「生命現象」それ自体には、いま私が言った意味での「社会性」は含まれていません（ここでの社会性とは、人間を含めた幾つかの社会的動物が遺伝的にもつ社会的本能とは異なった意味です）。それは、

「社会的実体」に対立するまさに「自然的実体」でしかない。多少同義反復的にいえば、「生物的実体」でしかない。そうです。フーコーは「社会的実体」を対象とする学問と「生物的実体」を対象とする学問とを同列に並べてしまうという分類上の錯誤を犯しているのです。したがって、もしこれらの学問の間に何らかの共通性があるとしたら、それは学問の対象に関する共通性ではありえなくなります。これらの学問がそのような対象について語る、その「語り方」に関する共通性でしかありえないということになるのです。

だが、ここで、生物学を法学（および政治学）に置き換えてみましょう。そうすると、知の断層の代わりに、言語学は言語、法学は法や規範、そして経済学は貨幣という、時代を貫くそれぞれの学問の研究対象の固有性が見いだせます（もちろん歴史的な変遷や進歩はあります）。さらに重要なのは、この三つの研究対象自体に分野を横断する共通性が見いだせるということです。なぜならば、言語学が対象とする「言語」、法学が対象とする「法」、経済学が対象とする「貨幣」はいずれも「社会的実体（Social Entity）」であるからです。

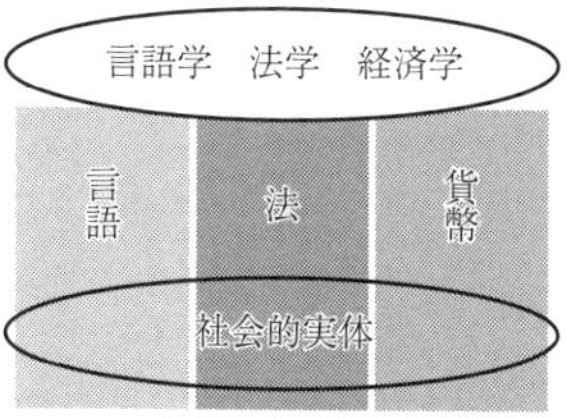

2　社会的実体とは何か？

では、「社会的実体」とは何なのでしょうか？

ある日のことです、私は考え事をしながら道を歩いていると、石に躓いて転んでしまいました。私が躓いた石は、硬くて重い物理的な実体（Physical Entity）です。それに躓いた私の身体もやはり物理的実体として、力学法則に

従って回転してしまったのです。私が躓いた石、転んだ私の回転運動――いずれも自然科学とくに物理科学（Physical Sciences）の研究対象であるはずです。

　私は急いで起き上がりました。幸い、手に血が滲んだ程度の怪我ですみましたが、しばらく傷口が痛みました。自力で起き上がった私の身体、手に滲んだ血液、痛みの感覚を伝えたニューロンは、すべて生命物質、いや生物的な実体（Biological Entity）にほかなりません。そのいずれも、生命科学（Life Sciences）の研究対象であるはずです。

　ところで、もし道にあったものが一枚の小さな紙切れにすぎなかったなら、私はそれを踏みつけたことも気がつかないで、そのまま歩いていったことでしょう。だが、もしその紙切れの上に福沢諭吉（二〇二四年七月からは渋沢栄一）の肖像画とともに壱万円という文字が印刷されていたならば、私はハッと立ち止まったはずです。あたりを見回し、誰もいないのを見計らって、その紙切れをそっとポケットに入れてしまおうとするかもしれません（良き市民ではありません）。その時運悪く強い風が吹いて、その紙切れが大きな家の庭の中に飛んでいってしまったとしましょう。庭の回りには簡単に越えられる柵しかないかもしれません。それでも、私は庭の中に入ることはためらうでしょう（逆向きの風が吹くのを待つほど、暇人でもありません）。だが、つい出来心から庭に忍び込んでしまったとします。さらに運悪く、その家の人が庭にいる私の姿を見とがめて、「ドロボー」と叫んだとします。その声に驚いて私は一目散で逃げ出すことでしょう。あまりに慌てふためいて転んでしまうかもしれません。

この話は何を教えてくれるのでしょうか？　それは、この世界には私を躓かせた石ころのような物理的な実体とはまったく性質を異にした実体――「社会的な実体（Social Entity）」――が存在しているということです。それは「貨幣」のことであり、「法」のことであり、「言語」のことです。

これから私は、人文社会科学が人間に関する科学であるのは、それがまさに貨幣や法や言語といった社会的実体を研究の対象としているからであると論じてみようと思っています。

福沢諭吉（または渋沢栄一）の肖像が印刷された紙切れは、物理的には吹けば飛ぶような実体です。だが、それは一万円の価値を持つ貨幣であることによって、重くて硬い石よりも確実に私の歩みを止めさせます。一万円札が飛んでいった庭の柵は物理的には何の障害にもなりません。だが、それは登記簿に記載された法律上の境界線を示すことによって、何百と積み上げられた石よりも確実に私の侵入を押しとどめます。そして、家の人が発した「ドロボー」という声は物理的には空気の振動にすぎません。だが、それはまさに「泥棒」を意味する言葉であることによって、私に石を投げつけるよりも確実に、私を庭から追い出すことになるのです。

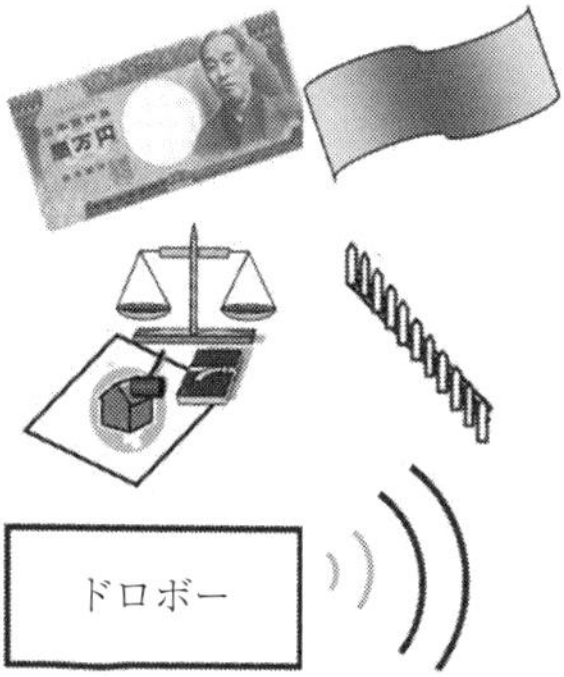

貨幣と法と言語――それは、価値を持ち、権利を与え、意味と

なります。それだから、石ころに躓くよりも大きな反応を私から引き出してしまうのです。私は一万円札を見て喜び、柵を前にして落胆し、「ドロボー」という声を聞いて慌てます。だが、貨幣である紙切れ、法律上の境界線を示す柵、言語としての音声の物理的な性質をいくら調べてみても、なぜそれが価値を持ち権利を与え意味があるのかを明らかにすることはできません。いずれも自然科学の対象にはならないのです。

3 生命科学からの異議？

だが、ここで異議が出るかもしれません。貨幣や法や言語の物理的な性質からは、なぜそれが価値を持ち、権利を与え、意味があるのかがわからないのならば、逆に、それに反応する生物としての私の身体や脳を調べればよいのではないか、と。

確かに、近年の生命科学における遺伝研究の進展は驚異的です。それは周知のように、親から子に伝わる遺伝子が、人間の能力や性格や行動パターンに大きな影響を与えることを明らかにしています。一卵性双生児に関する研究は、攻撃性や道徳心や知能水準などの多くの割合が遺伝によって説明できると報告していますし、養子に関する研究は、育ての親が与える教育資源や文化環境は長期的には子供の人格形成に対して必ずしも大きな効果を与えないという報告を行っています(6)。

人間の本性（Human Nature）をめぐっては、長らく環境決定説と遺伝決定説との間で激しい論争がありました。遺伝説には人種偏見や性差別などの正当化に悪用されてきた忌まわしい過去があり、すでに述べたように、いまだに多くの人文学者や社会科学者が拒否反応を示しています。

もちろん、環境要因が否定された訳ではありません。いや、経済学者であるジェームズ・ヘックマンの有名な研究によれば、五歳までの幼児教育は将来の学業や仕事ぶりに対して大きな影響を与えることが示されています。[7] 環境要因が無視できないことは、当然です。だが、それにもかかわらず、学問に誠実であろうとすれば、遺伝要因の重要性を指摘する生命科学の成果を無視して「人間」を論ずることは、もはや許されなくなってしまったのです。

とりわけ重大なのは、近年の脳科学研究における「社会脳」仮説の登場です。1節で述べた「ミラー・ニューロン」とは、自分がある行動を取るときだけでなく、他者が同じ行動をするのを見ているときにも（ちょうど自分の行動の鏡像を見ているように）発火する神経細胞のことです。それは、一九九〇年代にイタリアのパルマ大学の研究チームがブタオザルに見いだして以来、人類を含めた霊長類などの高等動物においても存在することが示唆されています。[8] また、このミラー・ニューロンは、他者の身体的な行動だけでなく、その行動の背後にある意図や感情の違いによっても異なって反応することが知られています。"I feel your pain"（あなたの痛みに私も感じ入ります）という言葉がありますが、それが単なる文学的な比喩ではなく、まさに神経細胞活動の科学的な記述にほかならないというのです。すなわち、ミラー・ニューロンの発見は、他者を理解することや他者に共感するといった、人類（およびその仲間である高等動物）の「社会性」に関してすら、生命科学的、さらに言えば、遺伝的な根拠付けを与えつつあるのです。

それでは、人間の本性、さらに言えば人間の社会性はすべて生命現象なのでしょうか。人文社会科学は生命科学に吸収され、科学としての存在意義を失ってしまうのでしょうか。

答えは否です。人間の本性をすべて生命現象に還元しようとする試み自体が、何が生命現象に還元しえないかを明らかにしてくれるのです。

そうです。ここに「貨幣」、「法」、「言語」が再び登場します。確かに、人間のDNAには、他者と交換し他者の命令に従い他者と意思疎通する「能力」を生み出す遺伝子が蓄積されているはずです。だがここで重要なことは、貨幣や法や言語「それ自体」と、それらを駆使しうる能力とを区別することです。なぜならば、生まれたばかりの赤ん坊の脳の中をいくら探しても、一万円札を一万円の価値をもつ貨幣と見なす遺伝子も、他者の私的財産権を遵守せよという遺伝子も、「ドロボー」という音声を泥棒という意味に理解する遺伝子も、その中に見いだすことは絶対にできないからです。現実にどのような紙切れや金属片が貨幣となるか、どのような規則や命令が法となるか、どのような音や記号の連なりが言語となるのかは、遺伝子の中にあらかじめ書き込まれているわけではありません。貨幣それ自体、法それ自体、言語それ自体は、少なくとも生まれたばかりの人間にとっては、社会の中の他の人間から与えられる「脳の外部」の存在であるのです。それは遠い歴史の彼方で誕生し、親から子へと伝達される遺伝子とは別途に、人間から人間へと継承され、社会の中に蓄積されて今日に至っているのです。

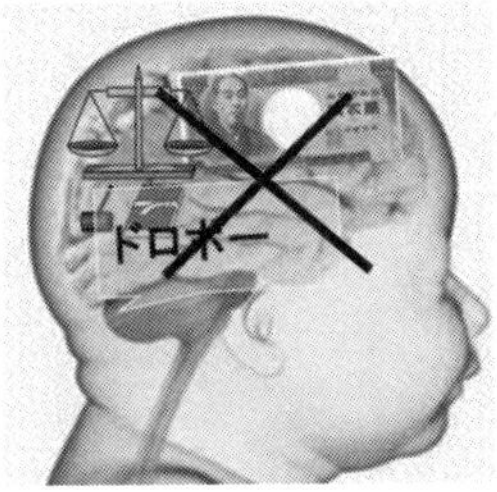

4　貨幣の価値・法の強制力・言語の意味の存在論

私が手に持つ一万円札は、モノ自体としては単なる紙切れです。その物理的性質をいくら調べてもそれが一万円という価値を持つことはわかりません。私はヤギではありません。私の生物として欲望がそれに価値を与えているのでもありません。では、なぜこの一枚の紙切れは貨幣として一万円という価値をもつのでしょうか？

この問いに答えるのは、簡単です。貨幣が貨幣として「価値」を持つのは、「他者」がそれを商品と交換に（すなわち、貨幣として）受け取ってくれるからです。つまり、貨幣の価値とは、その物理的性質が与えるのでもなく、私の欲望が与えるのでもなく、「他者」が与えてくれるのです。もちろん、他者と言っても、特定の他者ではありません。一万円札の場合だったら、日本列島に住むほとんどすべての人間、日本と経済的に繋がっている多くの人間が一万円の価値を持つ商品と交換に受け取ってくれるはずです。すなわち、貨幣の価値とは「社会」によって与えられているのです。貨幣の価値は「社会的」であるのです。

これは非常に重要な命題です。ただ、ここで話を終えてしまうと、なぜ貨幣が貨幣として価値を持つのかの説明にはまったく不十分です。新古典派経済学の創始者の一人カール・メンガーの貨幣生成論、マルクス経済学の創始者であるカール・マルクスの価値形態論、社会学の創始者の一人ゲオルク・ジンメルの貨幣哲学は、残念ながら、ここで話を終えています[9]。すなわち、この命題こそ、従来の貨幣理論の到達点であるとともに限界点でもあるのです。

なぜでしょうか？

実は、貨幣だけでなく、資本主義社会において売り買いされる「商品」の価値も、すべて「社会的」であるからです。たとえば私が缶ビールの生産者だとします。私がいくらビール好きだとしても、四、五本飲めばそれ以上は欲しくありません。一〇〇本飲めば死んでしまいます。それでも、商品として価値があるから何千本、何万本と生産するわけです。それは、他者、すなわち多くのお客さんが買ってくれるからです。商品の価値も社会が与えてくれるのです。

では、商品と貨幣との違いはどこにあるのでしょうか?

その違いは、缶ビールという商品を買ってくれる人と一万円札という貨幣を受け取ってくれる人に、それぞれ、なぜ缶ビールに価値を与えているのか、なぜ一万円札に価値を与えているかを聞けば、直ちに明らかになります。缶ビールの場合、その人はビールを飲みたいからだと答えるはずです（缶ビールのような消費財ではなく、大麦のような原材料や醸造装置のような生産財の場合、その購入者は商品それ自体をモノとして欲しいわけではありませんが、最終的には、その価値もいくつかの生産過程を経て作り出される缶ビールを直接買う人間の欲望が決めることになります）。商品の場合、その価値は最終的には人間の「欲望」が決めています。実体的な根拠があるのです。

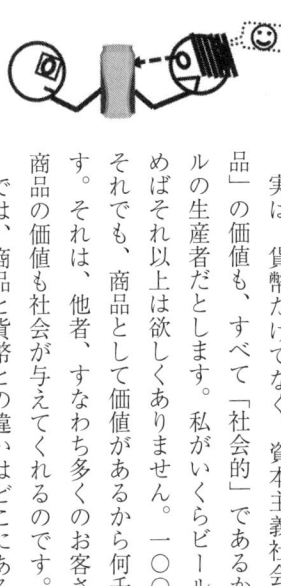

これに対して、私の一万円札を受け取ってくれる人は、缶ビールを買ってくれる人とはまったく異なった答えをするはずです。その人も、自分がモノとして欲しいからではない、他の人がそれを一万円札として受け取ってくれると思っているからだと答えるはずです。そして、さらに、その他の人にとっての他の人に同じ質問をしても、まったく同じ答えをするはずです。他の人の他の人の他の人の……他の人に、次々と聞いていっても、同じ答えしか返ってきません。この問答は、永遠に続きます。

貨幣の場合は、どこまでいっても、モノに対する人間の欲望に行き着くことはありません。どの人も、「他の人が貨幣として受け取ってくれるから、私も貨幣として受け取るのです」と答えるのです。この答えを少し縮めて言い直すと、「貨幣とはだれもが貨幣として受け取るからだれにとっても貨幣なのである」ということになります。さらに思い切って縮めてしまうと、以下になります。

「貨幣とは貨幣として受け取られるから貨幣である。」

これは、一種の「自己循環論法」です。貨幣の価値には、人間の欲望のような実体的な根拠は存在しません。それはまさにこの自己循環論法によってその価値が支えられているのです。そして、この「自己循環論法」こそ、貨幣に関するもっとも基本的な命題です。

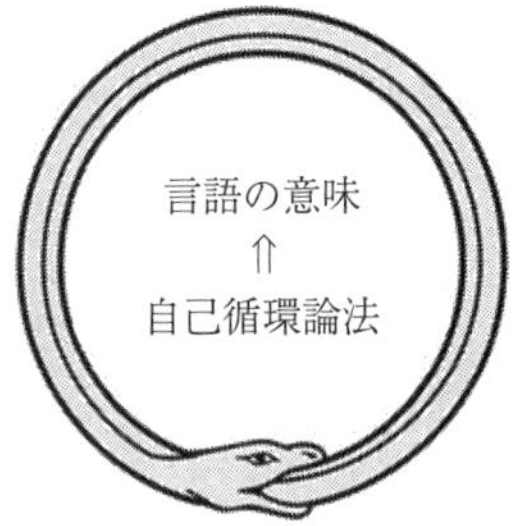

ここでは時間（そして私の能力）の制約から詳しく論じられませんが、なぜ私は低い柵しかない庭に侵入する権利を持っていないと思っているかというと、それは同じ社会の中にいるすべての人間が庭の所有者には他人を排除する権利があると思っているからです（二〇世紀最大の法哲学者の一人であるH・L・A・ハートは主著『法の概念』の中で、近代法を人々に義務を課したり権能を付与したりする第一次ルールと第一次ルールに正統性を与える第二次ルールの組み合わせとして規定しています[10]。ハートのいう第二次ルールはまさに自己循環論法で成立していると、私は考えています）。

また、なぜ私は、単なる空気振動にすぎない「ドロボー」いう声が泥棒を意味すると思っているかというと、それは、同じ集団の中にいるすべての人間がその声には泥棒という意味があると思っているからです（二〇世紀最大の哲学者の一人であるウィトゲンシュタインはその後期の代表作『哲学探究』の中で「言葉の意味は、言語におけるその語の使用である」と述べています[11]。それは言葉の意味がまさに自己循環論法によって成立しているという主張であると、私は考えています）。

すなわち、貨幣とはすべての人間が貨幣として受け入れるから貨幣であるのです。法とはすべての人間が法として従うから法であるのです。言語とはすべての人間が言語として使うから言語であるのです。そして、まさにこのような自己循環論法の産物であることによって、貨幣と法と言語は物理的性質にも遺伝子情報にも依存しない価値や権利や意味となるのです。

5 「社会的実体」としての貨幣・法・言語

ところで、私は、貨幣も法も言語も、価値を持ち、拘束力を持ち、意味を持つことによって、石ころに躓くよりも大きな反応を私から引き出してしまうと述べました。ここで強調しておくべきなのは、貨幣が持つ価値も法が与える権利も言語が担う意味も、私の主観を超えた「客観性」を持っていることです。たとえ私が、一万円札は単なる紙きれにすぎない、私有地の境界は単なる柵にすぎない、「ドロボー」という言葉は単なる空気の振動にすぎないと「主観的」には思っていても、他の多くの人がそれを価値や権利や意味として受け入れる限り、「客観的」事実として、私の手にある貨幣によって他人からモノが買えますし、私の私有地には他人は侵入しませんし、私の発する「ドロボー」という空気振動を聞いた他人は助けに駆けつけます。その意味で、貨幣も法も言語も、物理的実体と生物的実体と並ぶ「実体性（Entitiness）」を持っているのです。そして、それだからこそ、「科学」的研究の対象となることができるのです。

では、その実体性はどういう意味で「社会的」であるのでしょうか？　これには二重の意味があります。第一に、貨幣も法も言語も、それを貨幣や法や言語として用いている経済や共同体や集団から切り離されてしまえば、貨幣でも法でも言語でもなくなってしまうからです。日本と取引のない経済では一万円札は単なる紙切れにすぎないでしょう。日本と異なった所有権法を持つ共同体では高い柵を巡らせても誰かまわず庭に侵入してくるかもしれません。日本語と異なった言語を喋る集団の中ではドロボーと叫んでも誰も振り向いてくれないでしょう。貨幣も法も言語も、それぞれ特定の社会の中でのみ価値を持ち権利を与え意味となるという意味で、「社会的（Social）」であるのです。

だが、この社会的であるということには、さらに深い第二の意味があります。

6　言語・法・貨幣と人間の「自由」

言語・法・貨幣が成立する「以前」においては、意思の伝達は、顔の表情や身振り手振り、さらには吠え声や叫び声などによって行われていたはずです。争いの決着や利害の調整は、直接的な力の対決や集団内のボスによる仲裁などで果たされていたはずです。食物などの交換は、まず相手に贈り、お返しをしてくれた相手には贈り続け、お返しを拒否した相手には二度と贈らないという互酬性原理に基づいていたはずです。

重要なのは、これが「閉じた」集団であったということです。なぜなら、このように直接的な形で意思の伝達や争いの決着や食物の交換を行うためには、表情の変化、身体や手足の動き、声の調子等から相手の意図を読み取っていかなければなりません。相手が自分より腕力が強いか弱いか、あるいは集団内のランクが高いか低いかを見極めなければなりません。相手に過去にモノを贈ったかどうか、相手が過去にそのお返しをしてくれたかどうかを覚えていなければなりません。そのためには、共に生活し、お互いをよく知り合っていることが不可欠です。すなわち、人間は、血縁や地縁で結ばれ、いわばお互いの顔が見える小さな集団の中でしか生きられない社会的生物として生きてきたのです。(12)

だが、言語・法・貨幣の成立「以降」、人間は、閉じた小集団から「開かれた」社会に生きることになります。

言語さえ共有していれば、相手の顔が見えなくても、声を通して意思を伝えられます。いや、声の届かぬ遠方や未来にも、人から人へと伝わる言葉や文字を介して意思を伝えることができる。言語はまさに「意味」そのものであることによって、それまで会ったこともない話し手と聞き手の間でも、これからも会うことがない書き手と読み手の間でも、意思の伝達を可能にするのです。

ひとたび法が成立すると、小さな集団の中のむき出しの力関係は、抽象的な権利と義務の関係に置き換わります。他人が私に危害を加えないのは、私の方が力が強いからではなく、私の人権を侵害しない義務を負っているからです。私が他人から不当な損害を受けても直接仕返しをしないのは、司法を通して賠償の義務を負わせる権利を持っているからです。

ひとたび貨幣が流通すると、小さな集団の中の緊密な互酬的関係が、抽象的な価値の交換関係に置き換わります。貨幣とは、すべてのモノと交換することができる、一般的な交換価値の別名です。それまで一度もモノを贈ったことのない人からでも、その人が貨幣を受け取ってくれさえすれば、欲しいモノを貰うことができます。それまで一度もモノを贈ってもらったことがない人にでも、その人が貨幣を手渡してくれさえすれば、余ったモノを与えることができます。

すなわち、言語や法や貨幣の媒介によって、人間は、「閉じられた」小さな集団を超え、血縁・性別・身分・出身地・過去の関係などを問わない「普遍的」な「人間」同士として「自由」に社会関係を結ぶことが可能となるのです。

言語と法と貨幣の媒介――それは、個々の人間にとっては、「自由」の条件です。もちろん、「自由」こそ、人間の本性です。その意味で、言語と法と貨幣はまさに「人間の本性」そのものを形作っているのです。

7 言語・法・貨幣と社会の「危機」

だが、個人にとっての「自由」の条件は、同時に、人間社会にとっては「危機」の条件でもあるのです。

なぜならば、言語や法や貨幣を支える自己循環論法は、まさに物理的性質にも遺伝子情報にも血縁地縁にも根拠を持っていないことによって、しばしば自己目的化したり、自己崩壊したりするからです。事実、人間の歴史とは、様々な形で次から次へと噴出してくる言語や法や貨幣に関する危機の歴史にほかなりません。

実際、ファシズムとは、指導者の言葉に大衆が熱狂することであり、ポピュリズムとは、指導者が大衆の言葉しか語らなくなってしまうことです。官僚主義とは、法それ自体が物神化されてしまう事態であり、全体主義とは、法を単なるイデオロギーの手段にすることです。そして、恐慌とは、人々がモノより貨幣を欲すると発生し、ハイパーインフレーションとは、人々が貨幣から遁走してしまうことなのです。

人文社会科学が、物理的実体を扱う物理科学や生命的実体を扱う生命科学と同じ「科学」としての資格を備えているとしたら、それは言語と法と貨幣という社会的な「実体」を対象としているからです。それが「人間とその社会」に関する科学という名にふさわしい科学であるとしたら、それは物理的実体としての人間でも生物的実体としての人間でもなく、言語や法や貨幣によって個人における自由の可能性と社会における危機の可能性を同時に与えられた、真の意味での「人間性」を持つ人間を扱う科学であるからなのです。

8　人文社会科学の再規定

人文社会科学とは、人類の長い進化の歴史の中で継承されてきた「社会的実体」（＝「貨幣」「法」「言語」）を媒介として「社会」化してきた「人間」を分析の対象とする「科学」——物理科学とも生命科学とも異なった第三の「科学」にほかなりません。

だが、それは、人間に「自由」を与えるまさにその貨幣・法・言語が、必然的に人間社会に「危機」をもたらすという「不都合な真実」の認識から（再）出発しなければならないことを意味するはずです。

人間に「自由」の可能性を与える言語・法・貨幣（さらには様々な社会制度）が同時に人間社会に必然的に「危機」をもたらすという「不都合な真実」の認識——この認識は、おそらく、今日の討論会の後半を担当する第五分科（工学）の吉川弘之会員の報告と繋がることになるのではないかと期待して、私の報告を終えたいと思います。

（二〇二一年三月一二日日本学士院合同談論会報告。『日本学士院紀要』七六巻第一号、二〇二一年一〇月二九日。報告時のスライドに使った図の一部を採録。またいくつか注釈を加えた）

（1） この報告の原型は、『日本経済新聞』の「やさしい経済学」に二〇〇八年五月三〇日から六月一一日にかけて連載された「言語・法・貨幣と「人文科学」」という論考です。その後「東京大学退任記念講演会」（二〇一〇年三月二八日）や「日本学術会議・東北大学共催市民公開シンポジウム」（二〇一〇年七月二五日）などでも同様の内容の報告を行っています。

（2） 第一分科（文学・史学・哲学）の佐藤彰一会員からは談論会において大変貴重なコメントを頂きました。感謝申し上げます。残念ながら、私の力量不足で、以下の文章ではそのコメントに十分答えることができませんでした。

（3） Wilson, Edward O. "How to unify knowledge: keynote address". *Annals of the New York Academy of Sciences* 935.1（2001）: 12–17.

（4） Michel Foucault, *Les mots et les choses*,（1966）; 邦訳ミシェル・フーコー『言葉と物――人文科学の考古学』渡辺一民・佐々木明訳（新潮社、二〇二〇）。

（5） たとえばネオ・プラグマティズムを唱えたリチャード・ローティは「科学を文学の一ジャンルとみな」し、「「哲学」は「文化批評」に取って代わられる」と主張しています。『哲学の脱構築――プラグマティズムの帰結』室井尚・加藤哲弘・庁茂・吉岡洋・浜日出夫訳（御茶の水書房、一九八五）。

（6） 行動遺伝学の基本文献は以下です。Knopik, Valerie S., et al. *Behavioral genetics*（New York: Worth Publishers, 2016）や安藤寿康『「心は遺伝する」とどうして言えるのか――ふたご研究のロジックとその先へ』（創元社、二〇一七）。養子研究については Harris, Judith. *The nurture assumption: Why children turn out the way they do*, revised and updated（Simon and Schuster, 2009）。

（7） Heckman, James J. *Giving Kids a Fair Chance*. MIT Press, 2013; 邦訳ジェームズ・ヘックマン『幼児教育の経済学』古草秀子訳（東洋経済新報社、二〇一五）。

（8） Di Pellegrino, Giuseppe, et al. "Understanding motor events: a neurophysiological study." *Experimental brain research* 91.1（1992）: 176–180; Ammaniti, Massimo, and Vittorio Gallese. *The Birth of Intersubjectivity: Psychodynamics, Neurobiology, and the Self*（WW Norton & Company, 2014）、苧阪直行他『社会脳から心を探

る——自己と他者をつなぐ社会適応の脳内メカニズム』（日本学術協力財団、二〇二〇）。

（9）カール・メンガー『国民経済学原理』第二版・第八章「貨幣の理論」、カール・マルクス『資本論』第一巻第一篇第一章（「価値形態論」）および第二章（「交換過程論」）、ゲオルク・ジンメル『貨幣の哲学』。

（10）Hart, H. L. A. *The Concept of Law* (Oxford University press, 3rd ed. 2012)；邦訳H・L・A・ハート『法の概念〔第3版〕』長谷部恭男訳（ちくま学芸文庫、二〇一四）。

（11）Wittgenstein, Ludwig. *Philosophical Investigations*, translated by G. E. M. Anscombe (1953)；邦訳ルートウィッヒ・ウィトゲンシュタイン『哲学探究』鬼界彰夫訳（講談社、二〇二〇）。

（12）ロビン・ダンバーは、霊長類の脳の大きさと群れの大きさとの相関関係を基に、個人と個人の関係のレベルで構成員全員がおたがいを知り合うことができる集団の人数は人間の場合一五〇人程度であると推定しました。そして、狩猟と採集で生活している伝統的な部族社会を調べ、その氏族（クラン）の規模は平均すると一五〇人であることを確認しています。また、アーミッシュやフッター派などの宗教組織では集落の人口が一〇〇～一五〇人に達すると分割することも知られています。Dunbar, R.I.M. (1992). "Neocortex size as a constraint on group size in primates." *Journal of Human Evolution*, 22 (6), 469–493。もちろん、ダンバーの研究には多くの反論もあります。

新しい会社の形を求めて――なぜミルトン・フリードマンは会社についてすべて間違えていたのか

1 はじめに

「ビジネスの社会的責任は利潤を増大させることである。」

二〇世紀後半において最も影響力を持った経済学者は、疑いもなく、ミルトン・フリードマン（一九一二―二〇〇六）である。一九七〇年の九月に、フリードマンは『ニューヨークタイムズ・マガジン』に長文のエッセイを寄稿したが、右の言葉はその題名である。そして、このエッセイは次の言葉で締めくくられている。

「自由主義経済体制のもとでは、ビジネスの社会的責任はただ一つしかない。それは、ゲームの規則の範囲内に留まっている限り――すなわち、詐欺やペテンなしの自由で開かれた競争を行っている限り――利潤を増大させることである。」

「ビジネスの社会的責任は利潤を増大させること」というこの宣言は、自由放任主義的経済思想のもっとも有名なスローガンの一つとなり、米国のみならず、全世界において繰り返し繰り返し引用されてきている。そして、その後の財界、政界、学界、メディア界等における会社統治に関する議論を支配してきた。

しかしながら、ミルトン・フリードマンのエッセイからちょうど五〇年目の二〇二〇年。新型コロナウイルスのパンデミックの中、このインタビューで話したいのは、第一に、ミルトン・フリードマンの議論は、完全な「理論的な誤謬」だということである。それは、同時に、過去半世紀、財界政界メディア界、そして学界を支配してきた会社統治に関する「主流派理論」が、「理論的な誤謬」であることも意味する。そして、第二に、「ビジネスの社会的責任は利潤を増大させることである」というミルトン・フリードマンのこの言葉は、単に理論的な誤謬であるだけでなく、実践的な意味においても、これからの会社の新しい形を考えていくうえでの最大の障害でもあるということである。

では、フリードマンの議論のどこが間違えているのか？　「すべて間違えている」と言ってもよいが、それでは話が進まないので、フリードマンのエッセイの中から三つほど基本的な命題を取り出してみよう。

1　「会社はすべて株主のモノでしかない」と主張する「株主主権論」。
2　「会社の経営者は株主の代理人である」と主張する「経営者代理人論」。
3　「会社の目的は利潤の最大化である」と主張する「利潤最大化論」。

この三つの命題は、いずれも「理論的な誤謬」である。そして、これから追々説明するが、この三つの命題の背後には、法人企業としての会社と個人事業のような法人化されていない企業とを混同するというヨリ根源的な「理論的誤謬」が控えている。

2 株主主権論の誤り

『ニューヨークタイムズ・マガジン』のエッセイにおいて、フリードマンはCSR（会社の社会的責任）活動について、おおよそ次のように述べている。

「会社の経営者が、環境の改善という社会的な目標に貢献するために、大気汚染削減のための支出をしたり、また、貧困の撲滅という社会的な目的に貢献するために、より良い資格を持つ労働者を差し置いて長期失業者を雇い入れ、会社の利益を犠牲にしたりしたとしよう。その時、会社の経営者は、社会的な利益という名の下に、他人のお金を使っていることになる。社会的責任に基づいた経営者の行動が株主への配当を減らしてしまう限り、経営者は株主のお金を使っているのである。」

この言葉の背景には、「会社はすべて株主のモノでしかない」という株主主権論がある。実は、上述のエッセイは、フリードマンが一九六二年に出版した『資本主義と自由』の中の「独占とビジネスおよび労働者の社会的責任」と題された第八章における議論を敷衍したものだが、すでにその中でフリードマンは「会社とはその所有者である株主の道具でしかない」と述べている。事実、もし会社はすべて株主のモノでしかないならば、会社のおカネはすべて株主のおカネにほかならない。したがって、経営者がCSR活動のために会社のおカネを使うことは、株主のおカネを勝手に使うことになる。すなわち、それは、株主のおカネの窃盗に等しいというわけだ（ただし、フリードマン自身はエッセイの中では「窃盗」という言葉は使っていない。その代わり、CSR活動は「社会主義」だと断罪している。人々に税金を課して公共の目的のための支出をするのは、政府の役割であり、民主的選挙で選ばれた議員が官僚に指示して行うべきだ。本来政府が行うべき公共事業を、一私人にすぎない経営者が一方的に株主から徴収して一方的に使い道を決めてしまうことは、非民主主義的な社会主義と同等だと主張したのだ。自由放任主義思想のチャンピオンを任じていたミルトン・フリードマンにとって、社会主義者であることは、資本主義社会において他の人のおカネを盗むことより悪いことであったのに違いない）。

もちろん、街角の八百屋のような個人企業（法律的には、個人事業体というべきだが）の場合は、その企業活動（ビジネス）で使うモノ——商品や店舗や設備や土地や現金を含む金融資産——は、すべてそのオーナー個人のモノ（あるいはオーナー個人の名義で借りたモノ）である。そして、そのオーナー自身が、供給者や顧客や従業員や銀行と契約を結ぶ。裁判沙汰になれば、オーナー自身が原告や被告になる。個人企業の場合、企業とそのオーナーは一心同体である。したがって、その構造は、図1のような一階建てとして図示することができる（共同事業体としての組合の場合も、オーナーが複数であることを除いては、同じ構造をしている）。

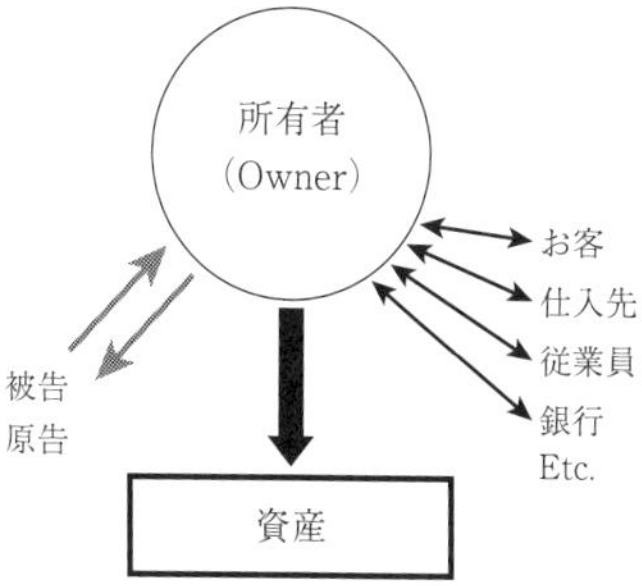

図1　個人企業の一階建て構造

したがって、オーナーが雇った従業員がお店のレジにあるおカネを勝手に環境団体や慈善事業に寄付したとしたら、それは（たとえ公共精神に支えられた美しい行いであったとしても）オーナー個人のおカネを勝手に使ったことになってしまう。まぎれもない窃盗である。

ところが、「会社」とは、街角の八百屋のような個人企業とはまったく異なった存在である。たしかにそれは、営利目的の活動をする組織であるという意味では、同じく「企業」である。だが、それは、単なる企業ではなく、「法人」化された「企業」――「法人企業」――である。そして、その構造も、教科書的企業とはまったく異なっている。

まず第一に、会社資産（経済活動をするときに使う機械、設備、土地、ソフトウェア、パテントなど）の法律的な所有者は、株主ではない。法人（Corporation または Legal Person）としての会社である。法人とは、読んで字のごとく、「法律上の人」のことである。たとえば、企業のような組織（法律用語では団体）は、ヒトの集合であり、ヒト（自然人）ではない。それは抽象的なモノである。だが、それが法人化されると、ヒト（自然人）と同じように権利と義務の主体となり、その構成員と独立に、自分の名前で財産を所有し、自分の名において契約の当事者となり、自分の名において裁判の原告・被告になりうる。だから、法人とは、「本来はヒトではないのに、法律上ヒトとして扱われるモノ」として規定できる。まさに、モノであるのにヒトでもあり、ヒトであるのにモノでもある。それは、ヒトとモノとの両面性を持っている不可思議な存在であるのだ。

法人企業としての会社とは、まさにこのヒトとモノとの両面性を持った存在である。そして、このことはいかに不可思議に見えようとも、会社に関するあらゆる議論の出発点であるべき基本的な事実である。しかしながら、会社が、単なる企業ではなく、法人企業であるということは、フリードマンは言うに及ばず、これまでの会社統治に関する議論ではほとんど無視されてきたのである。

では、次に、株主は会社資産の所有者ではないとしたら、何の所有者なのだろうか？　株主は、読んで字のごとく、株式の持ち主＝所有者である。では、株式とは何だろうか？　それは、総会議決権や利益配当請求権や残余財産分配権といった権利、もう少し具体的に言うと、ヒトとしての会社の意思決定に関与し、ヒトとしての会社の活動からの果実を受け取り、ヒトとしての会社が死んだときに残骸を引き取る権利を束ねたモノである。その株式を所有するとは、ヒトとして活動する会社それ自体をモノとして所有することに等しいことになる。先ほど、法人とはヒトとモノの両面性を持っていると述べたが、そのヒトとしての側面はすでに使っている。残るは、モノとしての側面である。このモノとしての会社の別名が株式にほかならない。株主とは、結局、モノとしての会社――機械や設備、商品や仕掛品、現金や土地など具体的なモノとしての会社資産とは厳密に区別された、抽象的なモノとしての会社――を所有しているにすぎない。事実、モノとしての会社それ自体は、会社資産とは区別されたモノとして売り買いすることができる。その市場が、株式市場にほかならない。以上をまとめると、会社は図２のような二階建て構造をしていることがわかる。

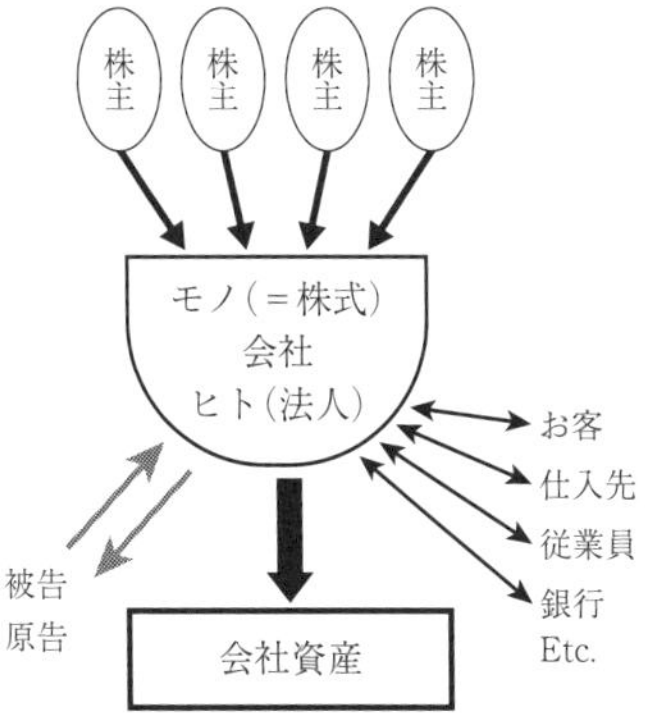

図２　会社の二階建て構造

この二階建て構造からただちに導かれる会社の特徴は、株主の「有限責任制」である。一方、八百屋のような個人企業が倒産したら、信用金庫などの債権者は、原則として、オーナー個人の資産を差し押さえることができる。図１で示したように、個人企業の借金契約は、オーナー自身の名前でなされていたからだ。個人企業のオーナーは「無限責任」を負う。

ところが、図2で示したように、会社が銀行などと借金契約を結んだ場合、その契約の主体は株主ではない。法人としての会社である。したがって、会社が倒産しても、銀行や他の債権者は債権回収のために、株主の個人財産に手を付けることはできない。そんなことをしたら、強奪になってしまう。銀行側が回収できるのは、法人としての会社が所有している会社資産だけなのである。もちろん、株主が株式に投資したおカネは消えてしまうが、損失はそれだけにとどまる。株主は「有限責任」しか負わないのである。

この株主の有限責任制こそ、会社制度の最大の利点の一つである。株主は会社が倒産しても自分の株式を失うだけで済み、会社がプラスの利潤を上げている限り、所有株式に比例してその利潤を受け取れる。ということは、ファイナンスでいう「コール・オプション」に該当するのである。それは、株式投資のリスクを大きく減らすことによって、会社が、リスク回避的な大衆から大量の資金を調達することを可能にし、リスクは高いが成長性のある事業への進出を促すことになったのである。まさに会社制度の有限責任制こそ、資本主義発展の秘密にほかならない。

だが、権利と義務（責任）はコインの両面である。株主が有限の義務（責任）しかもたないことは、同時に、株主は有限の権利しかもちえないことを意味する（残りの権利と義務は、法人としての会社が担っている）。したがって、株主は会社の絶対的な主権者ではありえない。もちろん、一人の株主（あるいは株主のグループ）が株式の過半数を取得して支配株主となり、自分が選んだ経営者を通じて、会社の経営を全面的に掌握することも可能である。ただ、その場合でも、会社が会社である限り、権利も義務（責任）も有限であることは変わらない。たとえば、会社資産を自分の私有物として使うことはできない、外部者との契約も自分のための契約としては結べない。もし、支配株主が会社の資産や会社の契約を含めた会社全体の主権者として振る舞いたければ、会社の法人格を放棄しなければならない。だが、その途端に、会社は単なる企業となる。支配株主はもはや株主ではなく、無限責任を負う企業のオーナーになってしまう。(1) 株主主権論とは、その意味で、定義矛盾ですらある。

いずれにせよ、会社が法人企業としての会社である限り、会社のおカネは法人としての会社自身のおカネであり、株主のおカネではない。その経営者が会社の資産を取り崩して、CSR活動のために使っても、それは株主のおカネを窃盗したことにはならない。会社はその資産を含めてすべて株主のモノであり、会社のおカネをCSR活動に使うことは株主からの窃盗だという株主主権論とは、会社が法人であることを無視し、会社と個人事業とを混同するという、会社という制度に関する初歩的な誤りを犯している。

ただ、こういうと、それは株主のおカネの窃盗ではないけれど、法人としての会社のおカネの窃盗なのではないか、という反論があるかもしれない。もちろん、会社が法人であることを無視した株主主権論者からは、このような反論はありえない。この反論をする人は、すでに株主主権論から離反しているはずである。ただ、そうであっても、理論的に正しい会社論を提示するためには、この可能な反論に答える必要がある。そのためには、上でフリードマンの第二の命題としてあげておいた「経営者代理人論」を組上に載せなければならない。

3　経営者代理人論の誤り

ミルトン・フリードマンは『ニューヨークタイムズ・マガジン』のエッセイの中で、会社の経営者を「ビジネス（＝会社）の所有者の使用人である」とか「会社所有者の代理人である」とか「株主の利益のために働く代理人である」と規定している。会社の経営者は株主の代理人であるというこのフリードマンの命題は、その後、主流派経済学において、契約理論の応用問題としての「プリンシパル＝エージェント・モデル」として定式化され、現在に至るまで、会社統治問題の標準理論として全世界に君臨している。だが、この理論も、それがいくらグローバル標準であるとしても、やはり法人企業である会社と個人企業とを混同してしまった、理論的な「誤謬」にすぎない。

街角の八百屋のような個人企業の場合は、通常は、オーナー自身が経営する。自分のおカネで商品を仕入れ、自分の所有物である店舗や器具を使い、自分の所有物となった商品を販売する。そのオーナーが、何らかの理由でみずから経営できなくなったときは、やむを得ず経営者を雇い入れることになる。その時、オーナーと経営者とは「代理人契約」を結ぶ。一方で、オーナーは経営者に何らかの報酬を約束し、他方で、経営者はオーナーの利益のためにオーナーに代わって働くことを約束する契約である。これは、典型的なプリンシパル（依頼人）＝エージェント（代理人）関係である。

しかしながら、会社の場合は、プリンシパル＝エージェント・モデルは使えない。なぜか？　それは、まさに会社が法人であるからだ。法人とはヒトとモノとの両面性を持った存在である。前節では、モノなのにヒトでもあることの意味を考えてみた。この節では、逆に、ヒトであるのにモノでしかないことの意味を考えてみる。

会社が現実の社会の中で実際に企業活動を行うためには、自分が法的な所有者である資産を管理運営し、自分の名前で供給者や顧客や従業員や銀行と契約を結び、自分の名前で原告や被告にならなければならない。だが、会社が資産の所有者であり、契約の主体であり、裁判の当事者であるといっても、それはあくまでも法律の上でのことである。法人としての会社は、現実には頭も口も目も耳も手も足もない抽象的なモノにすぎない。その抽象的なモノでしかない会社が実際に企業活動を行うためには、会社を代表して、すなわち、その頭や口や目や耳や手や足として、経営の意思決定をし、資産を管理運営し、さまざまな契約を結び、法廷に立つ生身の人間（＝自然人）が絶対に必要なのである。

そして、その生身の人間が「取締役」にほかならない（取締役が三人以上いる場合には、取締役会を設置する）。具体的には、代表権を持った取締役が契約書や登記証書や訴訟文書に署名すると、それは法人としての会社自体が署名したと見なされることになる。ただし、多くの会社では、取締役は日々の経営を執行役員に委任しているので、以下では取締役と執行役員を一括して経営者と呼ぶことにしよう。すなわち、個人企業とは異なり、会社には経営者の存在が不可欠なのである。いや、会社法（三二六条）にも明記してあるように、経営者（取締役）が存在しなければ会社は会社と見なされない。

したがって、会社と経営者の関係は、契約関係ではありえない。仮に両者の間で契約を結ぶとしたら、その契約書には、経営者が会社の代表としてまず署名し、次に経営者自身として署名する。その契約は、必然的に、経営者の一方的な「自己契約」になってしまう。自己契約とは、元旦の禁酒の誓いと同じだ。禁酒を約束された一方の自分は禁酒を約束した他方の自分をいつでもその約束から解放してあげられる。それゆえ、契約法には、自己契約は法律上の効力は持ちえないという原則が厳然として存在する。事実、もし会社と経営者とが契約を結べるとしたならば、唯一の署名者である経営者は契約書の中に巨額の報酬や強大な特権など自分に有利な内容をいくらでも書き込むことができてしまうのである。

では、会社とその経営者との関係は、どういう関係なのだろうか？　それは「信任関係（Fiduciary relationship）」である。信任関係とは、契約関係とまさに対立する関係である。それは、一方が仕事を「信頼」によって「任」せ、他方が仕事を「信頼」によって「任」される、本来的に非対称的な関係である。そのわかりやすい例が、救急病棟に運び込まれた患者と救急手術をする医者の関係である。患者は意思表示ができないから、医者と契約を結べない。患者は医者に自分の身体の手術を信頼によって任せるよりほかはない。医者は患者の身体の手術を信頼によって任されることになる。

それでは、信任関係とはどのようにして維持されるのだろうか？　「忠実義務（Duty of Loyalty）」によってである。それは、一方の信任受託者（信頼によって任される側）が、自己利益の追求を抑え、信任受益者（信頼によって任す側）の利益のみに忠実に仕事をするという義務である。

救急病棟の医者は新たな手術法を学んでいる最中かもしれない。目の前にいる患者は無意識だし、病棟には他に誰もいない。今が手術法を試す絶好のチャンスだが、それでも医者は、自分が試したい手術はあきらめて、患者の生命を最優先した手術をする義務を負っている。経営者は報酬の引き上げや財界での出世を願っている。しかも、他社との合弁案や大型投資の企画などの会社の内部情報を他の誰より良く知っており、情報操作をすればストック・オプションの価値を高めることができる。それでも経営者は、自己利益の追求は最小限に抑え、会社の利益に忠実な経営を行う義務を負っている。

ただ、注意が必要なのは、忠実義務は信任受託者に無償で仕事をすることを強要していないことである。信任関係は、基本的には、自発的に形成される関係である。信任受託者は、信任受託者としての仕事をするのに相応しい報酬は当然受け取ることになる。そうでなければ、多くの場合、信任を受託する人が見つからない。もちろん、どれだけの報酬が相応しい報酬であるのかを判断するのは実際には大いなる困難がともなうが、その問題はこれ以上踏み込まないでおこう。

ところで、あのイマヌエル・カントは、晩年の著作『道徳の形而上学』（一七九七）において「倫理的義務」を二つほど定式化している。一つ目は「自分の与えられた素質を磨くこと」、二つ目は「他人の幸福の促進を自己の目的とすること」である。ここで「忠実義務」の中身をもう一度読み返してみよう。そうすると、驚くべきことに気がつくはずだ。それは、「他人の利益」を「他人の幸福」に置き換えると、カントのいう「倫理的義務」の第二の定式化と実質的には同じ内容であることだ。

これは、ミルトン・フリードマンをつい最近までのチャンピオンとしていた自由放任主義思想にくさびを打ちこむ事実である。私たちはいまでの資本主義社会の中に生きている。自由放任主義思想とは、アダム・スミスの「見えざる手」の理論を出発点として、資本主義社会を、個人の自己利益追求と個人間の契約自由の原則によってのみ全体の利益が向上していく社会として理解しようとする思想である。その資本主義社会は、企業活動をその動態的なエンジンとしているが、その企業活動の中核を担っているのは「会社」である。もちろん、過去から現在まで、個人主義の立場から、企業に法人格を与えることに反対する人間は後を絶たない。ただ、もしすべての企業活動が、個人企業や（法人化されない）共同事業体で行われてきたならば、現在のような経済発展はとうてい不可能だったはずである。だが、その会社は経営者なしには動かない。そして、その経営者の行動を律する原理は、自己利益の追求ではなく、会社に対する忠実義務という、カントの意味での「倫理性」であるのだ。すなわち、資本主義社会とは、自由放任主義思想に反して、この意味での「倫理性」によって支えられている社会であるということなのである。

もちろん、現実はお花畑ではない。私は経済学者であるから、人間の自己利益追求の意欲の強さを十二分に知っている。残念ながら、倫理性は本当に希少な資源なのである。信任関係を律する忠実義務を個人の内面的な倫理性に全面的に任せてしまうと、粉飾決算、利益相反、流用、横領、詐欺など、いろいろな不祥事がほぼ必然的に起こってしまう。

したがって、信任関係を維持するためには、「忠実義務」を信任受託者に「法律」で課す必要がある。たとえばアメリカにはＥＲＩＳＡ（従業員退職所得保障法）という法律があり、４０１ｋのような年金に関して、その投資家と運用者との関係を信任関係と規定している（日本では、残念ながら、そうではない）。そして、年金運用者が忠実義務に違反すると、懲役刑か重い罰金を科されることになっている。日本でも、会社法三五五条で、取締役が会社に対して忠実義務を負うことを明記しており、忠実義務に違反すると特別背任罪に問われ、懲役刑か罰金を科されることになる。

会社の経営者は、株主と代理人契約を結んだ株主の代理人（エージェント）ではない。会社の経営者とは、会社に対して忠実義務という倫理的な義務を負っている信任受託者なのである。ところが、ミルトン・フリードマン以来の主流派の会社統治論は、会社の経営者を「株主の利益のために働く代理人である」と規定してきた[2]。それは、法人企業である会社と法人化されていない個人企業とを混同してしまった、単なる理論的な「誤謬」でしかない。

そして、この理論的誤謬の代価は巨額である。

よく知られているように、契約法には「契約自由の原則」という大原則がある。それは、お互いに嫌なら契約は結ばなければよいという原則である。それは、もし二人の人間の間で契約が結ばれているならば、その契約がお互いに自分の利益になると納得しているから結ばれたということを意味する。すなわち、契約とはアダム・スミスのいう「見えざる手」のミニアチュアなのである。自己利益を追求する二人の人間が自由に契約を結ぶことができたならば、二人の利益が同時に上昇する。まさに「個人は……自分自身の利益を追求することによって、……社会の利益を促進することになる」(『国富論』一七七六)のである。それは、言い換えれば、社会全体の利益の促進のためには、個人の自己利益追求しか必要ないという宣言である。アダム・スミスはさらに続ける。「社会のためにと称して商売している徒輩が、社会のために大いに良いことをしたと言うような話など、聞いたことがない」と。個人の倫理性などは必要ない。いや必要ないどころか、逆に、社会的利益の妨げになってしまうというわけである。

したがって、もし会社の経営者が株主と契約関係にあるのならば、会社統治論は、究極的には、いかにして経営者の自己利益追求が結果的にオーナーの利益の最大化をもたらすようなインセンティブ・システムを設計したらよいのかという、契約理論の応用問題に還元される(この精緻化が近年のいわゆる会社統治論の「発展」にほかならない)。さまざまなインセンティブ・システムが考案されたが、誰もが考えつく最も単純なシステムがある。それは、経営者も株主にしてしまうことである。そうすれば、経営者の自己利益追求はそのまま株主の利益追求になる。そして、まさにこの考えに導かれて、とくにアメリカにおいて、ストック・オプションや譲渡制限付株式や業績連動株式などが経営者の報酬システムとして導入されたのである。

このようにして、会社の経営者は忠実義務という制約から解放され、自己利益の追求を許される存在、いや、自己利益の追求を奨励される存在になってしまった。

だが、忠実義務とは、経営者の自己契約による搾取から会社の利益を防御する仕組みである。その忠実義務を自己利益追求で置き換えてしまうことは、経営者に対する自己契約への招待状にほかならない。たとえば、自分で自分の報酬を決めることが実質的に可能になる。しかも、経営者は経営者であることによって、会社の大型投資の企画や他社との合併案などの会社の内部情報を他の誰より良く知っている。その内部情報を悪用すれば、ストック・オプションの価値をファンダメンタル以上に高めたり、会社の業績や貸借対照表を粉飾することなど簡単だ。

もちろん、社外取締役の導入など、社内の経営者の不当な報酬を監視する仕組みが存在する。だが、それでも、その社外取締役に関しても、だれが実質的に選ぶのかという問題や、実際に経営している社内経営者との間の情報ギャップの問題等があり、経営者の自己契約という根源的な問題の本質的な解消にはならない。しかも、社外取締役の存在は、その社外取締役に忠実義務を外注してしまうことによって社内経営者を忠実義務からさらに解放してしまう可能性や、社外取締役が社内経営者の不当な報酬を見過ごしていても、それよりはるかに低い報酬しか得ていない社外取締役を重刑である忠実義務違反で有罪にすることを法廷がためらう可能性などが指摘されている(3)。

世界的なベストセラーになった『21世紀の資本』（二〇一四）の中で、トマ・ピケティは、代表的な資本主義国において、上位一%の所得階層の所得と国全体の所得との比率を第一次大戦前後から近年までを追跡している。第一次大戦直後は、どの国も上位一%が全体の二〇%もの所得を手にしていた極端な格差社会であった。世界大恐慌から第二次大戦にかけて格差は急激に縮小、その後長らく上位一%の所得割合が五～一〇%にほぼ収まるようになる。ところが、一九八〇年代に入り、米国のレーガン政権と英国のサッチャー政権が自由放任主義的な政策を推進するのを切っ掛けに、どの国でも格差が拡大し始める。とくにアメリカの上昇幅は突出しており、二一世紀に入ると上位一%の所得割合は二〇%近くに達する。大恐慌前の極端な格差社会に後戻りしてしまったのだ。

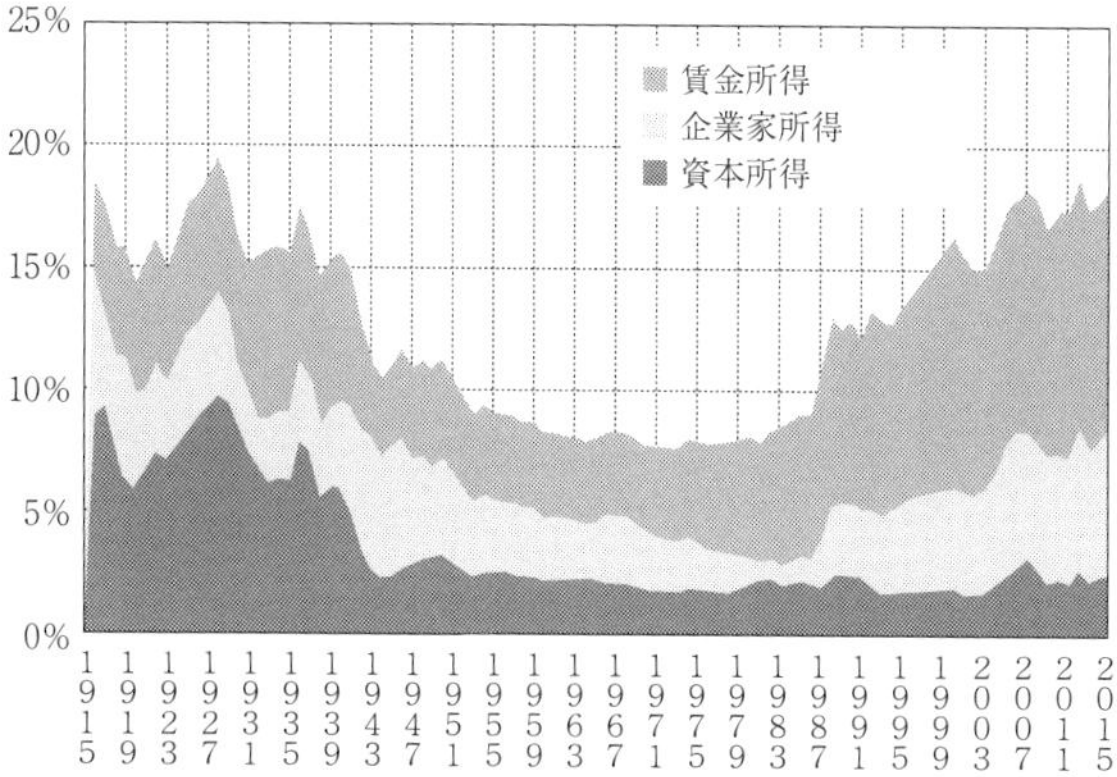

図3　米国上位1%階層の所得内訳（1916-2015）

ここで私が注目するのは、格差の再拡大という事実よりも、その内訳である。図3は、米国の上位一%の所得割合を資本所得（配当＋利子＋地代）と企業家所得（個人事業のオーナーあるいは個人事業と見なされた中小会社の株主の所得）と賃金所得（報酬・年金を含む）に分解している。大恐慌以前に目を向けると上位一％の所得の大きな部分を資本所得が占めている。産業資本主義時代のまっただ中であり、資本家が労働者を搾取する古典的な階級社会であったのだ。だが八〇年代からの上位一％の所得割合の急上昇はまったく様相を異にしている。驚くべきことに、資本所得の割合はあまり増えていない。一方、ベンチャー企業家などの所得を含む企業家所得の割合が上昇しており、資本主義の形態がポスト産業資本主義へと大きく変貌したことを反映している。私がさらに注目するのは賃金所得の割合の急上昇である。もちろん通常の労働者の賃金ではない。経営者の報酬が高騰したのだ。米国では最高経営責任者（CEO）と平均的労働者の報酬の比率は六〇年代には二五倍だったのが、近年では三五〇倍以上になっている。何十億ドルという天文学的な報酬を稼ぐCEOもいる。経営者報酬の高騰こそ、米国での格差拡大の最大の原因なのである。

何と皮肉な事態なのだろう。「株主主権論」を掲げ、「株主の代理人」にすぎない経営者は株主利益の最大化を目指すべきであると主張する自由放任主義の旗印の下で、実際に最大化されたのは、資本所得ではなく、経営者の報酬だったのである。それは、もちろん、忠実義務から解放された経営者による自己契約がもたらした結果である。株主主権論も経営者代理人論も理論的な誤謬であることの、必然的な帰結なのである。

以上で、CSRを不要とするミルトン・フリードマンに代表される自由放任主義思想が「誤謬」であることが「理論」的にも「実証」的にも「証明」されたことになるが、実は、まだ一つだけ反論が残っている。

それは、経営者が忠実義務を負う「会社の利益」、より広くいえば「会社の目的」とは何か？ である。なぜならば、たとえ経営者が会社の信任受託者であり、会社の目的に忠実に行動する義務を負うとしても、もし会社が現実に追求できる唯一の目的が「株主の利益の最大化」であるならば、再びミルトン・フリードマンの世界に舞い戻ってしまうからである。

4　利潤最大化論の誤り

ここで再び、図2で描かれているように、会社は二階建て構造であることを思い出してみよう。二階においては、株主が会社それ自体をモノとして所有している。一階においては、その会社が今度はヒトとして、会社資産を所有し、契約を結び、訴訟の当事者となる。そして、その一階には、必ず経営者がいる。会社が現実にヒトとして活動するためには、会社をヒトとして動かす経営者が絶対に必要だからである。そして、それは、会社とは必然的に人的組織であることを意味する。一人の取締役がすべての活動を行う会社も、理論的には考えられる。それでも、一人で構成される組織も組織の端くれである。もっと一般的には、三人以上の取締役が取締役会を形成し、日常的な経営活動は社長（またはCEO）を頂点とする執行役員陣に任せ、その執行役員陣はさらに具体的な企業活動はさまざまな部門に配置された従業員に任せることになる。

経済学や法学においては、二階の住民である株主の立場からしか会社を見ていない。ミルトン・フリードマンをはじめとする主流派の経済学者の場合、二階と一階とをつなぐ法人としての会社の存在をまったく無視し、あたかも二階の株主が一階の会社資産を直接所有しているかのように会社を描いてきた。法学者のほうは、法と経済学アプローチ派を除いては、会社が法人であるということはさすがに忘れてはいない。でも、たとえば日本の会社法の中には、社員という言葉は頻繁に登場するが、それは株主を意味しており、従業員という言葉は一度も登場しない。

だが、資本主義社会の中で会社が会社として経済活動を行っているのは、一階である。そして、その一階において実際に会社を動かしているのは、経営者と従業員からなる人的組織なのである。そして、その一階を主として対象にしているのが、経営学にほかならない。

ところで、私は会社を「法人企業」と定義してきた。企業とは営利的な活動をする組織のことである。その企業は、法人化されているかいないかで分類できるが、そのうちの法人化された企業が会社にほかならない。

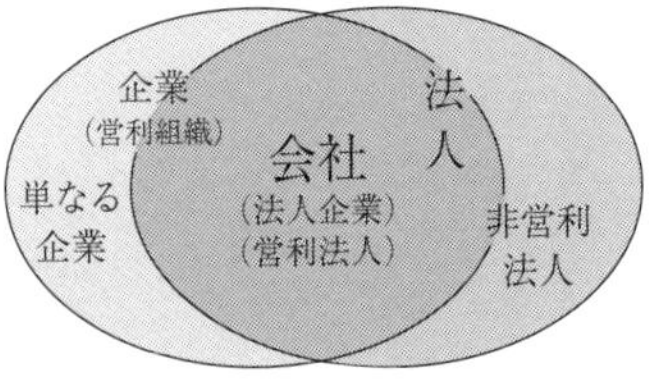

図４　企業と法人と会社の関係

実は、会社には、もう一つの定義がある。それは、法人という概念から出発する定義である。その法人を、営利的な活動をするかしないかで分類してみよう。営利活動をする法人は「営利法人」、そうでない法人は「非営利法人」である。この分類における営利法人——それが会社の新たな定義である。企業（=営利組織）と法人と会社との関係は図4によって図示されている。

この会社=営利法人という新たな定義を使って、会社という存在を見直してみよう。そのためには、多少迂遠だが、非営利法人について考えてみることにしよう。

実は、『ニューヨークタイムズ・マガジン』のエッセイの中では、フリードマンは、株主主権的な会社だけでなく、病院や学校のような慈善目的で設立された非営利法人の経営者の役割についても言及している。そして、非営利法人の場合も、その「経営者は慈善組織を設立した人々の代理人である」という規定を与えている。だが、非営利法人の統治問題に「プリンシパル＝エージェント・モデル」をあてはめるのは荒唐無稽以外の何ものでもない。なぜか？

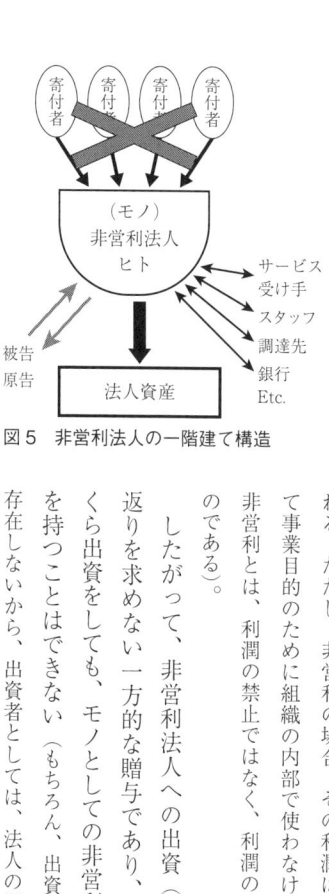

非営利法人は、通常は、篤志家などの寄付によって設立され、その後も、さまざまな人々からの寄付を受け入れることになる。その意味では、営利法人である会社が株主から出資を受けるのと同様に、非営利法人の場合も、寄付者から出資を受けている。だが、重要なことは、非営利法人を規定する「非営利」とは、利潤を誰にも配当せずに、すべて事業の「目的」を維持拡大するために使うという制約の下で活動するという意味であることである（ここで注意しておかなければならないのは、「非営利」とは、多くの人が誤解しているが、利潤が禁じられているという意味ではないことである。利潤を生むことは許される。ただし、非営利の場合、その利潤は誰にも配当せずに、すべて事業目的のために組織の内部で使わなければならないのである。非営利とは、利潤の禁止ではなく、利潤の分配の禁止という意味なのである）。

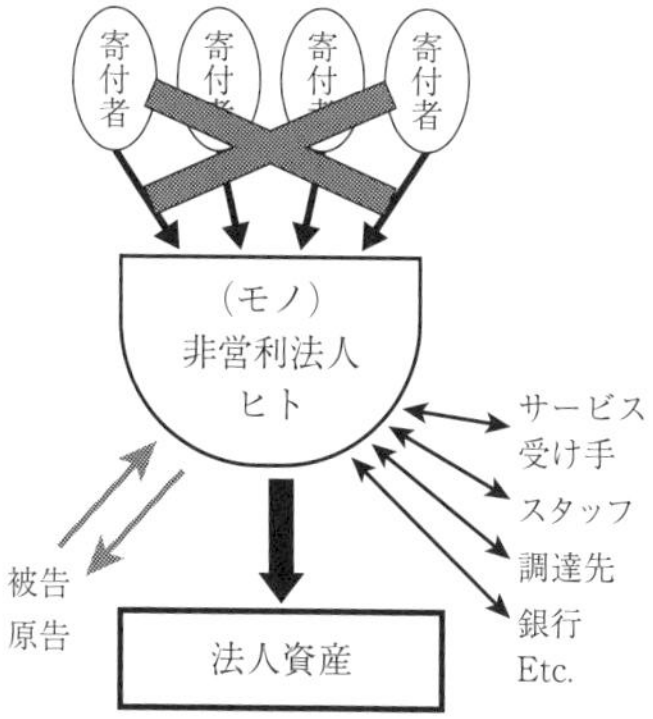

図5　非営利法人の一階建て構造

したがって、非営利法人への出資（寄付）は、金銭的な見返りを求めない一方的な贈与であり、出資者（寄付者）はいくら出資をしても、モノとしての非営利法人に対して所有権を持つことはできない（もちろん、出資者総会などというものも存在しないから、出資者としては、法人の運営に参加することもできない）。すなわち、非営利法人とは株主のいない法人として規定できるのである。もう少し別の言い方をすれば、非営利法人とは、自分をモノとして所有するヒトが存在しない、純粋にヒトである法人にほかならない。したがって、非営利法人の構造は図5のように図示することができる。

いうまでもなく、非営利法人も法人だから、頭も口も目も耳も手も足もない抽象的なモノでしかない。その法人が実際に慈善活動などを行うためには、法人を代表する生身のヒト（＝自然人）が絶対に必要となる。非営利法人の場合、その生身の人間を「理事」と呼ぶ。会社＝法人企業＝営利法人の場合、法人を代表する生身のヒトを「取締役」と呼ぶことは、すでに述べた。実は、英語では会社の取締役も非営利法人の理事も、どちらも「Directors」と呼ばれている。法人という視点からは、両者を区別する理由は何もないからである。

したがって、非営利法人の経営者、より正確に言うと、非営利法人の理事を「慈善組織を設立した人々の代理人」とするミルトン・フリードマンの規定は、まったくの誤謬である。そもそも、非営利法人を設立した寄付者は、営利法人の株主と異なり、法人に対して何の権利ももっていない。じっさい、法人の設立者は故人である場合も多く、今現在の寄付者でも、その一部は匿名である。すでに死んでいる人間、あるいは生きていても誰であるか特定できない人間をエージェンシー契約のプリンシパル（依頼人）と見なすことは、ナンセンス以外の何ものでもない。このような荒唐無稽な言説が、今まで見過ごされてきたことが不思議である。

もはや言うまでもないが、非営利法人の理事とは、非営利法人の信任受託者である。すなわち、自己利益の追求を抑え、非営利法人の目的にのみ忠実に仕事をする義務を負う存在なのである。では、その非営利法人の「目的」とは何なのか？
もちろん、非営利法人の定義上、利潤ではありえない。法律に触れない限り、何を目的にしてもよい。ただ、基本的には、社会貢献や慈善などの「公益」か構成員の「共益」を目的にする。公益を目的とする非営利法人の例として、育英会や文化財団があり、共益を目的とする非営利法人の例として、医療法人や事業組合などがある。

そもそも法人の起源は、非営利法人にある。古代ローマ帝国の時代に、植民地が法人格を持つとみなされていた。中世になると、教会や都市や大学、さらには職人の自治集団であるギルドや葬式組合などが法人化される。葬式組合というのは、古代ローマ時代から存在し、予期できない死とそれに伴う葬式の費用を、日本の頼母子講《たのもしこう》のように、仲間をつくってみんなでそのための資金をプールする仕組みである。それは、まさに共益を目的とした非営利法人であった。これに対して、教会の場合は、その目的はもっと広く、当時から、公益を目的として非営利法人であった。

ここで重要なことは、利潤の最大化を目的としない法人、いや最大化どころか利潤をそもそも目的にしない法人がれっきとして存在していることである。いや、存在しているどころか、歴史的には営利法人である会社よりもはるか昔から存在していた。そして、それは、図5で示したように、会社の二階建て構造から二階の部分を消し去った構造をしている。図1の個人企業と同じ一階建てだが、図5では、資産を所有し、契約を結び、裁判の当事者となるのは、生身のヒトではなく、法律上のヒトとしての法人なのである。

最初の永続性を持った営利法人＝会社は、一六〇二年に設立されたオランダの東インド会社であったことはよく知られている。大航海時代、遠隔地交易によって稼ぎ出した莫大な利益を継続的に株主に配当していた。ただ、注目すべきなのは、それが商業活動だけでなく、条約の締結権・軍隊の交戦権・植民地の経営権などの特権を国王から与えられた勅許会社であったということである。確かに、利潤の配当という意味では営利的だが、その事業の一部は、戦争や植民地経営といういまから見れば言語道断の活動だが、すくなくとも当時のオランダという国家から見れば公益性を持っていた活動であったということである。そして、一九世紀以降、西欧諸国や日本において会社設立が自由になってからも、初期の株式会社の多くは銀行や道路や運河や鉄道など、何らかの公益性を持った事業を行うものであった。いや、さらにいえば、現代においても会社が供給する財やサービスは市場という公共の場で販売されることによって、会社の事業自体は何らかの公益性をもっている。この意味で、非営利法人と営利法人の間には連続性がある。違いは、利潤を配当しないかするかだけなのである。

いずれにせよ、会社を営利法人として規定し直して、もう一度図2で示されたその二階建て構造を見てみると、それは図5で示した非営利法人の一階建て構造の上に、株主が住む二階を積み上げたものと見ることができる。そして、それは、会社の目的が必ずしも利潤最大化である必要がないことを意味している。

たしかに、株主は総会議決権を持っている。利潤の最大化を目的としている個人やグループが支配株主になれば、その支配下にある会社の目的も利潤の最大化になるだろう。いや、そのような支配株主がいない会社であっても、会社買収を容易にする仕組みが広がると、株価が低迷している会社は買収の標的になりやすくなり、株式市場における会社買収の潜在的な可能性が、経営者に利潤を最大化するように圧力をかけるようになるのである。

しかしながら、同時に、一階を強調する仕組みもさまざまに存在する。たとえば、株主が存在する株式会社であったとしても、利潤を株主には配当せずに、社会的な目的をもった寄付に回すことを定款に記すことは可能であるし、実際そのような定款をもつ会社が設立されている。このいわゆる非営利型株式会社を最極端として、営利法人としての会社は、株主の利益配当権だけでなく、残余財産請求権、さらには総会議決権、すなわちモノとしての会社に対する所有権を何らかのかたちで制限するような定款を持つことができる（ただし、以上の三つの権利をすべて排除した場合には、営利性を失い、非営利法人となってしまう）。

いや、定款という形で明示化しなくとも、株式市場の影響力を弱め、会社が利潤最大化以外の目的を追求することを可能にする多種多様な仕組みが存在する。そのもっとも有名な例が、第二次大戦後から一九八〇年代まで日本やドイツで実践されてきた、会社グループによる株式持ち合いにほかならない。事実、少なくとも最近まで、日本やドイツにおける多くの会社が、その経営目的を、株主に配当される利潤ではなく、全利害関係者の利益、とくに従業員の雇用確保、すなわち共益をその目的として掲げていたことはよく知られている。ただし、株式持ち合いという仕組みは、全面的に解消されたわけではないが、金融グローバル化の波の中で、大きく衰退した。しかしながら、それ以外にも、ＭＢＯ（経営陣による自社買収）や種類株の発行（５節で取り上げる）、さらには多種多様な会社買収対抗策など、利潤の追求を至上命令とする株主が会社経営に介入するのを防ぐ方策は、数多く考案されてきた。これからも考案され続けるだろう。

ミルトン・フリードマンならば、株式市場の影響力を弱め、会社が株主の利益以外の社会的な目的を持つことを可能にするこれらの方策を「社会主義」だといって非難するはずである。だが、図2をもう一度眺めてみよう。二階では株主が会社それ自体をモノとして所有し、一階では法人としての会社がモノとしての会社資産を所有している。二階建ての会社の二階も一階もともに「私有財産制」から逸脱していない。いや、逸脱していないどころではない。会社という制度は、法人としての会社をいわば蝶番にして、二つの私的な所有関係をつなぎ合わせた制度なのである。それは、逆に、私有財産制の二重の活用にほかならない。そして、二つの私的な所有関係——二階か一階か——のうちのどちらに強調を置くかによって、株主の利益を重視する会社のあり方も、組織の共益を重視する会社のあり方も、さらには社会全体に開かれた公益を重視する会社のあり方も、ともに可能にしたのである（ただし、自発的に設立された私的な組織としては、すくなくとも長期的にはプラスの利潤を生み出さなければならないことは言うまでもない）。

すなわち、会社という制度の本質は、私有財産制を前提とした資本主義社会のなかで、営利組織としての企業がもちうる「目的」、そして取りうる「かたち」の「多様性」を大きく広げたことに存するのである。それだからこそ、時代とともに変容し、場所に応じて変化する資本主義社会の中で、会社という制度が生き残ってきたし、その会社を中心に据えた資本主義社会自身がこれまで生き延びることができたのである。さらに言えば、会社を単に株主の利益追求の道具としてしか見てこなかったフリードマンをはじめとする主流派経済学こそ、その意図に反して、会社制度、ひいては資本主義社会の存続や発展に対する最大の障害にすらなっている。そのことを見てみよう。

5　これからの会社のかたち

次のような疑問を抱く人もいるだろう。たとえ、株主主権論、経営者代理人論、利潤最大化論が理論的な誤謬であったとしても、会社の目的の中に社会的責任の追求を組み込むことは机上の空論でしかないのではないか？　現実の資本主義社会における競争は厳しく、利潤を最大化しない会社は敗退する運命にあるのではないか？　事実、グローバル資本主義において、もっとも成功を収めてきたのは、株主主権論を標榜してきたアメリカの会社ではなかったのか？　そういう反論があるだろう。

だが、それでもなお私が会社の社会的責任の重要性を強調し続けるのは、いま資本主義自体が、産業資本主義の時代からポスト産業資本主義の時代へと大きく転換してしまったからである。

一八世紀の後半、イギリスにおける産業革命から始まった産業資本主義とは、機械制工場が可能にした大量生産によって利潤を生み出していた。当時、アダム・スミスやデーヴィッド・リカードといった古典派経済学者も、その古典派経済学者を批判したカール・マルクスも、まさに機械制工場を利潤の源泉とするこの産業資本主義こそが普遍的な資本主義だとみなして、経済理論を打ち立てた。たとえばマルクスは、商業を蔑視し、商業資本主義とは未発達な社会に寄生する活動でしかなく、産業革命によって一掃されるはずの過去の遺物——「ノアの洪水以前」の資本主義の形態にすぎないと断じていた。

ところで、すべてを商品化してしまう資本主義社会においては、おカネで買えないモノはない。そして、機械制工場はモノであるから、機械制工場が利潤の源泉であれば、おカネさえ持っていれば機械制工場に投資することができるから、利潤を手にすることができる。そして、その利潤を機械制工場に再投資すれば、さらに大きな利潤が得られる。すなわち、産業資本主義という時代は、おカネを持つ人が支配権を握った時代でもあったのだ。その産業資本主義時代において、株主が会社の主権者と見なされたことは、ある意味で自然なことであった。なぜならば、会社に対する一番重要な出資者は、有限責任制によって守られているとはいえ、残余資産に関して最劣後の権利しか持たないという意味でのリスク・マネーを会社に提供する株主であるからである。株主主権論は、産業資本主義時代のイデオロギーであったのである。

いま、株主主権論は産業資本主義時代のイデオロギーといったのは、古典派経済学もマルクス経済学も資本主義の基本原理を見誤っていたからだ。その基本原理は、実は、まさにマルクスが「ノアの洪水以前」の滅びていく資本主義として切り捨ててしまった商業資本主義の原理にほかならない。商業資本主義の典型は、遠隔地貿易である。たとえば、中世のヨーロッパでは胡椒は肉の腐敗を防ぐ貴重な香辛料だった。遠隔地商人は、その胡椒を安く手に入れるためにインドにまで遠征し、ヨーロッパに戻って王侯貴族に高く売りつけた。商業資本主義とは、遠く離れた二つの地域の間の価格の差異を利潤に転化する仕組みである。そして、この「差異を利潤に転化」することこそ、資本主義の基本原理にほかならないのである（当たり前だが、利潤とは収入と費用とのあいだの「差異」にほかならない）。

したがって、古典派経済学やマルクス経済学が、機械制工場それ自体に利潤の源泉を見いだしたのは、幻想にすぎなかった。いかに産業革命によって機械制工場の生産性が高まったとしても、労働者の賃金が同時に高くなってしまえば、収入と費用との「差異」は消えてしまい、利潤は得られないからである。産業資本主義というかたちの資本主義が可能だったのは、農村に大量の過剰人口が存在したからにすぎない。農村から都市の工場への絶えざる労働者の流入が賃金を安く抑え続けてくれたから、機械制工場を建設するだけで自動的に利潤が生み出されるように見えていたのだ。実際には、機械制工場の高い労働生産性と農村の過剰人口によって安く抑えられていた労働賃金との「差異」が利潤を生み出していたにすぎない。その原理は商業資本主義と何ら変わることはなかったのである。

その後、何が起きたのか？　産業資本主義の発展はいつしか産業資本主義の衰退をもたらす。産業資本主義の拡大による工場労働者の雇用の増大は、先進資本主義国における農村の過剰人口を枯渇させはじめるからである。アメリカでは一九五〇年代、欧州では一九六〇年代に工場労働者の賃金が急上昇し始めた。日本では一九七〇年代。それが日本の高度成長時代の終焉にほかならない。先進資本主義国において、産業資本主義からポスト産業資本主義への大転換が始まったのである。

ポスト産業資本主義の時代になると、賃金上昇を背景に、機械制工場を建設しただけでは利潤が得られなくなる。それは、資本主義的企業に対して、差異を利潤に転化するというみずからの基本原理を意識的に利用するよう促し始める。単に機械制工場を建設するのではなく、他社よりも生産性の高い技術を体化した工場を建設しなくてはならない。単に大量生産をするのではなく、他社とは違う製品を生産しなければならない。単に既存の市場で製品を売るのではなく、他社には参入が難しい市場を開拓しなければならない。そして、差異とは差異でしかない。いくら他社よりも生産性の高い技術を開発し、他社にはない独自の製品を創造し、他社には入れない市場を開拓しても、いつしか模倣されてしまう。たとえ特許権や意匠権や著作権を設定しても、いつしかそういう権利を迂回した技術や製品や市場を造られてしまう。そして、模倣された技術や製品や市場は、もはや差異性をもたない。差異は常に作り続けなければならないのである。絶えず新しい何かを生み出さないといけなくなる。それが、ヨーゼフ・シュンペーターのいう「イノベーション（革新）」である。イノベーションが利潤の源泉になった資本主義――それが、ポスト産業資本主義にほかならない。

ここで重要なことは、差異を生み出せるのは、ヒトの頭脳だけだということである。機械制工場やコンピューターのようなモノ自体は、ヒトが生み出した差異を現実化することしかできない。いや、もっと重要なのは、ヒトはおカネでは買えないという近代社会の大原則である。先ほど、おカネで買えないモノはない、と言った。だが、ヒト――ただし、ヒトといっても自然人だが――はモノではない。近代社会とは、ヒトとモノとを峻別し、ヒト（自然人）は所有の主体であり、所有の客体ではないことを大前提とした社会である（これに対して、法律上のヒトでしかない法人は、所有の主体と客体とに同時になれる。このインタビューはまさにこの不可思議な事実から出発した）。ということは、ポスト産業資本主義の時代においては、産業資本主義の時代とは異なり、おカネはその支配権を失ってしまうのである。もはやおカネで買える機械制工場それ自体は利潤を生んではくれないからである。おカネでは買えないヒトの頭脳しか利潤を生まないからである。おカネで買えないヒトの頭脳の中の創造性しか、差異を生み出してくれないからである(4)。それは、ポスト産業資本主義時代において、おカネの価値が下がっていることを意味する。もちろん、十分な枚数の札束を切れば、多くのヒトは喜んで働いてくれるだろう。ただ、それでもそのヒトに創造性を発揮してもらうためには、おカネに加えて、何かが必要となるはずである。では、その「何か」とは何か？

近年、若い世代の人間に将来の志望を聞いてみると、社会起業家になりたい、何らかのかたちで社会に貢献したいと考えている人が増えている。もちろん、これは日本だけではない。先進資本主義国において普遍的に見られる現象である。いわゆる「イースタリンの逆説」が働いているのだろう。ここで、イースタリンの逆説とは、平均的な所得の上昇は人々の平均的な満足度を長期的には上昇させていないという実証命題で、一九七四年にリチャード・イースタリンが提唱した[5]。その後のいくつかの研究は、所得の上昇は満足度を上昇させるが、ある所得水準を超えると、満足度が飽和してしまうという形で命題を修正しており、さらに近年では、この飽和点の存在すら否定する研究も多くなっている。ただ、その場合でも、限界満足度は平均所得の上昇とともに大きく低減していくことは認めており、しかも、所得水準の高い国のほうが、自由選択や自己実現といった所得以外の要因が満足度に与える影響が強くなることなどが示されている。すなわち、人間はある程度豊かになると、おカネ以外のものを求め始めるのである。

先ほど、ポスト産業資本主義時代においておカネの価値が下がり始めていると述べた。実は、もっと面白いことが起こっている。人間は、おカネ以外のモノを求めているだけではない。おカネで買えない「何か」を求め始めているのである。その何かは、おカネで買えないからこそ、逆に価値をもつようになっているのである。たとえば、自由な時間、社会的な尊敬、信頼できる同僚、共感できる目標、文化的な環境などである。とりわけその傾向は、創造的な仕事をする人に強く見られている。

ポスト産業資本主義時代において、資本主義的に成功するためには、差異を生み出すことのできる創造的な人間を会社組織の中に引き入れる必要がある。もちろん、金銭的な誘因を無視することはできない。だが、それだけでは、優れた人材はなかなか来てくれない。たとえ来てくれても、長く居続けてはくれない。それ以上の何か、すなわちおカネでは買えない何かを提供することができなければならないのである。おカネで買えない人間に対して、おカネでは買えない何かを与える——それができるかどうかが勝負になる。そこで、会社が二階建て構造であり、多様な「目的」を設定し、多様な「かたち」を取り得る仕組みであることが重要になってくる。

アルファベット（Alphabet Inc.）は、グーグルの持株会社である。二〇一九年の売上高一六二〇億ドル、営業利益三四二億ドル、資産総額は二七六〇億ドル、従業員数一二万人という、世界でもっとも資本主義的に成功している会社の一つである。もちろん、グーグルがその利益の大部分を稼いでいる。そのグーグルのホームページを開くと「グーグルの使命は世界の情報を組織化し、われわれに役立つような形でだれにも入手可能にすることだ」という社訓が目に飛び込む。さらにホームページを読み進めると、それはまさに会社の社会的責任（CSR）の教科書のような内容である。事実、かつてはそのホームページの中に「悪事を働かなくてもお金は稼げる」という有名な宣言を載せてさえいた。しかも、従業員に対して、有名な「二〇％ルール」を与え、働く時間二〇％を短期的には会社の利益に繋がらなくても自分にとって面白いプロジェクトに使うことを奨励している。離職率は五％以下で、米国のFortune誌で毎年発表される「働くのにベストな一〇〇の会社」では、二〇一二年から一七年まで続けてNO. 1に選ばれていた（それ以降は、ダイヴァーシティーの欠如や非正規社員の差別待遇問題などで、トップ一〇〇から脱落している）。ここではまさに、おカネで買えないものを提供することによって、おカネでは買えない従業員の創造性を引き出し、結果的に、おカネで計っても資本主義的にもっとも成功することになった、という逆説が働いている。「グーグルの逆説」といっても良い。

ところで、グーグルの創業者セルゲイ・ブリンとラリー・ペイジが検索エンジンを開発したのは一九九六年。会社の設立は一九九八年で、二〇〇四年八月に株式をナスダックに上場したが、その時、次のような種類株方式をとった。すべての株式のうち三分の二をA株、三分の一をB株と名付け、A株だけを株式市場に公開し、B株は二人の創業者と当時のCEOであったエリック・シュミットなどが保有することにしたのである。名前だけ見るとA株のほうがB株よりも偉そうだが、両者の間には株主総会における議決権に差があり、B株は一株一〇議決権を持つが、A株は一株一議決権しか与えられていない。グーグルはA株の上場によって、会社の二階建て構造の二階を開き、株式市場による規律付けと引き替えに株式発行による資金調達の可能性を確保した。ただ、それよりも重要なことは、B株を創業者とCEOがほぼ独占することによって、長期的な視野を必要とする研究開発や商品開拓に従事している一階における従業員組織を、二階における一般株主からの短期的な利潤最大化への圧力から遮断したこと、すなわち、「物言う株主」にものを言わせない仕掛けにしたことである。上で述べた「グーグルの逆説」は、まさにこの仕掛けによって支えられているのである（多少ややこしいことには、二〇一四年にグーグルは、C株という新たな種類の株式を発行した。A株は一株一議決権を持っていたが、C株の場合は議決権をまったく持たない。いうまでもなく、C株の導入はB株の議決権支配を変化させない。二〇一五年にはアルファベットによって株式を一〇〇％所有される子会社になったが、アルファベットの株式所有の仕組みはグーグルのそれをほぼそのまま継承している）。

この種類株という仕組みは、グーグルが最初に用いたのではなく、古くは二〇世紀前半のアメリカにおいて盛んに行われていた無議決権株式の発行にさかのぼることができるが、グーグルに直接つながるのは、長期的株式投資戦略で有名なウォーレン・バフェットが支配している投資会社バークシャー・ハサウェーの種類株発行である。そして、グーグルの上場以降、フェイスブック（現在のメタ）、リンクトイン、イエルプなどのＩＴ会社でも採用されるようになり、さらには中国のアリババなども独自の種類株方式を考案している。

私はグーグルの回し者ではない（グーグルからは何の利益の提供も受けていないことを宣誓する）。いうまでもなく、グーグルは悪名高いＧＡＦＡまたはＭＧＡＦＡの一角を占め、競合会社の締め出し、利用者のプライバシー侵害、さらには多国籍性を悪用した節税など、さまざまな問題を引き起こしている。ＩＴ産業やインターネット世界におけるその強大な市場支配力は、ポスト産業資本主義の負の側面の拡大鏡の役割をも果たしている。それでも、ここでグーグルを取り上げたのは、その企業活動のあり方が、「新しい会社のかたち」の一つの方向性を示しているからである。会社という制度は、二つの所有関係をつなぎ合わせた二階建て構造をもつことによって、私有財産制を前提とした資本主義社会のなかで、営利組織としての企業がもちうる「目的」そして取りうる「かたち」の多様性を大きく広げたことにある。それだからこそ、歴史の試練を越えていままで生き延びてきたのである。グーグルは、おカネが支配力を失ってしまったポスト産業資本主義においては、たとえ建前でしかないとしても、まさにおカネで買えない何かを提供することが、資本主義的な成功を生み出すという逆説の可能性を事実として示している。いや、非営利的な目的を掲げた会社が資本主義的な競争の中で必ずしも敗退を運命づけられているわけではない、ということを実証してくれている。それは、ミルトン・フリードマンのCSR批判が、単に理論的な誤謬であるだけでなく、実践的な意味においても誤謬であることを明らかにしてくれたのである。

グローバル化したポスト産業資本主義における激しい競争の中で、いつかはグーグルといえどもその活力を失い、衰退していくだろう。GAFAやMGAFAのグーグル以外の会社も、同様である。GAFAやMGAFAに代わる新たな会社がどのような会社であるのかは予想不能である。ただ、それらの新しい会社が、二階と一階を、あるいは営利性と非営利性を、さまざまな形で組み合わせていく試みの中から生まれてくることだけは、確実に予想できる。

（『一橋ビジネスレビュー』二〇二〇年冬号六八巻三号。一部省略）

（1）いわゆる「法人格否認の法理」（江頭、一九八〇）とは、会社を自分のモノのように扱う支配株主は、実質的に個人企業のオーナーと見なす法理である。

（2）代表例がJensen and Meckling（1976）であり、引用回数はなんと一三万回にものぼる。引用数の多さが、その論文の正しさを保証しないことの好例である。

（3）たとえばFairfax（2010）を参照のこと。

（4）付記：近年における生成AIやLLM（大規模言語モデル）の爆発的な発達は、世界の大多数の人々の予想をはるかに超えて、機械が人間以上の知的な創造性を持つことになる日がもう間近に迫っているかもしれないことを告げている。そして、それは、ヒトとモノとの関係が再び逆転してしまう日でもあるはずである。いま私が最も時間を割いて考えているのは、まさにこの大問題に関してである（二〇二四年二月一三日）。

（5）Easterlin（1974）。

参考文献

イマヌエル・カント『人倫の形而上学の基礎づけ』野田又夫訳、『世界の名著32　カント』（中公バックス、一九七九）所収

ミルトン・フリードマン『資本主義と自由』村井章子訳（日経BP、二〇〇八）

トマ・ピケティ『21世紀の資本』山形浩生・守岡桜・森本正史訳（みすず書房、二〇一四）

江頭憲治郎『法人格否認の法理――小規模会社と親子会社に関する基礎理論』（東京大学出版会、一九八〇）

樋口範雄『フィデュシャリー［信認］の時代――信託と契約』（有斐閣、一九九九）

岩井克人『会社はこれからどうなるのか』（平凡社、二〇〇三／平凡社ライブラリー、二〇〇九）

岩井克人「株式会社の本質――その法律的構造と経済的機能」大塚啓二郎・中山幹夫・福田慎一・本多佑三編『現代経済学の潮流２００２』（東洋経済新報社、二〇〇二）七三―一〇五頁

岩井克人「信任関係の統一理論へ向けて――倫理と法が重なる領域として」『経済研究』六七（二）、二〇一六

Easterlin, Richard A. "Does economic growth improve the human lot? Some empirical evidence." *Nations and households in economic growth*. Academic Press: 1974, 89–125.

Friedman, Milton. "The Social Responsibility of Business is to Increase its Profits," *The New York Times Magazine*, September 13, 1970.

Fairfax, Lisa M. "The Uneasy Case for the Inside Director," *Iowa Law Review*, 2010, 96 (November): 127–193.

Michael Jensen and William Meckling, "Theory of the Firm: Managerial Behavior, Agency Costs and Ownership Structure", *Journal of Financial Economics*, 1976, 3 (4), 305–360.

Iwai Katsuhito, "Persons, Things and Corporations: the Corporate Personality Controversy and Comparative Corporate Governance", *American Journal of Comparative Law* 47 (4), Fall 1999, 583–632.

Iwai Katsuhito, "The Nature of the Business Corporation: Its Legal Structure and Economic Functions", *Japanese Economic Review*, 53 (3), Sept. 2002, 243–273.

Iwai Katsuhito, "What Will Become of the Japanese Corporation?" Chap. 5 in K. Hamada, K. Otsuka, G. Ranis and K. Togo eds., *Miraculous Growth and Stagnation in Post-War Japan* (London, Routledge, Apr., 2011)

信任関係の統一理論へ向けて——倫理と法が重なる領域として

1 信任関係とは何か?

この論文の目的は信任関係に関する一般理論を提示することにある。信任関係という言葉は、英語の fiduciary relationship に当たる日本語である。それは、「一方の人間が他方の人間の利益のみを目的とした仕事を信頼によって任されている関係」として定義される。日本の法学界では信認関係という言葉が使われるが、この論文では意味に忠実に信任関係という言葉を使う。信任関係において、信頼によって仕事を任せられる側の人間は信任受託者または単に受託者（fiduciary）と呼ばれ、信頼によって仕事を任せる側の人間は信任受益者または単に受益者（beneficiary）と呼ばれる。[1]

信任関係という概念は謎めいている。『信任原理』と題した一九四九年の論文で、オースティン・スコットは次のように述べている。

「信任受託者（fiduciary）とは何か？　それは、他人の利益のためにのみ仕事をすると約束した人間である。その約束が契約の形でなされたかどうかは関係ない。その約束が好意によってなされたかどうかも関係ない。実際、衡平裁判所（the courts of equity）が信託の受託者の信任義務を常に厳格に強制してきた英国では、受託者は、信託行為によって規定されていない限り、無報酬であることが通常であった」（Scott [1949], p. 541）。

では、信任関係とは具体的にどのような関係であるのだろうか？

病院の救急病棟に一人で夜勤している医者を考えてみよう。病棟に交通事故にあった患者が運び込まれてきた。患者はまったく無意識である。患者自身はおろか、家族や勤め先に関する情報も見つからない。医者と患者はどのような形においても契約を結ぶことは不可能である。だが、医者は患者の命を救うために、緊急手術をする。この時の医者と患者の関係こそ、信任関係の典型例である。医者は患者の命を救う仕事を（事実上の）信頼によって患者から任され、患者はみずからの命を救ってもらう仕事を（事実上の）信頼によって医者に任している。救急病棟の医者は信任受託者、無意識の患者は信任受益者である。

その他、信任関係としては、後見人と子供・精神障害者・認知症老人などの被後見人との関係、信託財産の受託者と受益者との関係、取締役と会社との関係、理事と非営利法人との関係、代理人と本人との関係、パートナーシップにおける各パートナーと他のパートナーとの関係などがある。また、無意識の患者を手術する医者のような緊急事態でなくとも、医者と患者の関係は少なくともその一部は信任関係と見なされうる。さらに、弁護士と依頼人、宗教家と信者、教師と学生、ファンド・マネージャーと投資家といった専門家と非専門家の関係も、信任関係を含んでいる。そして近年では、さらに数多くの人間関係を信任関係に含めようという動きもある。ただし、上で列挙した関係は、英米法において信任関係と見なされている関係である。日本では、専門家と非専門家の関係の場合、残念ながら、弁護士と依頼人との関係以外は信任関係としては認められていない。

信任関係の最大の特徴は、一方の受託者が他方の受益者に対して信任義務と呼ばれる義務を一方的に負うことである。信任義務には複数の義務が含まれるが、その中で中心的な地位を占めているのが忠実義務（duty of loyalty）である。忠実義務とは、「一方の人間が他方の人間の利益にのみ忠実に仕事をする義務」として定義される。信任義務の中には注意義務も含まれるが、不法行為の過失認定などにおいても参照される義務でもあり、信任関係にとって固有の義務ではない。以下では、信任関係に固有の忠実義務のみに焦点を当てて議論を進めておこう。

すなわち、信任関係の中核には受託者が受益者に対して一方的に負う忠実義務が置かれている。この忠実義務とは、後に論ずるように、イマヌエル・カントが定義した意味での倫理的義務にほかならない。後年米国最高裁の判事となるベンジャミン・カルドーゾは、信任受託者は「市場の道徳より厳格な規範に従わなければならない」と述べ、受託者の行動規範は「単なる正直さだけでなく、最高度に徹底した道義心」であると宣言している（Meinhard v. Salmon, 249, NY 458, 464, 164 N.E. 545, 546 [1928]）。

このような信任関係における倫理性の強調は、経済論理と強い親和性をもつ契約関係（contractual relationship）とまさに対照的である。古典的な契約理論においては、契約関係は自律的な個人同士がそれぞれの自由意志によって合意に達して初めて成立するとされる。契約法の最大の原則――それは契約自由の原則である。契約は嫌なら結ぶ必要はない。当事者はそれぞれ自己の利益になるから契約を結ぶのである。たとえ契約の内容が第三者の目からは軽率であったり不公平であったりしても、自由意志の下で双方が合意した結果である限り、その内容は尊重されなければならず、結果に関しても自己責任の原則が貫かれる。

もちろん、古典的な契約法は、資本主義の高度化に伴う経済取引の複雑化や大規模化に応じて、数多くの修正を受けている。たとえば英米法では、二〇世紀の後半から非良心性の法理や信義誠実の原則、さらには製造物責任法理など、当事者間の交渉力や情報量の不均衡を是正する判例や法制が導入されてきたし、日本でも消費者保護を目的とした消費者契約法などがある。だが、重要なことは、このような修正にもかかわらず、契約法自体は「市場の道徳」を超える規範を一度も導入したことはないことである。相手の利益を自己の利益よりも尊重するという倫理性など、契約の当事者には絶対に期待されていない。契約関係の世界においては、自己利益追求の原則は「抑制されはすれ、決して否定されることはない」のである（Finn [1989b], p. 82）。

これに対し、ある人が他の人の信任受託者となった瞬間に、自己利益の追求は否定される。他の人間の利益のみのために仕事をするという忠実義務は、単なるお題目ではなく、法によって強制される義務となるのである。

ただし、受託者の自己利益が否定されると言っても、無報酬である必要はない。人が信任受託者を引き受けるのは、自由意志である。受託者は、したがって、受託者としての仕事をするのに必要な費用と報酬は当然受けとることになる。

信任関係には、この他にも忠実義務違反を告発された受託者の反証責任や有罪となった受託者の不当利益の吐き出しなど、契約関係と区別される特徴がある。それらについては後の第8節で簡単に触れることにしよう。

2　信任関係の歴史

信任関係の歴史は古く、イギリスの中世にまで遡ることができる。

その原型は、現在の信託制度の古い形であるユースという制度にある（Maitland (1936), pp. 23–42)。一三世紀後半にフランシスコ派の托鉢僧が欧州大陸からイギリスに上陸し始めた。フランシスコ派とはカトリックの中で最も厳格な規律に従う宗派である。他の宗派でも修道士が個人財産を所有するのは禁じられていたが、修道院自体には所有が許され、信者から寄進によって巨万の富を蓄積しているものも多かった。フランシスコ派は、これも堕落だとして、修道士個人だけでなく、修道院による所有も禁じたのである。しかしながら、フランシスコ派の信者の中にも、死後の魂の平安のために、托鉢僧が雨露を凌げる僧院を遺贈したいと思う者が出てくる。

そこで考え出された仕組みがユース（use）である。それは、托鉢僧のための使用（to the use of the friars）に目的を限定して、信者が第三者——たとえば都市自治体——に僧院を贈与することである。僧院の法的な所有権は都市に帰属するが、僧院が与える便益は托鉢僧のみが受けとることになる。所有者と受益者とを分けるこの仕組みは直ちに宗教以外の目的にも応用される。当時のイギリスでは、土地は長子相続制によって家督相続人にのみ継承された。しかも、相続に際して、領主は上納金を課し、相続人が未成年であれば成人するまで土地の収益を取得し、相続人がなければ土地を没収する権利を持っていた。そこで、娘たちや次男三男のため、さらには自分の魂の安らぎのために土地の一部を遺贈したい人や、封建領主による収奪を避けたい人は、自分の土地を（通常は複数の）親戚や友人に生前贈与し、生きている間は自分が土地からの収益を受け取り、自分の死後は与えた指示に従って土地を管理するように頼んだのである。

当然、この仕組みには欠陥がある。後を託された親戚や友人が信頼に背いて贈与された土地を我がものにしてしまう可能性である。実際、そのようなことは頻繁に起こった。当時のイギリスでは、所有権や契約履行をめぐる紛争、不法行為、刑事事件などはコモン・ロー裁判所と呼ばれる裁判所が処理していた。だが路頭に迷った娘や次三男がコモン・ロー裁判所に訴えても、門前払いを食らうだけである。土地の名義は親戚や友人のものであり、所有権の枠組みの中では何の権利もないのである。唯一の手段は国王への直訴である。そして一四世紀から一五世紀にかけて、このようなユースをめぐる紛争に対処するため、国王に代わって、大法官と呼ばれた主席大臣がコモン・ロー裁判所では救済できない人々を「良心の名の下」に救済し始めることになる。そのような実践の積み重ねの中で、大法官の官邸が衡平裁判所として制度化されるようになったのである。その後、ユースは信託と呼び変えられることになる。

このようにして成立した衡平裁判所の最大の成果が信託法の確立、とりわけ忠実義務の定式化であった（Maitland（1936）, p. 23）。その後、この忠実義務という概念は、社会の要請に応じて、後見人、会社の取締役、代理人、パートナーシップのパートナー、弁護士、牧師、医者、銀行家など信託受託者と似た立場にある人々にも適用されるようになる。そこで、狭い意味での信託と区別するために、信託の受託者と受益者との関係に類似した人間関係全体が、信任関係（fiduciary relationship）と総称され、信任関係を律する法律は信任法（fiduciary law）と呼ばれるようになる。fiduciaryとはtrustと同等の意味をもつ（英語化された）ラテン語である。

信任法は、イギリス、さらにアメリカを始めとするアングロ・サクソン諸国においては、契約法・不法行為法・所有権法と並ぶ私法の重要な一領域としての位置を確保している。日本では範囲は限られるが、信託法や会社法や弁護士法（この場合忠実義務は誠実義務として定式化されている）などに適用されている。

3　信任関係には統一理論がない

驚くべきことは、このように古い歴史と大きな広がりを持つ信任関係には、いまだに統一理論が存在しないということである。

実際、信任法の専門家の多くは統一原理の追求など諦めるべきだと主張している。たとえば信任関係に関する古典的な論文の中で、レン・シーリーは次のように述べている（Sealy（1962）, p. 73）。「信任関係の一般的な定義を探し求めるのが不可能なことは明白である。したがって、我々は個別の種類ごとに定義を与え、それぞれの種類に応じたルールを見いだす必要がある。」また近年の信任法研究で指導的な役割を果たしてきたデボラ・デモットは、「信任義務に関する法律は状況特殊的であるという認識こそ、さらなる分析のすべての出発点であるべきである」と言い切っている（DeMott［1988］, p. 878）。これらの言葉は例外ではなく、同様の主張は数限りなく見つかる。

極端なのは、法と経済学アプローチを採用する研究者である。その最も戦闘的な唱道者であるフランク・イースターブルックとデーヴィッド・フィッシェルは「信任関係の統一原理」を探すのは「絶望的だ」と宣言する（Easterbrook & Fischel [1993], p. 438）。なぜなら「信任関係」は「契約関係」の特殊ケースにすぎない。「取引費用がある水準を超えると一部の人々は契約関係を〈信任関係〉と呼び始める。だがその言葉で両者の間の連続性を覆い隠してはいけない。契約法の中には〈信義誠実原則〉が含まれており……それを延長すると信任義務に融合していく」。イースターブルックとフィッシェルは、信任関係などという関係は独自の法律的概念としては存在しないと断言するのである。

しかしながら、この論文の目的は、このような諦念論や否定論に抗して、まさに信任関係の一般理論を提示することにある。

4 自己契約の法的不可能性

ゲーム論の創始者の一人、トマス・シェリングは、ある時こう述べた。

「人は自分とは契約できない――これは社会組織論や法哲学における衝撃的な原理である。」シェリングは続ける。「人は自分自身に対しては法的強制力のある約束はできない。いやこう言うべきだろう。……私が私自身に対して決してタバコを吸わないと約束しても、私がタバコを吸おうと思ったら、〔二番目の〕私は何時でも〔一番目の〕私をその約束から法的に解放することができる。……チャールズ・フリード（ハーバード大法学院教授）は、法的効力を欠くこの約束に名前を付けてくれた。〈誓い（vow）〉である。……誓いにはどんな法的強制力もない」（T. Schelling [1984], p. 99）。

実は、「自己契約は契約ではない」という原則は、どの民法の教科書にも載っている契約法の基本原則である。この自己契約という言葉を字義通りの自己との契約として解釈している限りは、シェリングがいうほど衝撃的ではない。それは元旦の禁煙の誓いなど誰も守れないという些末な話である。だが、二人以上の人間同士の関係において、もしその関係を契約によって維持しようとすると、必然的に一方の当事者の自己契約になってしまう場合――そのような場合が存在すれば、この原則は衝撃的な意味を持つ。なぜならば、その場合は「契約によって維持することが絶対的に不可能な人間関係」の存在が示されてしまうからである。それは単なる契約の不完全性や不完備性などではなく、そもそも契約それ自体が不可能な人間関係の領域の存在である。

実際、我々が生きている社会において、そのような人間関係は無数に存在する。それが信任関係にほかならないのである。

これから、代表的な信任関係について、それぞれの関係を契約によって維持しようとすると必然的に一方の当事者の自己契約となってしまうことを確認してみよう。

5　信任関係の多様性

（0）第1節の冒頭で、救急病棟の医者と無意識の患者との関係を信任関係の典型例として描いてみた。この場合、医者と患者はどのような形においても契約を結ぶことは不可能である。もし無理やりに両者の間で契約を結ばせたらどうなるだろうか？　契約書の内容は実質的にはすべて医者が一人で書き入れたものになってしまうはずである。医者の自己契約である。

（1）後見人と被後見人との関係も同じである。未成年や精神障害者や認知症老人などは、法律上または事実上財産を管理したり契約を結んだり訴訟を行う能力を持たない。彼らのために財産を管理し契約を結び訴訟を行う人間が後見人である。したがって、仮に被後見人と後見人が契約を結ぶとすれば、その契約は被後見人のために後見人が結ぶことになり、必然的に後見人の自己契約になってしまう。

（2）すでに述べたように、信任関係という概念は、歴史的には信託（トラスト trust）から派生している。信託とは、たとえば親が子供のために残しておきたい財産を子供が一定の年齢になるまで第三者の名義にして、その第三者に管理運営してもらう仕組みである。信託財産の管理を依頼する人間は委託者（settlor）、管理を託された人間は受託者（trustee）、利益を受ける人間は受益者（*cestui que trust* または beneficiary）と呼ばれる。

法と経済学アプローチに立つ研究者は、信託関係を委託者と受託者との間の契約関係に還元しようとしてきた（たとえば Langbein [1995]）。だが信託には、委託者が自分自身を受託者に任命する自己信託も、委託者が自分自身を受益者に指定する自益信託も存在する。前者では委託者＝受託者であり、後者では委託者＝受益者である。これは、信託関係の成立には委託者の存在は必須ではないことを意味する。唯一不可能なのは、受益者が受託者となることである。なぜならば、その場合、委託者の行いは自分の財産を受益者に与えて受益者自身に管理してもらうことに等しく、それは受託者＝受益者に対する贈与行為になってしまうからである。信託関係に不可欠なのは、受託者と受益者との関係なのである。

では、受託者と受益者の関係は契約関係として維持できるだろうか？　答えは否である。まず、信託の設定には受益者の同意が必要ない。実際、信託はしばしばまだ生まれてない子供を受益者としているが、この世に存在しない人間との契約など、ＳＦの世界でない限り不可能である。この場合も、仮に受託者が受益者と契約を結ぶとしても、その契約は必然的に受託者の自己契約になってしまうのである。

次に、受益者が契約の主体となりうる大人の場合ならばどうだろうか？　その場合でも、信託財産の法的な所有者は受益者ではなく受託者であることが決定的である。仮に受託者が受益者と、受益者の利益のためのみに信託財産を運用するという契約を結んだとしよう。でも、それは法的には自分の所有物である信託財産が生み出す利益はすべて受益者に与えるという約束であり、受託者から受益者に対する贈与の約束と同じである。贈与の約束とは自分自身に対する約束であり、その本質において自己契約にほかならないのである。

（３）資本主義社会には、法律上は契約の主体だが、事実上契約の主体になれない「人間」が多数存在する。「法人」である。学校法人、宗教法人、公益財団法人、公益社団法人などの非営利法人から、株式会社を中心とする営利法人まで、さまざまな種類がある。法人とは、法律上は権利と義務を持つ人として扱われるが、現実には、人の集まり（社団）や資金の集まり（財団）でしかなく、それ自体は精神も肉体ももたない。したがって、法人を事実上人として機能させるためには、法人を代表する生身の人間（自然人）が絶対に不可欠となる。それが、非営利法人の場合の「理事」であり、会社の場合の「取締役」、もっと広く言えば「経営者」である。理事と非営利法人との関係、そして会社経営者と法人としての会社との関係は、やはり信任関係である。この関係に関しては、一つ前のインタビュー記事「新しい会社の形を求めて――なぜミルトン・フリードマンは会社についてすべて間違えていたのか」において詳しく論じたので、これ以上の議論は省いておこう。

（4）信任関係はさらに大きな広がりを持つ。

今度は医者と患者との通常の関係を考えてみよう。患者には意識も判断力もある場合である。だが、その場合でも、医者と患者との間には絶対的な非対称性が存在する。患者の病状に関して医者は患者を情報的に支配しているからである。ここで導入した情報的な支配（informational dominance）という概念は、経済学で通常仮定される情報の非対称性（asymmetry of information）と区別されなければならない。二人の人間の間に情報の非対称性があるとは、各人は他人のことは自分のことほどは知らないという意味である（他人の行動に関しての情報不足はモラルハザード、他人の能力や選好に関しての情報不足は逆選択である）。これに対して、二人の人間の間に情報的な支配があるとは、一方の人間が他方の人間のことを本人以上に知っているという意味なのである。患者の病状に関しては他人である医者の方が患者本人よりも良く知っている。医者が患者の身体を直接手術している時などとくにそうである。

このように医者が患者を情報的に支配している時、医者が行う治療の内容や結果を患者が理解できる形ですべて特定化することは困難である。いや、治療の効果に関して生命現象特有の不確実性がある限り、治療の内容や結果を完璧に特定化できたとしても、医者は自分の利益になる治療を行っておきながら、それが患者にとって最適な治療であったという正当化が多くの場合可能になってしまう。なぜならば、患者の病状が急変しても、それが患者の事前の病状にとって最適な治療を医者がしなかったことによって起こったのか、医者の最善の努力にもかかわらず不可抗力によって起こってしまったのか、医者ほどは自分の事前の病状を知らない患者には判断する手段がない場合が多いからである。その場合、たとえインフォームド・コンセントという名の下に、医者と患者が患者にとって最適な治療をするという契約書を交わしたとしても、患者の事前の病状について虚偽の申告をすれば、医者の利益になる治療を患者にとって最適な治療であるかのように提示できてしまう。医者が患者を情報的に支配している限り、一定の範囲内ではあるが、医者はどのような治療結果になっても自分の虚偽申告が白日の下に晒されることはない契約書を書けてしまうのである。すなわち医者の自己契約である。

同様のことは、弁護士と依頼人、宗教家と信者、教師と学生、ファンド・マネージャーと投資家など専門家と非専門家の関係についても言うことができる。事実、専門家とは専門領域の仕事に関しては非専門家を情報的に支配する存在として定義できる。たとえ両者の間に契約が結ばれても、その契約の中には専門家の自己契約が必然的に含まれてしまうのである。

6 信任関係の統一理論

上で検討してきた様々な信任関係は、いずれも社会にとって欠かすことができない人間関係である。それは最大多数の最大幸福を目指す功利主義（utilitarianism）の立場からも、人間一人一人を尊厳ある人格として最大限尊重すべしという義務論（deontologism）の立場からも、その存在が正当化されるはずである(2)。

だが、これらの関係は、いずれも契約のみによって維持しようとすると、少なくとも一部は信任受託者の自己契約になってしまう。すなわち、契約関係しか結べない世界においては、たとえ受託者が受益者の利益のみに忠実に仕事をしたいと真に願っており、そういう約束を受益者にしたとしても、その約束に法的な拘束力を持たせることは不可能なのである。受託者に出来ることは、単に〈誓う〉こと——受益者の利益のみに忠実に仕事をする義務を自分に課すこと——だけである。受益者に出来ることは、受託者がその義務を忠実に果たすことを信頼することだけである。

イマヌエル・カントは道徳論の主著『人倫の形而上学』において、人間の「倫理的義務（ethical duties）」の一つとして「他人の幸福の促進を自己の目的とすること」をあげている（Kant [1797]）。受益者の利益のみに忠実に仕事をするという義務——それはまさにカントの意味での「倫理的義務」にほかならない。

すなわち、我々は信任関係の中核に「倫理（Ethics）」を見いだしてしまったのである。

倫理的義務とは「不完全」な義務である。それを果たすかどうかは、個人の自由に任せられる。義務を果たせば美徳だが、果たさなくても悪徳とはいえない。それは不徳——倫理性の弱さ——を意味するにすぎないのである。

理想的には、すべてを受託者個人の自発的な倫理性に任せることである。だが、残念ながら、すべての経済学者が知っているように、倫理性とはこの社会においては最も稀少な資源の一つである。確かに繰り返しゲーム的な評判（reputation）メカニズムによって、利己的な個人が外見上は倫理的行動を取ることもある。だが、その外見上の倫理性が、他者の利益を尊重することの長期的な自己利益が他者を搾取することの短期的な自己利益を上回っていることの結果でしかないならば、状況が変わって短期的な自己利益が長期的な自己利益を上回ったとたん、見せかけの倫理性は即座に捨てられてしまうだろう。まさにその理由によって、古今東西の専門家集団は職業倫理を広めることによって、そのメンバーに倫理的な義務を守らせるように努力してきた。良く知られているのは、医療専門家集団の「ヒポクラテスの誓い」であるが、同様の倫理綱領は法律家や学者や宗教家など多くの職業団体にも見られる。しかし、やはり残念ながら、歴史はこのような職業倫理も一部の心なき専門家が非専門家を搾取することを防ぐには十分ではないことを教えてきた。それに、経営者や後見人や信託受託者などは、そもそも職業団体を作ることすら困難である。

それゆえ、功利主義に立つにせよ義務論に立つにせよ、信任関係を個人の倫理という稀少資源に頼らずに維持していくためには、自己利益の追求を前提とする契約法の枠組みから離れざるをえない。すなわち、受託者に対して受益者の利益にのみ忠実に仕事をする義務を法的に（legally）課すことになる。この「受益者の利益にのみ忠実に仕事をする義務」こそ、信任受託者の「忠実義務（duty of loyalty）」にほかならない。そして、このような忠実義務を信任受託者に課す法体系が「信任法」である。すでに見たように、英米においては一四世紀からの判例の積み重ねによって、信任関係を維持し発展させるための法体系として信任法が発展してきたのである。

ここに、多くの信任法学者の悲観論にもかかわらず、信任関係とそれを律する法体系としての信任法を基礎づける「統一理論」が見いだされたことになる。

「信任関係」とは何か？　それは「当事者の間の関係を契約によって結ぼうとすると、少なくともその一部が必然的に一方の当事者の自己契約になってしまう関係」である。「信任法」とは何か？　それは「社会にとって望ましい信任関係を維持することを目的として、一方の当事者に他方の当事者に対する忠実義務を法的に義務づける法体系」である。そして、この統一理論の「基礎」には「自己契約は契約ではない」という契約法の大原則が控えている。法と経済学アプローチの主張にもかかわらず、信任関係は契約関係には絶対に還元できず、信任法も契約法には絶対に還元できないのである。

7　倫理的義務の法的義務化としての信任法。

イマヌエル・カントは『人倫の形而上学の基礎づけ』(Kant [1785]) の中で、人間の「道徳的義務 (moral duties)」を「定言的命法 (categorical imperatives)」として公式化している。定言的命法には三つの等価な公式が与えられているが、その中で最も有名なのは、「他人の人格も自分の人格も、単に自己の利益のための手段としてのみ使ってはならない」という第二公式である。そして、みずからの道徳論を集大成した晩年の『人倫の形而上学』においては、その道徳的な義務をさらに「法的義務 (legal duties)」と「倫理的義務 (ethical duties)」とに二分している (Kant [1797])。前者の法的義務には、たとえば「他者の身体に危害を加えない」、「他者の所有権を侵害しない」、「他者との契約は守る」といった義務が含まれる。後者の倫理的義務には、すでに述べておいた「他者の幸福の促進を自己の目的とすること」の他に、「あらゆる目的に備えて自己の能力を完成すること」が加わる。法的義務も倫理的義務もともに定言的命法を満たしているが、法的義務の方は、裁判所や規制官庁や共同体的制裁などによって「外部」から強制することが可能な道徳的義務 (＝定言的命法) であるのに対して、倫理的義務の方は、自分で自分自身に義務づけるよりほかはない「内面的」な道徳的義務 (＝定言的命法) である。

ところで、すでに述べたように、信任法の中核をなす忠実義務はカントの意味での倫理的義務である。だが、信任法とはこの倫理的義務をやはりカントの意味での法的義務として強制している。ということは、信任法は外的な義務としての「法」と内的な義務としての「倫理」というカントの二分法を壊しているのではないか？

事実、カント自身、信任法の可能性を否定している。カントは言う。「衡平裁判所（エクィティ）なるものはそれ自身ある矛盾を含む」。なぜならば、倫理的義務としての忠実義務の違反は「良心の法廷〔天の法廷 forum poli〕にだけ訴えられるものであるのに反して、あらゆる法律的問題は市民の法廷〔地の法廷 forum soli〕に提出されなければならない」(Kant [1797], 邦訳六〇頁) と言うのである。倫理は個人の内面における自由意志の問題であり、法によって外的に律することができないというわけである。

信任法の統一理論を見いだしただけでは、仕事は半ばである。信任法が地の法廷においても実践可能な法体系であることを、大カントに抗して示さなければならないのである。

8 信任法の実践原理

幸いなことに、まさに長い歴史を経た英米における判例の積み重ねとその後の多くの国における経験が、信任法が「天の法廷」ではなく「地の法廷」においても実践可能な法体系であることを証拠立てている（本節の議論は、原論文の内容を大幅に縮小している）。

どのような法制度においても、他人を相手取った訴訟をするためには、その訴訟が正当である「理由（Cause）」を法廷で示さなければならない。契約違反の場合には、訴訟を起こす原告自身によって、被告が違反したことが訴えられ、その事実が法廷で証明されなければならない。しかも、損害賠償を受け取るためには、原告が被告から被った被害額を裁判官に「十分な明確性」をもって示さなければならない。すなわち、原告側がすべての「立証責任」を負っており、法廷がそれを「認定」することになるのである。

だが、このようなことは信任関係では不可能である。そもそも信任関係においては、信任受益者は、法律上あるいは事実上、契約の主体になれない存在である。信任受託者の忠実義務違反を証明できるどころか、違反の事実さえ認識できない場合すらある。無意識の患者は無意識であり、法人はモノでしかなく、未成年や精神障害者や認知症老人は主体としての能力を欠いている。信託受益者については、まだこの世に生まれていない可能性すらある。そして、患者や依頼人や投資家の場合、病気の状態や有罪の可能性や収益のリスクに関して、それが自分自身のことであるのに、他者である医者や弁護士やファンド・マネージャーの方がはるかに詳しい知識や情報をもっている。このように原告側が立証する能力を持っていなければ、法廷が認定することなど不可能である。忠実義務違反を「地の法廷」で裁くのは無理なのではないか？

ところが、信任法は、この問題を次のように実践的に「解決」している。第一に、忠実義務を外形基準化する。具体的には、それを「利益相反（conflict of interests）」の禁止と「不当利益（unauthorized gains）」の禁止に置き換える。利益相反とは、自己（または利害関係者）の利益が受益者の利益と衝突するような状況に受託者が身を置くことである。不当利益とは、受託者としての地位や権限を利用して、受託者自身（または利害関係者）が手にする利益のことである。いずれの禁止も、悪意の有無などの受託者の「内面」は不問に付して、「外面」から直接観察できる状況や事実のみに着目している。信任受託者に要求されるのは、このように外形基準化された忠実義務に「外面」的に従うことだけなのである。

より重要なのはコインの裏側である。第二に、忠実義務の遵守が「外面」のみによって判断されることは、利益相反に「見える」状況に身を置いたり、不当に「見える」利益を得ただけで、忠実義務違反と判断されることを意味する。たとえ受託者の行動が善意によるものであっても、受益者も利益を得ていたとしても、忠実義務違反かどうかの判断には影響しないことになる。

第三に、このような忠実義務違反の外面化は、法廷における証拠認定手続きの原則を「想定無罪」から「想定有罪」へと転換させることになる。利益相反に「見える」状況に身を置いたり、不当に「見える」利益を得ただけで忠実義務違反と判断されることは、違反を告発された信任受託者のほうがみずからの行動が忠実義務違反でないことを「十分な明確性」をもって否定できなければ、そのまま有罪として「認定」されてしまうことを意味する。まさに「李下に冠を正さず」である（残念なことに、日本ではこの原理は採用されていない）。これによって、証拠を提示する能力を持たない受益者は忠実義務違反を立証する責任から解放される。すなわち、契約法における「原告側の立証責任」は、信任法においては「被告側の反証責任」に置きかえられたのである。もちろん忠実義務違反の告発を誰に任せるべきかという問題が残るが、それは技術的な問題にすぎない。重要なことは、原告の立証責任を被告の反証責任に置き換えることによって、忠実義務違反を「地の法廷」で裁くことを実践的に可能にしたということである。

このほか、やはり英米法においては、違反者に対する制裁のあり方にも信任法と契約法とでは大きな違いがある。契約法では契約違反者は原告の被害に等しい金額を賠償する責任を負うのに対して、信任法ではいわゆる「吐き出し原理」が応用される。忠実義務違反者は不当に得た利益はすべて原告に支払わなければならないという原理である。この原理のもとでは、受益者が自分自身の損害すら認識できない場合にも、「地の法廷」はそれなりの対処ができることになる。受託者が不当な利得を得ていることさえ示すことができればよいからである。

興味深いのは、不当利益の額が原告が実際に被った被害額を上回ったとしても、その利益は本来受益者に帰属するものとして、受益者に支払われなければならないことである。この吐き出し原理は、功利主義的な立場からの抑止効果と、義務論的な立場からの矯正正義という、二つの異なった立場から正当化が可能である。だが、その論証はここでは省略しておこう。

9　結論に代えて――法と倫理の関係

本論文は、「自己契約は契約ではない」という契約法の大原則を基礎にして、信任法の統一理論を打ち立てる試みであった。

信任法は、第一に、社会的に望ましいが、契約によって維持しようとすると必然的に一方の当事者の自己契約になってしまう人間関係を信任関係として認定する。その一方の当事者が信任受託者、他方の当事者が信任受益者である。信任法は、第二に、信任受託者となることに同意した人間に対し、自己利益を抑え、信任受益者の利益のみのために仕事をすべしという忠実義務を、単なるお題目としてではなく、法的な強制力を持つ法的義務として課す。信任法は、第三に、忠実義務を外形標準化し、信任受託者が違反に見える行動をしただけで想定有罪とし、被告となった信任受託者に法廷におけるすべての反証責任を負わせる。信任法は、最後に、法廷で有罪とされた信任受託者に対して、受益者が蒙った損失全額だけでなく、受託者が得た不当利益を吐き出す義務を負わせる。

こうして、信任法の専門家による断念の勧め、法と経済学アプローチによる独自性の否定、そして大カントによる矛盾の指摘にもかかわらず、信任法が理論的に一貫性を持った法体系であるだけでなく、実践的に実行可能な法体系でもあることが示されたのである。

しかしながら、いま打ち立てた信任法の体系化それ自体に不満を持つ人も多いだろう。第1節において、信任受託者は「単なる正直さだけでなく、最高度に徹底した道義心を行動規範にしなければならない」というカルドーゾの言葉を引用した。それは、信任関係の世界が個人個人の自己利益追求を前提とした経済論理によって支配される契約関係の世界とは異質であることを、余すことなく伝えている。信任関係を維持するためには、信任受託者が信任受益者に対して忠実義務というカントの意味での倫理的義務を負うのである。

ところが、信任法とはその忠実義務を法的に義務づける法体系である。それは、せっかく経済論理によって支配される世界から救い出してきた倫理なるものを、今度は法的制裁によって支配される世界に埋め込んだだけなのではないのか？　倫理を経済ではなく法によって代替しただけで、真の意味での倫理などどこにも入り込む余地はないのではないか？　そういう疑問が起こるはずである。

ここで、『法の概念』においてH・L・A・ハートが提示した法の「内的観点（internal point of view）」を思い起こしてみよう（Hart［1969］、邦訳七九―八四、一四二―一五五、二一九―二二二頁等）。法とは、伝統的には、「処罰」の脅しによって「悪人」の行動を外部から制御するシステムと見なされてきた。もちろん、法の重要な役割が「悪人の制裁」であることは誰も否定しないだろう。だが、ハートは、法の「一次的機能」とは、規範としての「行動指針」であると言う。すなわち、何をすべきか、どうすればよいかを教えてさえもらえば、自発的に正しい行動をする用意がある「迷っている人」や「無知な人」に対し、何をすべきか、どうすればよいかを教えることである。もちろん、最初から法的義務をみずからの倫理的義務として内面化している人の場合――一般的には法的ルールをみずから発見してみずからに適応している人の場合――は、法によってどう行動すべきかを教わる理由はない。

実際、信任法においてこそ、法の「内的観点」を強調するハートの法理論がどの法体系よりも鮮明な形で示されている。それは法によって倫理を置き換えているのではない。いや、あらゆる信任関係の中心には「倫理」としての忠実義務が厳然として控えており、大多数の信任受託者はみずから進んで忠実義務に従っている。もちろん、この世には悪人もいれば、迷っている人も無知な人もいる。信任法の使命とは、悪人の行動を制御し、迷っている人や無知な人の行動に指針を与えることによって、信任関係の中心にある倫理を外側から補完することにあるのである。それによって初めて、契約の主体になることさえできない人間が、信頼によって他の人間に仕事を任せることが可能になる。すなわち、信任関係が言葉の真の意味での「信任」関係となるのである。

（『経済研究』六七巻、第二号、二〇一六年四月。大幅に縮小）

文楽と信任関係——「信任関係の統一理論へ向けて」付録

左に文楽の写真を掲げたのは、それが信任関係の格好のモデルだからです。

文楽とは、人形によって役を演じさせる日本の伝統芸術です。人形は、ヒトの形をしていますが、実際は単なる木偶《でく》、つまりモノでしかありません。その人形が舞台の上であたかもヒトのように演技をするためには、必ず人形遣いという生身のヒトがその人形を操らなければなりません。つまり、文楽とは、人形と人形遣いが一体となって初めて芸術として成立するのです。役を演ずる人形がなくても、役を演じさせる人形遣いがいなくても、芝居になりません。

文楽「妹背山婦女庭訓」道行の段　お三輪、吉田文五郎、1940年頃（入江泰吉撮影、入江泰吉記念奈良市写真美術館蔵）

文楽における人形と人形遣いとの関係は、信任関係における受益者と受託者との関係と形式的に同じです。それが一番はっきり見えるのが、法人としての会社とその経営者（さらに非営利法人とその理事）との関係です。人形は実際にはモノなのに舞台の上ではヒトである。それと同様に、会社は実際にはモノなのに法律の上ではヒトである。そして、本来はモノでしかない人形を舞台の上でヒトとして演技させる人形遣い。それに対応するのが、本来はモノでしかない会社を現実の社会においてヒトとして振る舞わせる会社の経営者なのです。同様の対応関係は、ほかのすべての信任関係における受益者と受託者にも当てはまります。

文楽においては一つ（いや一人）の人形に三人の人形遣いがつきます。首《かしら》と右手を操る主遣《おもづか》いに、図では見えにくいのですが、左手を操る左遣い、足を操る足遣いです。そのためには、もちろん、人形にその役柄を演じさせることに尽きます。そのためには、人形遣いは自分自身の見栄を捨て、人形のために全身全霊を傾ける必要があります。ここにあるのは、まさに芸術上の「忠実義務」です。そして、人形遣いがその使命を忠実に果たすと、観客は「役そのもの」である「人形」に「人間」以上に感情移入し、涙を流すほどに感動するのです。

ところで、左遣いと足遣いは「黒衣《くろご》」姿になって自分の顔や身体を隠しています。これは何を意味しているのでしょうか？　人形遣いも人の子です。まだ修行が足りない若手などは、舞台で自己を出したいという欲望を持ってしまうかもしれません。観客席に家族や友人や恋人がいたら、気を取られて人形の扱いがおろそかになったりするかもしれません。「黒衣」姿とは、「悪い」遣い手の欲望を抑え、「迷って」いたり「無知」であったりする遣い手には、自分たちが人形の「役柄」に忠実であるべき存在であることを教える役割を果たしているのです。

これに対して、主遣いの場合はみずからの顔を出します。その方がほかの人形遣いに指示を与えやすいという理由もあるでしょう。だが、それ以前に、それは主遣いまでになると、十分に経験を積んで、自己を表現したいなどという欲望や、観客に気を取られる恐れなどからすべて解放された境地に達していることを示しているはずです。すなわち、人形に対する忠実義務をみずからの内面の倫理性によって果たすことが当然のこととして期待されているのです。

顔を出す主遣いと黒衣をかぶった左遣いや足遣い——この両者が同じ舞台の中で人形を操る文楽とは、信任法における倫理と法との関係のまさに完璧なモデルとなっているのです。

（付記：この付録は、『経済学の宇宙』の第7章から抜粋しました。多少修正しています）

（1）信任関係に関する邦文の基本文献は樋口（一九九九）。英文では膨大な数の文献があるが、Vinter（1938）, Finn（1977）, Shepherd（1981）, DeMott（1991）及び Frankel（2011）が比較的まとまった説明をしている。他には Clark（1985）, Cooter and Freedman（1991）, DeMott（1988）, Finn（1989a, b）, Frankel（1983）, Hoyano（1997）, Maitland（1936）, Sealy（1962, 1963）, Weinrib（2000）, Worthington（1999）などが有益である。

（2）前者は Cooter and Freedman（1991）など、後者は Coleman（1995）や Weinrib（2000）を参照のこと。

参考文献

樋口範雄『フィデュシャリー［信認］の時代——信託と契約』（有斐閣、一九九九）

Robert Clark, "Agency Costs versus Fiduciary Duties", *Principals and Agents: The Structure of Business*, J. Pratt and R. Zeckhauser eds., 55–79（Harvard Univ. Press, 1985）

Jules Coleman, "The Practice of Corrective Justice", in *Philosophical Foundations Of Tort Law*, D. Owen ed. at 53–72, Clarendon（1995）

Robert Cooter and Bradley Freedman, "The Fiduciary Relationship: Its Economic Character and Legal Consequences", 66 *NYU Law Review* 1045（1991）

Deborah DeMott, "Beyond Metaphor: An Analysis of Fiduciary Obligation", 1988 *Duke Law Journal* 879 (1988)

——, *Fiduciary Obligation, Agency, and Partnership: Duties in Ongoing Business Relationships*, West (1991)

Frank Easterbrook and Daniel Fischel, "Contract and Fiduciary Duty," 36 *Journal of Law and Economics* 425 (1993)

Paul D. Finn, *Fiduciary Obligations* (Carswell, 1977)

——, "The Fiduciary Principle", *Equity, Fiduciary and Trusts*", T. G. Youdan ed. 1–56, (1989a)

——, "Contract and the Fiduciary Principle", 12 *UNSW Law Journal* 76 (1989b)

Tamar Frankel, "Fiduciary Law", 71 *California Law Review* 795 (1983)

——, *Fiduciary Law* (Oxford Univ. Press, 2011)

H. L. A. Hart, *The Concept of Law*, 3rd ed. (Oxford Univ. Press, 1961); 邦訳『法の概念 第3版』長谷部恭男訳（ちくま学芸文庫、二〇一四）

Laura Hoyano, "The Flight to the Fiduciary Haven", *Privacy and Loyalty*, P. Birks ed, 169–248 (Oxford Univ. Press, 1997)

Katsuhito Iwai, "Persons, Things and Corporations: the Corporate Personality Controversy and Comparative Corporate Governance", *American Journal of Comparative Law*, 47 (4), Fall (1999)

——, "The Foundation for a Unified Theory of Fiduciary Relationships: One May Not Make a Contract with Oneself", *Working Paper Available at SSRN*, August (2016) https://papers.ssrn.com/sol3/Papers.cfm?abstract_id=2424098

Immanuel Kant (1785), *Grundlegung zur Metaphysik der Sitten* (*Groundwork of the Metaphysics of Morals*); 邦訳『プロレゴーメナ・人倫の形而上学の基礎づけ』土岐邦夫・観山雪陽・野田又夫訳（中公クラシックス、二〇〇五）所収

—— (1797), *Die Metaphysik der Sitten* (*The Metaphysics of Morals*); 邦訳『カント全集第十一巻　人倫の形而上学』吉沢伝三郎・尾田幸雄訳（理想社、一九六九）

John H. Langbein, "The Contractarian Basis of the Law of Trusts," 105 *Yale Law Journal* 625 (1995)

Frederic W Maitland, *Equity: A Course of Lectures*, Rev. ed, by John Brunyate (Cambridge Univ. Press, 1936)

Thomas Schelling, "Ethics, Law, and the Exercise of Self-Command," in *Choice and Consequence*, 83–112 (Harvard Univ. Press, 1984)

Len S. Sealy, "Fiduciary Relationships", 20 *Cambridge Law Journal* 69 (1962)

——, "Some Principles of Fiduciary Obligation", 21 *Cambridge Law Journal* 119 (1963)

J. C. Shepherd, *The Law of Fiduciaries* (Carswell, 1981)

Austin W. Scott, "The Fiduciary Principle", 37 *California Law Review* 539 (1949)

Ernest Vinter, *A Treatise on the History and Law of Fiduciary Relationship and Resulting Trusts* (Stevens & Sons, 1938)

Ernest J. Weinrib, "Restitutionary Damages as Corrective Justice", 1 *Theoretical Inquiries in Law* 1 (2000)

Sarah Worthington, "Fiduciary: When is Self-Denial Obligatory?" 58 *Cambridge Law Journal* 500 (1999)

Ⅵ　時代の中で自分を振り返る

私の幸運

その年の春学期の「日本古典文学」の授業は私たちのアパートの居間で行われました。教授は加藤周一さん、受講者は水村美苗、そして私が聴講者という顔ぶれでした。一緒に食事をした後にお茶を飲みながらというのんびりした雰囲気のなかで、ちょうど『日本文学史序説』を書いている最中であった加藤さんは、『山家集《さんかしゅう》』や『正法眼蔵随聞記《しょうぼうげんぞうずいもんき》』について実に楽しそうに解説をしてくれました。テクストの内容に興奮してくると、“C'est extraordinaire!”といったフランス語がとびだしてきたりするのです。雪の降るニュー・ヘイヴンの夜道を車でお送りして自分たちのアパートに戻ってきても、しばらく頭の興奮がおさまらず、次の日に教えなければならない経済学の授業の準備に向かう気持ちになかなかなれなかったことを思い出します。

私が加藤さんに初めてお会いすることができたのは、その一年半ほど前の一九七四年の秋のことでした。イェール大学に職をえてから二年目に入り、英語が一向にうまくならないことに絶望しつつも、アメリカでの教師生活になんとか慣れてきたころでした。そのイェール大学の日本文学科に、加藤さんが二年間ほど教えにこられることになったのです。

最初の秋学期に加藤さんは小さなセミナーを開きました。それは、翌年に医学部のリフトン教授と共同で行う予定の「日本人の死生観」をめぐる講義のための教材作りを兼ねて、乃木希典から三島由紀夫までの代表的日本人が死に対する心構えを語った文章を読み、その英訳を試みるというものでした。そのセミナーに水村が参加をゆるされ、そのお供という名目で私もそのなかに入れてもらうことができたのです。その後二年のあいだ、私は加藤さんの日本映画についてのセミナーも覗くことができましたし、リフトン教授との共同講義も聴講することができました。そして、加藤さんのイェールでの最後の学期では、たった二人で日本の古典に関する講義をうけるという幸運にまで恵まれたのです。

ほんとうに私は幸運でした。日本の大学を卒業してすぐアメリカに渡ってから、私は日本ではお目にかかったこともないような優秀さをもった人間に数多く出会いました。私が接する機会の多かった経済学者や数学者のなかには、圧倒されるほど頭の回転の早い人間が何人もいました。ときたま接する経済学以外の社会科学者や人文学者のなかには、圧倒されるほど幅広い教養をもっている人間が何人もいました。そのアメリカのなかで、私と似た顔かたちをし、私と同じ母国語をもつ人間が、そういう人々をも圧倒するほどの知性と教養を備えているという事実を目の当たりにしたことは、どんなに大きな励ましを与えてくれたことでしょう。

もちろん、加藤さんの頭脳も育ちも私とはかけ離れています。だがそれでも、日本という辺境に生まれた一人の人間が世界のなかで何らかの意味での知識人として生きていく上での、ひとつの可能性を指し示してくれたことだけは確かでした。私はじぶんの幸運に感謝しました。

だが、そのとき私は、自分のほんとうの幸運にはまだ気がついていなかったのです。

加藤さんにもしモデルとした先人があるとしたら、それは森鷗外にちがいありません。その鷗外とハインリッヒ・ナウマンとの「論争」については、何度も加藤さんからお話を聞きました[1]。日本が高度に発達した伝統文化を捨て去り、西欧文化の浅薄な模倣に明け暮れているのは残念だという主旨の文章をドイツの新聞に発表したナウマンに対して、医学の勉強のためにドイツに来ていた鷗外が反論を書いた話です。確かにただちにドイツ語で反論を書けたということは、鷗外がとりわけ優秀な留学生であったことを証拠立てています。だが、その反論は単なる揚げ足とりにすぎず、鷗外自身、非西欧諸国における近代化に関してナウマンが提示した問題に対して自分が何も答えていないことを、少なくとも無意識には知っていたはずだというのです。

日本に帰国してからの鷗外は、一方で西欧の近代医学、他方で西欧の近代文学を日本に導入するのに指導的な役割をはたしたわけですが、晩年になって突然江戸時代を題材とした小説や伝記を書き始めることになります。だがそれは、近代化の波とともに押し寄せる西欧文化に対抗して、日本の伝統文化の純粋性を守ろうとしたためではない。阿部一族の死にざまや渋江抽斎の妻五百《いお》の生きざまを淡々と語る鷗外の作品は、西欧の近代小説を読みこんできた読者にも深い文学的な感動を与えます。

それは西欧的な理念とは異なった人間性のあり方を描くことによって、まさに「人間」という概念を拡げているからなのです。もし近代化というものが人間をヨリ人間らしくする歴史的な過程であるとするならば、それは単なる西欧化には還元しえない近代化の可能性を示しているのだというのです。鷗外は歴史小説や史伝を書くことによって、初めてナウマンが突きつけた問題に対するほんとうの解答が書けたのだというわけです。

加藤さんの話を熱心に聞いていた私は、しかしながら、それをひとつの知識としてしか聞いていませんでした。経済学という学問は、現在では数学を基本的な分析道具とする第二の自然科学という装いをもっています。その数学的分析を得意としていた私は、自分の学問的な研究は、ナウマンの問題とは無縁であると思っていたのです。

それから長い年月を経た一九八九年のことです。私は二年という限られた期間でしたが、ふたたびアメリカの大学に籍を置くことになりました。ただし、今回私がおもに教えなくてはならなかったのは、かつてのような数学的な理論ではなく、それまで真剣には研究してこなかった日本経済についてでした。私は大慌てで内外の基本文献を渉猟し、一夜漬けで講義ノートを作りあげ、教壇に立ちました。

日本経済はその絶頂にあり、教室を埋め尽くした六〇人ほどの学生のうちの三分の一ほどは非西欧諸国からの留学生でした。このときです。私が、ナウマンが鷗外に突きつけた問題を自分自身に突きつけられた問題として意識するようになったのは。

もちろん、鷗外と私とは置かれた状況がまったく異なります。鷗外は日本が西欧の列強を手本とした資本主義国化への路を歩み始めた時代に生きており、私は日本がすでに西欧諸国と並ぶ資本主義国として確立した時代に生きています。しかし、私も非西欧社会における近代化とは何かという問題を真剣に考えざるをえなくなったということにおいて、あの鷗外と同じなのです。そしてそれは、日本の経済がいかに西欧化を実現したかを描くことでもなく、日本の文化がいかに西欧化を無化したかを描くことでもない。まさに必要なのは、明治維新以来の（いやそれ以前からの）日本の歴史の中から――その成功とその失敗の中から――「人間」社会の可能性に関するわれわれの理解を拡げてくれる何ものかをひきだしてくる作業であるのです。

不幸にして、私の下手な英語での講義自体は、熱心に聞いてくれた学生を満足させるものではなかったと思います。だが、少なくとも私自身にとって、それは大きな転機になりました。私は、齢《よわい》四〇をすぎて、非西欧社会における知識人がはたすべき役割をほんとうに遅ればせながら意識するようになったのです。そして、ようやく、あのニュー・ヘイブンのアパートのなかで、加藤さんからじかに鷗外・ナウマン論争についての話を聞くことができたということの、ほんとうの幸運を知ることができたのです。

（『加藤周一著作集』月報21、一九九七年六月）

（1）ハインリッヒ・ナウマン（一八五四―一九二七）明治政府のお雇い外人の一人で、日本における近代地質学の基礎をつくった。フォッサ・マグナの発見者としても知られている。

夏目漱石と「開発と文化」

1　夏目漱石について

一九〇〇年の秋、文部省から英語研究のための留学を命じられた夏目漱石は、横浜港からロンドンへと旅立った。ロンドンに到着し、最初は大学で講義を聴講するが、興味が続かず、三、四カ月でやめる。シェイクスピア学者クレイグ氏についた個人授業はそれより長く続くが、結局一年ほどでうち切ってしまう。代わりに漱石がロンドンの地で思い立つのは、『文学論』という書物を書くことであった。漱石は下宿に立て籠もり、その目的のために専心する。しばらくして、日本人留学生のあいだに「漱石狂せり」との風説が飛ぶことになる。

二年間の英国留学から帰国した漱石は、一九〇七年に『文学論』を出版する。その「序文」に、次のような文章がある。

「余は少時好んで漢籍を学びたり。之を学ぶ事短かきにも関らず、文学は斯《か》くの如き者なりとの定義を漠然と冥々裏《めいめいり》に左国史漢《さこくしかん》より得たり。ひそかに思ふに英文学も亦《また》かくの如きものなるべし、斯の如きものならば生涯を挙げて之を学ぶも、あながちに悔ゆることなかるべしと。余が単身流行せざる英文学科に入りたるは、全く此幼稚にして単純なる理由に支配せられたるなり(1)」。

だが、英文科を卒業したとき、「余の脳裏には何となく英文学に欺《あざむ》かれたるが如き不安の念あり」と、漱石は書く。そして漱石は、その理由を次のように解き明かしてみる。

「翻《ひるがへ》つて思ふに余は漢籍に於て左程根底ある学力あるにあらず、然も余は充分之を味ひ得るものと自信す。余が英語に於ける知識は無論深しと云ふ可《べ》からざるも、漢籍に於けるそれに劣れりとは思はず。学力は同程度として好悪のかく迄に岐《わ》かるゝは両者の性質のそれ程に異なるが為めならずんばあらず、換言すれば漢学に所謂《いはゆる》文学と英語に所謂文学とは到底同定義の下に一括し得べからざる異種類のものたらざる可からず。」

＊

講座『開発と文化』のこの最終巻を、日本列島の住民ならだれでも知っている夏目漱石の話から始めたのには理由がある。それは、私たち〈開発と文化〉の問題について考えてきたすべての人間――執筆者も読者もふくめたすべての人間――がいま現在直面している諸問題は、今から一世紀前、日本という開発途上国に生きたこの一知識人が直面していた諸問題と、大きく重なっているからである。もちろん、夏目漱石については、語られるべきことはすべて語られており、もはやなにも新しく語るべきものはない。だが、それでも、ここで夏目漱石を語りたい。いや語り直したいと思っているのは、それがそのまま、〈開発と文化〉をめぐる基本問題について考えることになると信じているからである。[2]

＊

維新前夜の一八六七年に生まれ、江戸時代の雰囲気を色濃く残す東京の街に育った漱石は、子供のころから漢詩という形式によって「自己を表白することを、愛した」という。[3]文学とは、漱石にとって、まさに漢文学のことであったのである。その後、明治の「文明開化」の波のなかで学校教育をうけ、一高・帝大へとすすんだ漱石は、「英文学も亦かくの如きものなるべし」という思いをもって漢文学を捨て、英文学を専攻する。その思いは、しかし、裏切られてしまう。漱石は、じぶんが英文学を漢文学のようには楽しむことができないことを発見するのである。それゆえ、漱石は「何となく英文学に欺かれたるが如き不安の念あり」と書き記すことになった。

だが、ここで重要なことは、漱石が漢文学と英文学という二つの文学についてのじぶんの「好悪」の違いを、二つの文学に関するじぶんの知識の差には求めなかったということである。英国留学後ただちにラフカディオ・ハーンの後任として東京帝国大学英文科の最初の日本人講師に任命された漱石は、当時の日本においてもっとも深く英文学を習得した人物の一人であり、事実、漱石自身もじぶんの英語の知識は漢語の知識に劣らないとのべている。そのかわりに漱石が理由としてあげたのは、二つの文学そのもののあいだに横たわる異質性である。英語における文学の定義から見れば、漢文学は文学ではなく、漢語における文学の定義からみれば英文学は文学ではない。それゆえ、漢文学の伝統のなかで育った自分にとって、二つの文学のあいだにかくも大きな「好悪」の違いがあるのだというのである。

漢文学と英文学——一方は漱石が自信をもって味うことのできる「自己」の文学であり、他方はそのような自信をもてない「他人」の文学である。同時に、一方は〈停滞的〉な非西洋文化を代表し、他方は〈開化的〉な西洋文化を代表している。ひとは、このような二つの異質な文化の狭間に生きるとき、いったいどのような道を選ぶことになるのだろうか？

いうまでもなく、漱石に英国留学を命じた明治政府が期待したのは、漱石にいわば「洋楽の隊長」として「文明開化」の先頭に立ってもらうことであった。英国という文明の〈先進国〉で仕入れてきた知識を、できる限り有効に日本に移植してもらうことであった。それだからこそ、帰国後直ちに漱石は第一高等学校と東京帝国大学の英文科の講師に任命されたのである。

しかしながら、漱石がロンドンでひそかに考えはじめていたことは、まさにこのような期待に背いてしまうものであった。漱石は西洋の学問を唯一の「手本」とする学問、すなわち「他人本位」の学問を続けていくことを拒否してしまう。講演『私の個人主義』のなかで漱石は、当時を回想してこうのべている。じぶんはそれまで「譬《たと》へばある西洋人が甲といふ同じ西洋人の作物を評したのを読」んで、「其評の当否は丸で考へずに、自分の腑に落ちようが落ちまいが、無暗に其評を触れ散らか」していた。しかも、「時代が時代だから、又みんながそれを賞める」。だが、「いくら人に賞められたって、元々人の借着をして威張つてゐるのだから、内心は不安」であったという。その「不安」から抜けだすために、漱石は「自己本位」の立場を確立することを「生涯の事業」とすることになるのである。

＊

それでは、漱石のいう「自己本位」とは、いったいどのような立場なのだろうか？

それは、英文学を「他人」の文学として排斥し、「自己」の文学としての漢文学に舞い戻ってしまうことではなかった。そうするには、漱石は、あまりにも西洋文化のもつ力を知りすぎていた。

じっさい、漱石がロンドンの下宿のなかで準備をはじめた学問的な企ては、驚くべきものであった。いや、じつに無謀な企てであったといったほうが正確だろう。それは、西洋語における文学も非西洋語における文学も、ともに同じ〈文学〉として一括することを可能にする『文学論』なる書物を書くことである。漱石は、その「序文」のなかで、当時のことをこう回想している、「余はこゝに於て根本的に文学とは如何なるものぞと云へる問題を解釈せんと決心したり。」

ただし、西洋の文学も非西洋の文学も同じ〈文学〉として一括するといっても、それはあの「和魂洋才」のように両者を都合良く分業させてしまうことではない。それは、〈文学〉の概念を徹底的に形式化することによって、西洋の文学も非西洋の文学もその特殊ケースとして相対化しうる、〈文学〉の〈普遍〉的な理論を打ち立てることなのである。事実、その第一編第一章は次のような文章ではじめられている。

「凡《およ》そ文学的内容の形式は（F＋f）なることを要す。Fは焦点的印象又は観念を意味し、fはこれに附着する情緒を意味す。されば上述の公式は印象又は観念の二方面即ち認識的要素（F）と情緒的要素（f）との結合を示したるものと云ひ得べし。」

すなわち、西洋語で書かれていようと非西洋語で書かれていようと、それが〈文学〉である限り、それぞれの作品のもつ文学的効果の違いはすべて、認識的要素（F）の違い、情緒的要素（f）の違い、そしてこの二つの要素の組み合わせ方（F＋f）の違いに還元できるというわけである。

「普通の学者は単に文学と科学とを混同して、甲の国民に気に入るものは屹度《きつと》乙の国民の賞讃を得るに極つてゐる、さうした必然性が含まれてゐると誤認してかゝる」。だが、それは「間違つてゐる」と漱石はいう。そして、「たとへば西洋人が是は立派な詩だとか、口調が大変好いとか云つても、それは其西洋人の見る所で、……私にさう思へなければ」、それはそれで一つの事実である。いや、「独立した一個の日本人」の「見識」として、「私は私の意見を曲げてはならない」のである。「然し」と、漱石はいう、「本場の批評家のいふ所と私の考と矛盾しては何《ど》うも普通の場合気が引ける」。そこで、「斯うした矛盾が果して何処から出るかといふ事を考へなければならなくなる」（以上『私の個人主義』より）。『文学論』とは、まさにこのような矛盾の原因を解明するための〈普遍〉的な方法を確立する試みなのである。「たとひ此矛盾を融和する事が不可能にしても、それを説明する事は出来る筈だ。さうして単に其説明丈でも日本の文壇には一道の光明を投げ与へる事が出来る」（『私の個人主義』）、そう漱石はのべている。

「十年計画にて企てられたる大事業」であったはずの『文学論』は、しかしながら、未完成のまま、あわただしく出版されることになった。そして、出版当時から現在まで、『文学論』を読む人は稀である。また、仮に読む人があっても、それは〈作家〉夏目漱石が文学について何をいっていたのかを知るためであり、文学論それ自体として読むためではない。「私の著はした文学論は……失敗の亡骸《なきがら》です」。「或は立派に建設されないうちに地震で倒された未成市街の廃墟のやうなものです」（『私の個人主義』）。後にこのように漱石は述懐している。

なぜ『文学論』は「失敗」したのだろうか？

それは、けっして『文学論』が文学理論として〈未熟〉であったとか、時代に制約されていたとかいう理由からではない。そういう意味であるならば、逆に、漱石の試みの〈先駆性〉こそ讃えられるべきであろう。

すなわち、〈文学〉の概念をFとfという二つの要素の組み合わせとして形式化し、その組み合わせの違いによって、西洋語と非西洋語とを問わず、すべての文学作品のあいだにある異質性を構造的に説明しようとした『文学論』は、少なくとも方法論的な意図としては、ロシア形式主義者やフランス構造主義者の仕事を先取りしている。たしかに、文学理論のいわゆる〈言語論的転回〉以前に書かれた漱石の『文学論』は、これら形式主義や構造主義の言語論的分析のようには精緻ではない。だが、すくなくともそれは、西洋文学を唯一の〈普遍〉とする〈西洋中心主義〉的な文学観を〈相対化〉してしまう、より〈普遍的〉な文学理論の最初の試みの一つであったのである。

ところで、このようにすべての文学をおたがいに組み替え可能にしてしまうことは、そのまま、すべての文学の歴史をお互いに組み替え可能にしてしまうことでもある。それは、一方で、〈西洋中心主義〉的な歴史を〈相対化〉することになる。だが、それは他方で、西洋の歴史と非西洋の歴史を、少なくとも可能性の次元では、〈対称的〉にとりあつかうことにもなってしまうのである。「与へられた西洋の文学史を唯一の真と認めて、万事之に訴へて決し様とするのは少し狭くなり過ぎるかも知れません。歴史だから事実には相違ない。然し与へられない歴史はいく通りも頭の中で組み立てる事が出来て、条件さへ具足すれば、いつでも之を実現する事は可能だと迄主張しても差支ない位だと私は信じて居ります」。こう『創作家の態度』という講演で語ったとき、漱石は明らかにその一年ほど前に出版された『文学論』での議論を援用していた。そして漱石は、こうつけくわえてもいる。「西洋の文学史と日本の文学史とは現に二筋であつて、両方とも事実で両方とも真である」と。

だが、ほんとうにそうなのだろうか?

もちろん、非西洋圏の文化の歴史も、西洋文化の歴史と同様、事実であり真実であることは否定しようがない。ただ、すくなくともこの〈近代〉という時代においては、その二つの歴史は、単に〈並列〉して進んできた「二筋」などではなかったのではないか?

たしかに西洋文化の伝統をになった人間が、みずからの文化の歴史を内在的に〈相対化〉していく作業は、大いなる意味をもつだろう。だが、非西洋圏に生きる人間が、西洋文化の歴史とじぶんの文化の歴史との関係を単に組み替え可能なものとして提示したとしても、それが非西洋語で書かれている限り、それは「自己本位」どころか、自己満足にすぎない。

いや、逆にそれは、非西洋圏における文化の歴史のほんとうの意味での〈歴史性〉を単に消し去ってしまう結果になってしまうのである。

＊

〈近代〉という時代がはじまったのは、一五世紀の末、西洋の資本主義がその空間的な拡大をはじめたときである。そして、そのときから、西洋の外部に点在していた大小さまざまな文化圏は、まさに決定的な変化を強いられることになった。圧倒的に優勢な軍事力と経済力とを背景にした西洋文化の進出を前にして、ある文化は蹂躙されるにまかせ、ある文化は徹底的に抵抗し、ある文化はひたすらその模倣に努めた。だが、どのような反応のかたちをとろうとも、それは、近代という時代において非西洋文化圏に属するすべての文化の歴史が西洋文化の歴史から独立できなくなってしまったことを意味する。非西洋文化は、西洋文化との〈非対称的〉な関係のなかにいやおうなしに組み込まれることになってしまったのである。そして、この関係の〈非対称性〉は、西洋中心主義が相対化されようがされまいが、組み替え不可能な歴史的〈事実〉、いや歴史的〈真実〉なのである。

これは、非西欧圏の文化に属する人間にとって、ほんとうに「苦《にが》い真実」である。そして、実は、近代という時代がはらむこの「苦い真実」を、近代の日本においてもっともはやく感知していたのも、夏目漱石であった。

『現代日本の開化』というよく知られた講演のなかで、漱石は西洋の「開化」と日本の「開化」の違いについて、詳しい解説を与えている。漱石によれば、一般に「開化」とは、「出来るだけ労力を節約したいと云ふ願望から出て来る種々の発明とか器械力とか云ふ方面と、出来るだけ気儘《きまま》に勢力を費したいと云ふ娯楽の方面」とが「経となり緯となり千変万化錯綜して」生み出されてきた「人間活力の発現の経路」にほかならず、それは西洋、非西洋を問わず、「自然の大勢」とみなされるべきものであるという。ただ、違いは、西洋の「開化」は「内発的」なものであったのに対して、日本の「開化」は、幕末の開国以来、「外発的」なものになってしまったということである。それは、「鎖港排外の空気で二百年も麻酔した揚句《あげく》突然西洋文化の刺戟に跳ね上」って、「急劇に曲折し始めた」のであり、「今迄内発的に展開して来たのが、急に自己本位の能力を失つて外から無理押しに押されて否応《いやおう》なしに其云ふ通りにしなければ立ち行かないといふ有様になつた」というのである。

「斯う云ふ開化の影響を受ける国民はどこかに空虚の感がなければなりません」、「どこかに不満と不安の念を懐かなければなりません」、そう漱石はいう。じっさい、「体力脳力共に吾等よりも旺盛な西洋人が百年の歳月を費したものを、……僅か其半《なかば》に足らぬ歳月で」進めてきた現代日本の開化は、「皮相上滑《うわすべ》りの開化」にならざるをえないのである。だが、いくら上滑りだといっても、「それが悪いからお止《よ》しなさいと云ふのではない」、と漱石はのべる。「開化」とは「自然の大勢」である。西洋の圧倒的な勢力の前で「日本が日本として存在出来」るためには、「事実已《や》むを得ない」、「涙を呑んで上滑りに滑つて行かなければならない」というのである。また、たとえ「滑るまいと思つて踏張」ったとしても、今度はそのために要する多大な努力によって、かならずや「神経衰弱に罹つて」しまうことになるだろう。

「どうも日本人は」と、漱石はいう、「気の毒と言はんか憐れと言はんか、誠に言語道断の窮状に陥つたものであります」。

＊

「健三《けんぞう》が遠い所から帰つて来て駒込《こまごめ》の奥に世帯《しょたい》を持つたのは東京を出てから何年目になるだらう。彼は故郷の土を踏む珍らしさのうちに一種の淋《さび》し味《み》さへ感じた」。「彼の身体には新らしく後《あと》に見捨てた遠い国の臭《にほひ》がまだ付着してゐた。彼はそれを忌《い》んだ。一日も早く其臭を振ひ落さなければならないと思つた。さうして其臭のうちに潜んでゐる彼の誇りと満足には却《かへ》つて気が付かなかった」。

『道草』の書き出しの文章である。『道草』が、漱石がロンドンから帰国した直後の生活を自伝的に描いた小説であることは、よく知られている。その「遠い所から帰つて来」た主人公の「健三」を待ちかまえていたのは、まさに「気の毒と言はんか憐れと言はんか」という近代日本の「苦い真実」であった。(4) まったく蓄えのない「健三」は家計の不足を補うために講義の掛けもちをしたり、原稿を書いたりしなければならない。だが、その「健三」の「出世」のおこぼれにあずかろうと、一度縁を切ったはずの養父「島田」をはじめ、さまざまな親類縁者が入れかわり立ちかわりたかりにやってくる。そして、「気違染《きちがひじ》みた癇癪持《かんしやくもち》」の「健三」との精神的な葛藤に耐えきれず、「細君」はときどき「歇私的里《ヒステリー》」の発作を起こす。

次のような場面がある。あるとき「細君」が怒って里帰りしてしまったあとのことである。「彼は八畳の座敷の真中に小さな餉台《ちやぶだい》を据ゑて其上で朝から夕方迄ノートを書いた。丁度極暑《ごくしよ》の頃だつたので、身体の強くない彼は、よく仰向《あおむけ》になつてばたりと畳の上に倒れた」。「彼のノートもまた暑苦しい程細《こま》かな字で書《か》き下《くだ》された。蠅の頭といふより外に形容のしやうのない其原稿を、成る可くだけ余計拵《こしら》へるのが、其時の彼に取つては、何よりの愉快であつた。そして苦痛であつた。又義務であつた」。

「健三」が書いている「蠅の頭」のように「細かな字」の「ノート」とは、もちろん『文学論』のことである。そして、西洋の文学も非西洋の文学もともに同じ平面の上で〈相対化〉してしまうことを目指す〈普遍的〉な文学理論を、あまりにも〈日本的〉といえば〈日本的〉な環境のなかでひとり書いていることの〈滑稽さ〉を、作者である漱石は十分に意識している。遠いイギリスにおいて「自己本位」の立場を確立するためにはじめたこの仕事が、このような日本の現実のなかではいつのまにやら「自己満足」の手段になってしまっているのである。そして、イギリスで罹った「神経衰弱」は、日本に戻っても依然続いている。

それから三、四カ月たっただろうか、三女が産まれてすぐのころである。

「……彼のノートは益《ます》〳〵細かくなって行つた。最初蠅の頭位であつた字が次第に蟻の頭程に縮まって来た。何故《なぜ》そんな小さな文字を書かなければならないのかとさへ考へて見なかつた彼は、殆んど無意味に洋筆《ペン》を走らせて已《や》まなかつた。」

「蠅の頭」の文字がさらに縮んで「蟻の頭」にまでなってしまった『文学論』のノートは、結局、完成されることはなかったのである。ふたたび漱石の言葉を繰り返すと、『文学論』は「失敗の亡骸《なきがら》」となってしまったのである。

＊

だが、『文学論』は単なる「失敗」にすぎないのだろうか？

たしかに、それは未完成のまま、長い「序文」をつけて、あわただしく出版されてしまった。だが、ここで注目すべきなのは、『文学論』の企てが未完成のまま終わったことではなく、逆に、『文学論』の企てが未完成に終わったことによって、それに長い「序文」がつけられたということである。なぜならば、冒頭で見たように、その「序文」を書くなかで、漱石は、西洋からはるか離れた日本という国に住む〈じぶん〉という人間が、なぜ『文学論』のような書物を書かざるをえなかったのか——その事情を、読者にくわしく弁明する衝動に駆られていたからである。

『文学論』を書くのではなく、『文学論』なるものを書かざるをえなかった〈じぶん〉について書く——それは、同時に、そのような〈じぶん〉を生み出すことになった日本という国の「苦い真実」について書くことでもある。すなわち、それは、〈文学論〉を書くのではなく、〈文学〉そのものを書くことにほかならないのである。

ここに、〈学者〉から〈創作家〉へと変身をとげつつある夏目漱石を見いだすことができる。

漱石が『吾輩は猫である』の創作をはじめたのは、一九〇四年の一二月、それは、『文学論』の「ノート」の文字が「蟻の頭」よりもさらに縮んでしまったときにちがいない。『文学論』の序文がかかれるのは、それから二年ほどたってからであり、あけて一九〇七年、『文学論』が出版された年に、漱石は東京帝国大学と第一高等学校の職を辞して、朝日新聞社に入社する。その後の職業作家としての歩みは、日本列島に住むすべての人間にとって周知の事実である。

*

夏目漱石は、日本における最大の〈国民作家〉となった。だが、同時に、漱石はいま〈世界作家〉としての道も歩んでいる。ただ、ここで世界作家というとき、それは、すべての国に平等な一票をという〈国連主義的〉な意味でいっているのではない。それは漱石の文学作品が、日本語以外の言語に数多く翻訳され、世界中、とりわけ非西洋圏の国々において、現に多くの読者を得つつあるということである。そして、それは、漱石が、非西洋圏の文化に共通した〈現実〉、いや〈真実〉をいち早く掘り当てた作品を書いたからなのである。

もちろん、『吾輩は猫である』や『行人』や『道草』など、漱石の多くの作品が具体的に描いているのは、日本という〈特殊〉な国のなかで生活している、漱石によく似た知識人たちの姿である。かれらは、まさに知識人であることによって、西洋文化をだれよりも深く吸収しており、まさにそのことによって、日本のなかでもっとも西洋文化に近い存在とみなされる。だが、同時に彼らは、西洋文化をだれよりも深く吸収していることによって、それがそのままでは日本の現実のなかで〈普遍〉とはなりえないということも知っている。といって、彼らは、西洋文化をだれよりも深く吸収していることによって、日本〈独自〉の伝統などという虚構のなかに居座ることの無意味さも知っている。そして彼らは、『文学論』のような書物を書くかどうかは別にして、このような西洋と日本とのあいだの「矛盾」を解決する道をそれぞれ追い求めながらも、日本の現実のなかで日常的に生活をおくっていかざるをえないのである。『道草』の最後の場面で、「健三」はつぶやいている。「世の中に片付くなんてものは殆んどありやしない。一遍起つた事は何時迄《いつまで》も続くのさ。たゞ色々な形に変るから他《ひと》にも自分にも解らなくなる丈《だけ》の事さ」。

一見すると、ここで漱石は日本という〈特殊性〉のなかに後退してしまったようにみえる。だが、小説とは、まさに〈特殊〉を通して〈普遍〉を描く形式である。そして、漱石が描く知識人の姿は、単に〈日本〉の知識人の姿であるだけではない。それは、〈近代〉という時代において、西洋との

〈非対称的〉な関係にいやおうなしに組み込まれてしまうほかの多くの非西洋圏に生きる知識人の姿に、そのまま重なっていくのである。じっさい、漱石は、数多くの非西洋圏の国々の中でももっとも早く「開化」の道を選びとった日本という国に生まれたことによって、西洋と非西洋との〈非対称的〉な関係が非西洋圏の国々に一方的にもたらしてしまう「苦い真実」を、もっとも先鋭的なかたちで経験し、もっとも先鋭的な形で表現する機会に恵まれたのである。それは、漱石個人の精神にとっては不運なことであった。だが、作家漱石の作品にとっては、幸運なことであったのである。

そして、ここに、ひとつの〈逆説〉が生まれたのである。

それは漱石が、西洋と非西洋とを理論的に〈相対化〉することによってではなく、今度は西洋と非西洋との〈非対称的〉な関係を非西洋の側から個別的に描くことによって、『文学論』で目指した〈普遍〉とは次元の異なったもうひとつの〈普遍〉を掘り当てたのだということである。漱石の『文学論』の「失敗」は、そのまま漱石の〈文学〉の「成功」にほかならなかったのである。

2 〈開発と文化〉について

『開発と文化』という講座に、執筆者あるいは読者として関わっている人間とは、いったいどのような人間なのだろうか?

〈開発〉と〈文化〉に関して研究をしているひとかもしれない。何らかの〈開発〉事業や〈文化〉事業に実際にたずさわっているひとかもしれない。それとも、〈開発〉と〈文化〉という問題に単に知的な興味をもっているだけのひとかもしれない。

いずれにせよ、第一にいえることは、それは、日本をはじめとした非西洋圏に属している知識人であるということである。それだけではない。そもそも〈開発〉と〈文化〉との関係に興味をもっているということ自体が、そのひとが、文化であれ、政治であれ、経済であれ、技術であれ、西洋における歴史をすべての歴史の規範とみなす西洋中心的な〈普遍主義〉に対して、何らかの疑いをいだいていることの証拠である。そして、〈開発〉と〈文化〉との関係が考えに値する問題をはらんでいると思っていること自体が、そのひとが、みずからの社会には何ものにも還元できない固有の文化や固有の政治や固有の経済や固有の技術が存在するという反西洋的な〈個別主義〉に対して、なんらかのいかがわしさを見いだしていることの証拠である。

じっさい、〈開発〉と〈文化〉をめぐるすべての議論は、西洋中心の〈普遍主義〉も、反西洋的な〈個別主義〉も、ともに否定することをその出発点とする。そしてそれは、わが夏目漱石がロンドンの下宿のなかで『文学論』という書物を企てたときと、まさに同じ出発点であるのである。その意味で、『開発と文化』という講座に関わっている人間——執筆者も読者もふくめた人間——は、すべて夏目漱石なのである。

もちろん、こういったからといって、〈開発〉と〈文化〉の問題が解決するわけではない。わたし自身、この『開発と文化』という講座の企画編集に参加してわかったことは、じぶんが〈開発〉と〈文化〉の問題についてなにもわかっていないということだけであった。いや、少しでも具体的な事実を知れば知るほど、事態の複雑さを知るようになり、ますます問題がわからなくなってくる。それは、『開発と文化』の最終巻に収められる論文を手にしている今も同じである。それゆえ、最後にもう一度、夏目漱石を引用しておこう。『現代日本の開化』のなかの言葉である。

「ではどうして此急場《きふば》を切り抜けるかと質問されても、前申《ぜん》した通り私には名案も何もない。只出来るだけ神経衰弱に罹らない程度に於て、内発的に変化して行くが好からうといふやうな体裁の好いことを言ふより外に仕方がない」。

(川田順造・岩井克人・鴨武彦・恒川恵市・原洋之助・山内昌之編集『岩波講座開発と文化7 人類の未来と開発』「序」岩波書店、一九九八)

(1) 以下、「 」に入れられた文章はすべて夏目漱石の引用である。底本は、一九五七年に出版された岩波書店の新書版『漱石全集』。ただし、旧字体は新字体に改め、ルビを振った。漱石の文章はあまりにも人口に膾炙しているので、煩雑さをさけるため、巻数やページ数はとりたてて記さない。

(2) 漱石の『文学論』、とくにその「序文」の重要性を世に知らしめたのは、言うまでもなく、江藤淳の『夏目漱石』(一九五六)である。この評論は『決定版夏目漱石』(新潮文庫、一九七九)に収めなおされている。また、柄谷行人『日本近代文学の起源』(講談社、一九八〇)第一章、および水村美苗「「男と男」と「男と女」――藤尾の死」、『批評空間』六号(一九九二)も参照のこと。

(3) 吉川幸次郎『漱石詩注』(岩波新書、一九六七)。

(4) 漱石を「遠くから帰ってきた人間」と規定し、「田舎から出てきた人間」であった自然主義作家と対比させたのは、やはり江藤淳である。たとえば、「「道草」と「明暗」」、前記注2の『決定版夏目漱石』所収、を参照のこと。

経済学を学ぶことの幸運、日本で経済学を学ぶことの使命

この年になって思いますが、人は、必ずしもその人がやりたいこと、あるいは、やるべきことに、出会えるわけではありません。私の回りを見渡しても、若い頃に志した仕事に就けなかった人、学者でも、その人に相応しい学問やテーマに出会えなかった人が、沢山います。それに引き替え、この日本に生まれ、この時代に生きた人間として、私が経済学という学問を一生の仕事にできたことは、奇跡的に恵まれたことだと思っています。

本日は、東京大学経済学部創立百周年記念式典という場を与えられました。本来ならばそれに相応しく、「東京大学経済学部百年の歩みと、これから百年に向けての展望」というような講演をすべきだと思います。実際、渡辺努学部長に講演を頼まれた時は、そういうつもりであったのです。だが、何を話そうかと考えれば考えるほど、そのような講演はとうてい私の力には余るということを思い知るようになりました。

そこで、僭越ですが、自分が経済学者として歩んできた道を振り返りながらのお話をしたいと思います。まずは、私の生い立ちについての話から始めることをお許し下さい。しかも、この講演全体も、

四年ほど前に日本経済新聞出版社から出版した『経済学の宇宙』の内容とも重なることも、お許しください。

1　文学青年となった科学少年

私が生まれたのは昭和二二年。西暦一九四七年です。それは日本国憲法が施行された年であり、東京帝国大学が「帝国」を落として東京大学に名称が変わった年でもあります。それに象徴されるように、私はいわゆる「戦後民主主義」が始まった年に生まれたのです。

実は、後に学者になってから知ることなのですが、私の上の世代で学者になった人たちを見回すと、学者や医者や高級官僚や会社役員などを親に持つ恵まれた家庭の出身者がほとんどです。私は違います。私は東京生まれですが、父親も母親も島根県の出雲地方の出身です。父親は戦前に東京に出て、苦学し、産業組合運動などにたずさわりますが、戦後は失業した後、特殊行政法人に勤めるサラリーマンとなりました。私は中学生の途中まで、個室がなく、廊下で勉強していました。

こういうことを話すのは、私の貧しさを語りたいからではありません。父親は安月給でしたが、安定した職についていましたので、我が家は当時の日本の中ではとりたてて貧しかったわけではありません。単に、私が「一億総中流化」と言われた戦後日本社会の「平均像」からそれほど離れていない子供時代を過ごした、ということを申し上げたかったのです。それは二つの意味を持ちます。

第一に、戦後の日本の民主化によって、そういう平均的な家庭に生まれた子供でも、将来学問の世界に入るのを考えることができるようになったということです。そして、第二に、そういう平均的な家庭にはいわゆる「文化資本」の蓄積がほとんどなかったということです。平たく言えば、私は本というものに身近に接するという環境には育たなかったということです。そのような子供が何か知的なものに目覚めるとしたら、それはほとんど確実に「自然科学」です。

私は、まず「科学少年」になったのです。

私は、乏しい小遣いで買った『動物図鑑』や『植物図鑑』や『天文図鑑』などを飽きずに眺めながら、昆虫採集をしたり、植物の標本を作ったり、天体観測をしたりした小学生時代を送りました。そして、これらの図鑑を通して、私がその中に生きている自然の世界が、私たち人間を超えた大きな秩序をもっていることを学んだのです。

小学六年生の時、『1、2、3、……無限大』(崎川範行訳、白揚社、一九五一)という題名の本を偶然手にしました。ビッグバン理論の創始者であったジョージ・ガモフの著作です。私が生まれた年である一九四七年に出版されたのですが、いまだに世界中で読まれ続けている最高の科学啓蒙書の一つです。私は、この本によってこの世の中に物理学という学問があることを知りました。それはアインシュタインの相対性理論やハイゼンベルクの不確定性原理といった普遍的な法則によって、この宇宙の森羅万象を説明しつくそうという壮大な目的をもった科学です。私の憧れの的は、アインシュタインやハイゼンベルク、湯川秀樹や朝永振一郎のような物理学者になりました。

ところが、中学生の時、「科学」という名前がついているのに釣られて、SF、つまり「空想科学小説」を本屋の本棚から取り出しました。それが、科学から文学への橋渡しになりました。中学の終わりあたりから、空想科学小説以外の小説にも手を延ばし始め、高校生になると、洋の東西を問わずに小説というものを闇雲に読むようになりました。
そして、私はいつのまにか「文学青年」になったのです。夏目漱石や谷崎潤一郎、スタンダールやカフカが、私の憧れの的に加わりました。

2 自然科学か人文学か？

ところが、時間というものは容赦なく進んでいきます。文学青年になった科学少年——それが私でしたが、その私に、文学をとるか科学をとるかという選択を迫る事態が迫ってきたのです。

大学受験です。高校三年になった時ですから、西暦だと一九六四年のことです。私は人文系の学部に行くか自然科学系の学部に行くか、選ばなければならなくなりました。

ところで、私が文学を読み始めたのは、まずは面白かったからです。人は面白くなければ、谷崎潤一郎の『細雪』やスタンダールの『パルムの僧院』といった長編小説に時間を費やしたりしません。ただ、それと同時に「自然科学」について疑問を抱きはじめたことも、大きな理由でした。私は晩生《おくて》でした。でも、その私でも高校生になれば人並みに、人間はなぜ生きるのかとか人間はどう生きたらよいのかといった問題について考え始めます。しかし、自然科学とはそもそもその人間をその体系の中から排除することによって成立しています。

もちろん、人間は物理的な物体、英語で言うとPhysical Entityでもありますから、その意味では物理学の対象です。また、人間は生命体としての生物、英語で言うとBiological Entityでもありますから、その意味では生物学の対象です。ただ、人間が目指す目的や人間が創り出す価値などは、「主観的」な要因として物理現象や生命現象の「客観的」な分析からは排除されてしまいます。私はまさにその排除された「人間」について知りたくて文学を読み始めたのです。私は科学少年でもあり続けていたのですが、自然科学系の学部に行くのに躊躇しました。

ところが、他方の文学という名のつく学部に行くのにも私は躊躇しました。まず、私には文学について研究するということの意味がわかりませんでした。文学をやりたかったら自分で作家になれば良いし、批評したければ批評家になれば良いと、思っていたからです。文学部とは人文学の学部であり、文学だけでなく古典学や歴史研究もあることは知っていました。黴の匂いのする古文書と鼻を付き合わせて、大きな発見をする人がいるのもおぼろげに理解していました。だが、私はアインシュタインや湯川秀樹のように新しい理論を打ち立てることに小さい頃から憧れた科学少年であったのです。

私は「文化資産」の蓄積が少ない家庭に育ったがゆえに、最初に科学に出会うことになったわけですが、それゆえに「人間」について知りたいとは思いつつ科学的な理論を打ち立ててみたいという思いから自由になることはありませんでした。

3　私はどうして「経済学」を選んだのか

大学受験は刻々と迫っています。ある日、決断しました。「経済学部」に行こうと。

一つの理由は時代です。一九六〇年の安保闘争からまだ四年しかたっていません。今の学生には検討もつかないと思いますが、当時は、左翼、とくにマルクス主義者でなければ人にあらず、いや、少なくとも知識人にあらず、という時代でした。私も時代の風潮に乗って、左翼であると自負していました。それに加えて、高校二年生の時、社会科の授業で与えられた課題の発表をするため、偶然、宇野弘蔵が編集した『経済学』（角川全書、一九五六）という題名のマルクス経済学の入門書を読んでいました。歴史によって理論を浮かび上がらせ、その理論によって歴史を説明していく方法は新鮮で、マルクス経済学は結構面白い学問だと思ったのです。

第二の理由は、経済学とは社会科学の一分野ですが、単純にその「社会科学」という名前に惹かれたからです。社会科学とは人間社会に関する科学であるということで、人文学と自然科学を足して二で割ったような学問ではないかと、勝手に想像したのです。黒い液体が科学で白い液体が文学だとすれば、二つを混ぜれば灰色になる——と、今から考えると本当にいい加減なイメージを抱いて社会科学としての経済学を選んだのです。

4 後悔

私は一九六五年に東京大学に入学しました。経済学部に直結する文科二類に入ったのですが、その後経済学を専攻したことを何度も後悔しました。

当初はマルクス経済学を勉強するつもりでした。だが、駒場でマルクス経済学の演習や講義をとり、さらにマルクスの著作を実際に読むようになって（ここにいらっしゃっているマルクス経済学専攻の方々には申し訳ないのですが）、これは科学ではなくイデオロギーだと、思うようになったのです。私はひどく失望しました。いっそ経済学を辞めようとすら思ったのです。

しかし、本当に幸運にも、駒場における根岸隆先生の講義によって「近代経済学」という学問に出会いました。近代経済学という言葉は、今の学生には死語になっているかもしれません。新古典派経済学とケインズ経済学とを含むマルクス主義ではない経済学の総称です。とりわけ私は新古典派経済学の数学的な美しさに惹かれました。科学少年であったときの知的興奮がよみがえったのです。

そして、一九六七年に経済学部に進学しました。経済学部においては小宮隆太郎先生の演習に参加し、小宮先生、館龍一郎先生、岡野行秀先生、宮下藤太郎先生、中村貢先生、浜田宏一先生、宇沢弘文先生などの講義や研究会に触発されて(ただし、宇沢先生の場合は主として飲み屋でのアルコールの影響でしたが)、近代経済学の研究者になろうと決心しました。数学的な経済学を夢中で勉強するようになったのです。

そして、一九六九年に東大経済学部を卒業すると、さまざまな偶然の重なりから直ちにアメリカのMITの大学院に留学することになりました。経済学者の道を歩み始めたのです。

ただ、数学的な経済学を研究し、論文を書くようになってからも、私の頭の奥底には後悔が残っていました。このような数学を駆使した研究をやるのならば、科学の王道である物理学をやった方が良かったのではないか、と。事実、私は長らく『サイエンティフィック・アメリカン』という科学雑誌を予約購読し続け、自然科学の急速な発展を横目で眺めてもいたのです。

5 「貨幣」の不思議さ

ところが、ある時、私は誇大妄想的な言い方になりますが、「貨幣」——おカネ——を発見したのです。

学問が学問として意味を持つのは、よく言われるように、私たち研究者が巨人の肩に乗ることができるからです。すなわち、先人の積み重ねた思考に基づいて少しでも良いから何か新しい思考を付け加えることです。

私は、一方で数学的な経済学を研究し、学生にも教えながら、他方でジョン・メイナード・ケインズの『貨幣論』(一九三〇)と『雇用・利子および貨幣の一般理論』(一九三六)を何度も何度も読み返しました。言うまでもなく、ケインズはこの二つの本によってそれまでの主流派経済学——新古典派経済学——の批判を試みたのです。この二つの本のどちらにも「貨幣」という言葉がその題名の中にあるのは、新古典派経済学は、資本主義経済が貨幣を基礎に成立しているのに、その分析から貨幣を消し去っている。まさにこの貨幣の消去が、その分析を誤謬に導いてしまった。そのことを強調するためであったのです。

私はこの二冊を通して、私たちが資本主義社会で毎日当たり前に使っている「貨幣」というものが、いかに不思議な存在であるのかということを知るようになりました。ただ、それと同時に、この二冊の本においても、なぜ「貨幣」が不思議な存在であるのかは十分には解明されていないとも考えるようになりました。貨幣の存在がどのようにして資本主義経済を不安定的にするかという問題に関する理論化はなされていますが、貨幣それ自体の存在構造に関しては、十分な理論化がなされていない。そこに、少しでも自分なりの貢献ができればと思い始めたのです。

そして、長い時間をかけましたが、ある時「貨幣」の本質がわかったと思うようになりました。

6 貨幣とは何か?

貨幣とはいったい何でしょう?

ここに一万円札があります。これは、物理的なモノとしてはほとんど価値のない紙切れにすぎません。私は山羊ではありませんから食べたいと思いませんし、慶応の卒業生ではありませんから、福沢諭吉さんの肖像を何百回も拝みたいとは思いません。しかし、モノとしてはほとんど無価値のこの紙切れが、貨幣としては一万円の価値をもっている。それと交換に、一万円の価値をもつモノ、たとえば人間の生活に必要な衣食住を手に入れることができます。価値のないモノが価値あるモノに交換されるのです。

自然科学者ならば、価値保存の法則が破られていると言うかもしれません。少し哲学めいた言い方をしますと、無から有が生まれているのです。よく考えてみると、貨幣をめぐって、本当に不思議なことが起こっているのです。

でも、こう言うと、二つの反論が必ず返って来ます。

第一は、確かに現代では国家が発行する紙幣や硬貨が貨幣として使われているが、大昔は金や銀が貨幣として使われていた。すくなくともその当時はそれ自体が貴重な商品であった金や銀の価値が貨幣の価値を支えていたはずだ、という反論です。この反論は貨幣商品説と呼ばれます。

もう一つは、一万円札が一万円の価値をもつのは国家が法律で貨幣として定めているからであるという反論です。貨幣の価値は国家の権力が支えていると言うのです。この反論は貨幣法制説あるいは貨幣国定説と呼ばれています。いま一世を風靡している現代貨幣理論（ＭＭＴ）は、まさにこの貨幣法制説に全面的に依拠しています。

だが、貨幣商品説も貨幣法制説も理論的な誤りです。ただ、その説明は省略します[1]。ここでは、なぜ貨幣はモノとしての価値以上の価値をもつのかを明らかにするだけにしておきます。それによって、貨幣商品説も貨幣法制説も間接的に否定されることになるはずだからです。

7 貨幣＝無限に続く予想の連鎖

貨幣は、なぜモノとしての価値以上の価値をもつのでしょうか？

答えは簡単です。私がこの一万円札に一万円の価値があると思うのは、それをモノとして欲しいからでも、国家がそう命じているからでもありません。私以外の他の人間、たとえば今この講演を聴いている皆さんが、一万円の価値がある貨幣として受け取ってくれると予想しているからです。

貨幣の価値は、私ではなく、他の人が与えてくれるのです。だが、これだけでは貨幣についての話は終わりません。皆さんがこの一万円札を一万円の価値として受け取るのは、皆さんもそれをモノとして欲しているからでも国家が命じているからでもありません。他の人がやはりそれを一万円の価値がある貨幣として受け取ってくれると予想しているからです。そして、その他の人が一万円の価値として受け取るのは、やはりその他の人の他の人がそれを一万円の価値として受け取ってくれると予想しているからです。そして、このプロセスは続いていきます。決して終わりません。どこにも人間の欲望や国家の命令が介在することなく、永久に、そして、そして、そして、……予想すると予想する

と予想するが、続いていくのです。

こういう風に考えを進めて行くことによって、貨幣に関する謎が解けていきました。「貨幣が貨幣として価値を持つのは、誰もが、自分ではなく他の人が、貨幣が貨幣として価値を持つと予想する、と予想しているから」なのです。

ここにあるのは、「無限に続く予想の連鎖」です。さらに、簡略化して言い直しますと、「貨幣とは誰もが貨幣であると予想しているから貨幣である」のです。

禅の公案のような言い回しになってしまいました。だが、この無限に続く予想の連鎖であることこそが貨幣なるものの本質だ、ということに気がついたのです。それだからこそ、貨幣とはモノとしての価値以上の価値をもつのです。それだからこそ、貨幣は国家の定めがなくても貨幣として価値をもつのです。

8　なぜ経済学は「科学」であるのか――客観的実在としての貨幣

しかも、このような意味での貨幣の発見が、経済学とはまさに「人間社会」を対象にしながら、自然科学と同じように「科学」でもあるという確信に繋がりました。

どうして、経済学とは自然科学と同じように「科学」でもあると、言い切ることができるのでしょうか？

先ほど申し上げましたが、物理学も生物学も、私たち人間の「主観」とは独立に「客観的」に実在している物質を研究対象にしています（ここでは哲学における独我論は無視します）。それだから、物理学も生物学も客観性を持った「科学」であることを主張しているのです。

実は、経済学が対象にする貨幣の「価値」も、同じように「客観的」に実在しているのです。たとえば、この私が貨幣について考えすぎて、この一万円札は単なる紙切れでしかないと信じきっているとしましょう。でも、他のすべての人間が一万円札を一万円の貨幣として使っている限り、この一万円札も一万円の価値をもちます。そう信じていない私ですら、お店で一万円札として使えます。つまり、貨幣の「価値」とは個々の人間の「主観」とは独立に「客観的」に実在しているのです。

したがって、経済学という学問も客観的な実在としての価値をもつ貨幣を対象とすることによって、物理学や生物学と同じように客観性を持った「科学」であるということを主張できるのです。

9 社会的な実在としての貨幣——独自の科学としての経済学

さらに、重要なことは、経済学は同時に、物理学にも生物学にも還元できない独自の科学であるということです。なぜならば、貨幣の「価値」が実在すると言っても、それは物理学が対象とする実在、Physical Entityとも、生物学が対象とする実在、Biological Entityとも、まったく異なった意味での「実在」であるからです。

貨幣とは、「社会的」な「実在」、英語で言うと、Social Entity、またはSocial Substanceであるのです。

では、「社会的」な「実在」とはどういう意味なのでしょうか?

さっきとは逆に、今度はこの私はこの一万円札が一万円の価値をもつと硬く信じて、しっかりと握りしめているとしましょう。でも、もし会場にいる皆さんを含めて私以外のすべての人間が一斉に単なる紙切れにすぎないと思いはじめたら、誰も貨幣として受け取ってくれなくなります。私個人の主観とは独立に、一万円札は単なる紙切れにすぎなくなってしまうのです。貨幣が貨幣でなくなってしまうのです。

現実にそういうことは起こります。第一次大戦後のドイツが経験したハイパーインフレーションがまさにその一例です。誰もがマルク紙幣の価値が下落していくことを予想して、紙幣をできるだけ早く使おうと競争する結果、その価値が実際に急降下し、最終的にはマルク紙幣は単なる紙切れになってしまったのです。すなわち、貨幣の価値が客観的に「実在」しているといっても、その「実在」はその貨幣を貨幣として受け入れてくれる「社会」の存在に全面的に依存しているのです。その「社会」が消えてしまえば、貨幣の価値も消えてしまいます。

さらに言えば、いま申し上げたドイツのハイパーインフレーション。それは貨幣が貨幣としての価値を失ってしまうと、その貨幣を媒介として経済関係を築き上げていた社会――この場合は、ドイツ経済ですが――その社会それ自体が崩壊してしまうことを示しています。事実、この崩壊が生み出した社会不安からまさにナチズムが生まれてしまったのです。

ということは、少し複雑な言い方になりますが、一方で、貨幣とは社会の中で人々の間の交換を媒介し続けることによって、その貨幣としての価値が維持されることになりますが、他方で、貨幣とはそのように貨幣として人々の間の交換を媒介することによって、その社会を社会として維持しているのです。少し短く言い換えれば、貨幣とは人間社会によって支えられながら、同時に人間社会を支えているのです。そういう二重の意味で「社会的」な実在であるのです。

経済学とは、この「社会的」な「実在」という実に不思議な「実在」を対象とする「科学」です。それだから、物理学や生物学といった自然科学には還元できないそれ独自の存在理由や分析手法を持つ「科学」であるというわけです。

10 貨幣・法・言語と社会科学

学問というものは面白いものです。一つのことをやり続けているうちに思わぬ拡がりをもつことがあるのです。

実は、「貨幣」を発見してからしばらくして、私は「言語」というものの不思議にも気がつきました。さらに、「法」というものの不思議にも気がつきました。「言語」も「法」も、「貨幣」と同様に「社会的実在」であることを発見したのです。

言語とは、人間と人間とのあいだのコミュニケーションを、「意味」をもつ言葉や文字を媒介として行う仕組みです。法とは、人間と人間とのあいだの利害の対立や利害の分配を、抽象的な「権利と義務」の関係に置き換えて処理する仕組みです。そして、物理的なモノとしては空気の振動やインクの染みでしかない言葉や文字が運ぶこの「意味」も、物理的なモノとしては契約書の文面や裁判所の判決文でしかない法が人に与えるこの「権利と義務」も、貨幣の「価値」と同じように、無限の予想の連鎖の産物であり、したがって社会的な実在でもあるのです（その説明は省きます）。

いずれにせよ、このようにそれが「社会的実在」であるということが見えてくると、言語とそれをめぐる文化現象を研究する言語学やその関連領域も、法とそれに関する政治制度を研究する法学や政治学も、貨幣を対象とする経済学と同じようにれっきとした客観性を主張できる「科学」でありうることになります。そして、経済学を含めて言語学や文化人類学から法学や政治学まで、これらの学問を総称したものこそ「社会科学」にほかなりません。いや、私は本当はもう少し大胆に「人間科学」と呼んだほうが良いとすら思っています。

高校生の時にいい加減なイメージで社会科学を選んだのは実に幸運だったと、私は思うようになりました。なぜならば、あの時は社会科学を人文学と自然科学を足して二で割ったような学問ではないかと勝手に想像していました。だが、単に足して二で割ったのではありませんでした。社会科学とは、人文学と同じように「人間」あるいは「人間社会」を対象にしながら、自然科学と同じように客観的な「科学」でもあるのです。それは、人文学と自然科学のいわば良いとこ取りをした学問であった、というわけです。これほど、文学青年になった科学少年にとって相応しい学問はなかったと、今になって思うのです。

わたしは「終わりよければすべてよし」というシェイクスピアの言葉を思い出しました。

11　もっとも単純な社会的実在としての貨幣

しかも、私は社会科学の中でも経済学を選んだことはさらなる幸運だと思うにいたりました。それは、貨幣というものが不思議な存在ではありつつ、同時に単純きわまりない存在でもあるからです。いま、貨幣の価値だけでなく、言葉が持っている意味も法が人に与える権利義務も社会的実在であると言いました。ただ、同じ社会的実在でもその複雑さの度合いは大きく違います。

言語の意味がもっとも複雑です。言語自体が形態素（モルフィーム）と呼ばれる意味の最小単位から、単語、文節、文章、テクスト、さらにはテクストのネットワークというように何重にも階層化されています。このようにそれ自体が複雑な構造を持っている言語とその言語が表現しようとするモノやコトの世界との関係は、驚くべきほど複雑です。

法が与える権利と義務も、言語の意味ほどではありませんが、やはり複雑です。私法――私の法という意味ですが――と公法――公の法という意味ですが――との区別がありますし、私法の中心である民法の中でも物権と債権が区別されていますし、公法の中でも憲法、行政法、刑法などによって権利と義務のあり方が異なっているといった具合です。このように、それ自体が複雑な構造をしている権利義務とその権利義務によって置き換えようとする利害の対立や利害の分配との対応関係も、ひどく複雑であるのです。

これに対して、貨幣は単純そのものです。

なぜでしょうか?

貨幣には一つの単位しかないからです。もちろん、円があり、ユーロがあり、ドルがありますが、それらはみな為替レートによって一つに換算できてしまいます。ですから、円を使うにせよ、ユーロを使うにせよ、ドルを使うにせよ、貨幣の価値には一つの単位しかないわけですから、この世の中で貨幣の価値より単純なものは、1、2、3、……という数以外にはありえません。

このことは、二つの意味を持ちます。

12 経済学を学ぶことの第一の幸運――資本主義の普遍性と資本主義のグローバル化

私たちは、いま資本主義社会の中に生きています。その資本主義社会とは、貨幣を基礎として成立している社会です。

資本主義では、第一に、この世にあるすべてのモノを一つの貨幣価値によって表現します。また、資本主義的な経済活動は利潤を追求する活動ですが、利潤とは「収入マイナス費用」のことです。その収入とは、他人に売ったすべてのモノの価値の足し算です。費用とは、他人から買ったすべてのモノの価値の足し算です。ですから、あとは引き算をすれば良い。収入の値から費用の値を引いて、利潤がプラスになれば、その活動にさらにおカネを投入し、利潤がマイナスになれば、その活動からおカネを引き上げる。これが資本主義的な経済活動のエッセンスです。

資本主義とは、まさにこの「足し算」と「引き算」だけで動いているシステムなのです。足し算と引き算はもっとも単純な「算術」です。人間であるならば、どんな文化に育っていても足し算と引き算ならばできるはずです。ということは、その足し算と引き算のみを行動原理にする資本主義とは、人類にとってまさに「普遍的」なシステムであるということです。

ですから、資本主義は必然的に「グローバル化」するのです。そして、長い長い人類の歴史の流れの中で、紆余曲折はありましたが「グローバル化」し、とうとう私たちは今、資本主義によってすっかり覆われてしまったグローバルな社会の中に生きるようになっています。

これは、どういうことを意味するでしょうか?

それは、現代というこの時代において、何について議論するにもこの資本主義との関連で議論せざるを得なくなってしまったということを意味します。法や政治に関する問題はいうまでもなく、言語や文化に関する問題についてさえもそうです。資本主義に批判的であっても、資本主義を肯定している場合でも、それは変わりません。

いうまでもなく、経済学とは貨幣を基礎として成立している資本主義社会に関する学問です（むろん、それ以外の経済システムも取り扱いますが、ここでは議論を簡単にしておきます）。それゆえ、資本主義によって全面的に覆われてしまったこの現代という時代は、誰もが資本主義を理解する必要に迫られている時代であるのです。その意味で、経済学を学んだことは、その現代という時代に生きていくための一つの特権を得たことになるのです。

これが、経済学を学ぶことの第一の幸運です。

13　経済学を学ぶことの第二の幸運──文化非依存的な社会科学としての経済学

それだけではありません。先ほど、言語は驚くべきほど複雑だと述べました。さらに、法もひどく複雑だと述べました。それは、言語とそれをめぐる文化現象を対象とする言語学やその関連領域の学問も、法とそれに関する政治制度などを研究する法学や政治学も、ほぼ必然的にどの言語やどのような文化的コンテクストの中で研究するか、あるいはどの国やどのような地域の中で研究するかに依存してしまうことを意味します。

そして、残念ながら、学問の世界は必ずしも一国一票制を標榜する国連総会のようには動いていません。言語学や文化人類学、あるいは法学や政治学のような学問の場合、どうしても過去において膨大に研究を蓄積してきた西欧諸国の研究が主導権を握ってしまいます。それゆえ、不幸にも非西欧圏に住む学生や研究者は、多くの場合、知的な追随者という役割を果たさざるを得ないのです。

ところが、先ほど同じ社会的実在の中でも貨幣がもっとも単純であると述べました。それはたった一つの単位しか持っていないからです。そして、資本主義社会においては、そのたった一つの単位をもつ貨幣によって、この世のありとあらゆるモノの価値が表現されます。このような貨幣とそれ以外のモノとの関係は、ちょうど自転車の車輪のように、唯一のハブとそれに繋がる無数のスポークという、これ以上単純化できないほど単純なネットワークの構造をしているのです。それは、言語にも文化にも国にも地域にもまったく依存しないのです。ということは、そのもっとも単純な構造をもつ資本主義社会を学んだり研究したりすることは、世界中どこでもできると言うことです。

つまり、経済学を学ぶことは、西欧圏に属さない日本という国に位置する大学や研究機関においても、西欧圏に属する大学や研究機関で学んでいる人とほぼ対等の立場で行えるということなのです。

これが、経済学を学ぶことの第二の幸運です。

14 日本で経済学を学ぶことの意味は?

さて、この講演のタイトルは「経済学を学ぶことの幸運、日本で経済学を学ぶことの使命」です。いま「ほぼ対等の立場」と申し上げましたが、その「ほぼ」という形容詞は重いものです。現在、学問における基軸言語は英語です。その点では英語が属しているインド・ヨーロッパ語ではない言語を母語とする人間にとっては一〇〇％の対等性はありません。それならば、アメリカの大学やシンガポールの大学で英語にどっぷりと使って経済学を学んだほうが良いのではないか。日本の大学の予算の少なさを考えると、なおさらです。

どうして、日本の大学で経済学を学ぶことの意味があるのか？　私はこのような疑問が誰の胸にも起こってくるからこそ、日本で経済学を学ぶ使命があると思っています。

そのように思うようになったのは、私には、「貨幣」の「発見」に次いでもう一つの「発見」があったからです。それが「法人」の発見です。法律の「法」と人間の「人」とが組み合わされた「法人」です。

時間の関係で、急ぎ足になります。

15　日本経済論と会社システムの多元性

私は、アメリカの大学でしばらく教えた後、一九八一年に東京大学経済学部に就職しました。そして、その七年後、一九八八年から八九年にかけて二年間のサバティカルをもらってアメリカに滞在しました。表向きの理由は在外研究ですが、本当の理由は「婦唱夫随」です。ただし、夫婦の「婦」が唱え「夫」が付き随うという婦唱夫随です。私の伴侶である水村美苗が、プリンストン大学で教えることになり、それに随いていったのです。ですから、私は客員教授の地位を確保するために、何でも教えられると自分を売り込まざるを得なくなりました。そして、ペンシルバニア大学とプリンストン大学で日本経済論を教えることになったのです（というよりは、教える羽目になったのです）。

ところで、私がその講義のために学生に配った資料の中に加護野忠男さんや野中郁次郎さんらが一九八三年に行ったアンケート調査の結果がありました[2]。日本の経営者とアメリカの経営者にいくつかの経営目標をランキングしてもらい、その順位を比較した表です。その表によると、アメリカの経営者は投資収益率や株価の上昇を最上位にランキングしています。株主の利益の最大化を会社の目標にしていることがわかります。これに対して、日本の経営者のランキングでは株価上昇は最下位。その代わり会社規模の拡大や製品ポートフォリオの充実といった会社組織それ自体の成長や維持を経営目標の最上位においている。アメリカの会社は「株主重視」的であり、日本の会社は「組織重視」的であることが、一目でわかります。

バブルの崩壊の前です。日本経済の成功の秘密を知ろうと、発展途上国の学生を含めて多数の学生が聴講していました。その熱心な顔つきの前で私は困惑しました。日本の会社システムのこのような「組織重視」的な特徴は集団主義や儒教道徳といった日本文化の特殊性に起因する。そう解説するような講義をしたら、次の日には誰も教室には残らなくなってしまいます。なんとか日本の会社システムとアメリカの会社システムとの違いを、日本文化それ自体には興味を持っていない学生にも理解できる、普遍的な枠組みを使って説明できないだろうかと悩んだのです。

もちろん、このような言い方には首を傾げる人もいると思います。確かに私はつい先ほど、資本主義の「普遍性」について語りました。資本主義とはこれ以上単純化できないほど単純な構造を持っていると申し上げました。そうだとすれば、その資本主義の中で活動している会社も単純で一義的な構造をしているのではないか。アメリカの会社と日本の会社とを区別しようとすること自体が無意味なのではないか。そういう疑問をもっても、当然です。

16 「法人」の発見――モノであるのにヒトである

しかし、ある日私は、ふたたび誇大妄想狂的な言い方になりますが、「法人」なるものを発見したのです。先ほど申しましたように、法律の「法」と人間の「人」とが組み合わされた「法人」です。

その日は、プリンストン大学の東洋学の図書館の中を歩いていました。偶然、黄色い表紙の（ひょっとしたら金色の表紙だったかもしれませんが）古色蒼然とした日本語の本に目がとまりました。戦前に出版された『法律学辞典』（編者も出版社も出版年も不明）です。その本を本棚から取り出し、前から気になっていた「法人」という項目を探してみたら、次のような末弘厳太郎《すえひろいずたろう》による定義がありました。「法人とは自然人にあらずして法律上〈人〉たる取扱いを受くるものを言ふ」。古い言い回しで、わかりにくいと思いますので、現代語風に意訳しますと、「法人とは、本来はヒトではないのに、法律上ヒトとして扱われる、モノのことである」となります。

私は、まず、驚きました。

この定義が述べているのは、法人とはモノとヒトとの二面性を持っているということです。モノであるのに法律上はヒトとして扱われ、ヒトとして扱われているのに本来はモノでしかない。こんな不思議な存在がこの世にあることに、なぜ今まで気がつかなかったのだろうか。そう、驚いたのです。

そして、次に、喜びました。

私の悩みが、これで解消されると直感したからです。なぜならば、会社は「法人」であるからです。

もっと詳しく言うと、会社とは「法人企業」、すなわち企業活動を行う法人の別名であるからです。すなわち、資本主義社会の中で最も重要なプレーヤーである会社、私たちが日々さまざまな所でさまざまな取引をし、多くの人が日々その中で働いている会社とは、よくよく考えてみると本当に不思議な存在であるのです。それはモノであるとともにヒトでもある、ヒトであるとともにモノである、そういう二面性を持った存在なのです。

17 資本主義――一元的普遍性(Universality)ではなく多元的普遍性(Multiversality)へ

二年間のアメリカ滞在を終えて日本に戻ってから、この「法人」なるものについて集中的に考えてみました。そして、このように会社がモノとヒトの二面性をもっている不思議な存在であるということから、私は会社というシステムがこの「普遍的」な資本主義社会の中においても本質的な「多元性」をもっているという結論に導かれたのです。

ここでは、どういう道筋で私がそういう結論にたどり着いたかはお話しする時間はありません[3]。だが、簡単にまとめると、こうなります。

たとえば街角の八百屋さんのような個人企業の場合、オーナー(法的には、個人事業主)が企業活動に使う資産を直接に所有しています。取引相手との売買契約も金融機関との貸借契約もオーナー自身の名前で結ばれます。裁判の原告や被告になるのもオーナー自身です(二二九頁の図1を参照してください)。すなわち、個人企業は平屋建ての構造をしており、その唯一の「目的」はオーナーの利益です。

これに対して、会社の株主は、会社資産の所有者ではありません。取引相手や金融機関や従業員との契約の主体でもありません。会社資産の所有者は法律上の「法人」としての会社です。従業員や取引相手や金融機関との契約の主体となるのも「法人」としての会社です（ですから、株主は有限責任しか持たないのです）。会社をめぐる裁判の原告や被告になるのも「法人」としての会社です。会社の株主とは、会社それ自体を（会社資産とは厳密に区別された）抽象的なモノとして所有しているにすぎません。このモノとしての会社の別名が、株式です。そして、この株式を（会社資産と切り離して）切り売りする市場が、株式市場にほかなりません。

すなわち、平屋建ての個人企業とは異なり、会社は二階建てであるのです（二三一頁の図2を参照してください）。二階では、株主が会社をモノとして所有していますが、一階では、その会社がヒト――すなわち「法人」――として会社資産を所有し、契約の主体となり、裁判の当事者となっています。まさにその一階で、経営者を頂点とする従業員組織が会社のための実際の経済活動を行っているのです。

このように会社が二階建てであることは、会社の「目的」が本質的に多様であることを意味します。たしかに、会社買収を容易にする株式市場改革など、二階を強調する仕組みを作れば、株主の利益を重視する会社になります。だが、かつての株式持ち合いや近年の種類株式の発行など、一階を強調する仕組みを工夫すれば、従業員組織の維持や拡大を重視する会社になりえます。さらには、他のステークホルダーの利益や地域社会への貢献、ひいてはSDGsなど地球全体にさえ、会社の目的を広げることが可能です。そもそも会社という仕組みの存在意義は、ヒトとモノとの両義性を持つ法人としての会社を蝶番にして二階と一階の二つの所有関係を組み合わせ、そのバランスによって、私的所有権に基づく資本主義の枠組みの中で可能である組織の形態と目的の範囲を大きく広げたことにあるのです。それだからこそ、波瀾に満ちた資本主義の長い歴史の中で、会社という制度がこれまで生きのびてこられたのです。その意味で、会社の唯一の目的は株主の利益であると主張する株主主権論は、法人化されていない個人企業と法人企業である会社とを混同してしまった理論的な誤謬にほかなりません。言い換えれば、株主利益を重視するアメリカ型の会社システムも、組織の維持拡大を重視する日本型の会社システムも、会社が法人であるという視点から見ると、ともに「普遍性」をもった会社システムであると言うことなのです。

重要なことは、「普遍性」が一つではなく複数あるということです。英語で言うと、会社というシステムはUniversal（ユニヴァーサル＝一元的普遍性）ではなくMultiversal（マルティヴァーサル＝多元的普遍性）であるということです。

さらに私は、株主重視的な会社システムはアメリカ経済に顕著ですが、イギリスや幾つかのイギリスの旧植民地国においても支配的であること、さらにはこの日本においても、第二次大戦以前は高橋亀吉の『株式会社亡国論』（万里閣書房、一九三〇）という本に描かれたように株主主権的な会社が多かったこと、などを確認するようになります。

また、それとは反対の組織重視的な会社システムは、日本だけでなくドイツをはじめとするヨーロッパ大陸の多くの国の会社の特徴でもあること、さらにはたとえばバーリとミーンズの『近代株式会社と私有財産』（一九三二）やガルブレイスの『新しい産業国家』（一九六七）に描かれたように、一九世紀末から一九七〇年代にかけてはアメリカにおいてさえも多数派であったこと、を知ることになりました。

すなわち、資本主義社会の中には貨幣とそれ以外のモノとの間の関係に加えて、もうひとつ重要な関係があったのです。それはヒトとモノとの関係です。ここでいうヒトとは、モノを所有することが可能な存在です。そして、ここでいうモノとはヒトによって所有されることが可能な存在です。ですから、ここで言うモノの中には通常のモノだけでなく貨幣も含まれることになります。

このヒトとモノとの関係において、資本主義は「法人」というヒトとモノの二面性をもった不思議なヒトを導入することによって、「普遍的」でありながらも「多元性」を持つという驚くべき仕組みを、みずからのまったただ中において可能にしたというわけです。

18　学問のグローバル化

だいぶ時間がかかりましたが、これで最後に日本の大学において経済学を学ぶことの積極的な意義を語ることができるように思います。

実は、この講演を頼まれました時、いま私がここに手にしている『東京大学百年史』の中の「経済学部」を扱った分冊を再読してみました(4)。関口尚志先生、大河内暁男先生、原朗先生、石井寛治先生が執筆された、大変に貴重な文献です。一九八七年に出版されました。それを読むと、一八七七(明治一〇)年に文学部の中に「経済学」という授業科目が置かれ、翌年、後に日本美術の紹介者として有名になるアーネスト・フェノロサがその科目を教え始めて以来、「経済学」、さらには「経済学部」の歴史は苦難に満ちた歴史であったということがひしひしと伝わってきます。

最初は、ヨーロッパで生まれた経済学という学問をいかにこの日本に移植するかに苦労します。そして、次に、法科大学の中で経済学をいかに「国家学」から独立した学問分野として確立させるかに努力し、その努力の結果、一九一九年――今から一〇〇年前に――に「経済学部」として独立を果たしたわけです。だが、昭和に入り第二次大戦前夜になると、国家や軍部による思想弾圧を受けます。多くの教員が職を辞し、経済学部それ自体も内部分裂し、その存続すら危ぶまれる状況になりました。そして、混乱の中で敗戦を迎え、経済学部は刷新されたメンバーの下で再建されます。その後、順調な発展を遂げていったわけですが、一九六〇年代後半から学生運動の嵐の中に巻き込まれ、一九六八年から始まる「東大紛争」の中で一時は機能不全に陥っています。私はまさにその渦中の一九六九年に経済学部を卒業したわけです。

経済学部は、その後なんとか正常化し、それから五〇年たち、多大な発展をしてきました。ただ、現在、一見平穏に見える経済学部も、少し視点を高くしてみると、実は再び大きな危機の中にあることがわかります。それは、「学問のグローバル化」の中での地盤沈下という危機です。

先ほど、資本主義とは「普遍的」なシステムであることから必然的に「グローバル化」し、私たちは今、資本主義によってすっかり覆われてしまった社会の中に生きるようになった、と申しました。だが、実際には、このグローバル化はアメリカおよびイギリスの資本主義、とりわけ株主重視的な会社システムが主導したグローバル化であったのです。いまその資本主義が、急速な地球温暖化や拡大する所得や資産の格差や繰りかえされる金融危機などをもたらし、世界全体を大きな混乱に陥れています。

そして、この資本主義のグローバル化は、同時に経済学という学問にもグローバル化をもたらしました。だが、それは基本的には、資本主義と同様、アメリカおよびイギリスの資本主義を唯一の普遍的な資本主義とみなすという意味での経済学のグローバル化です。

ここに私は、日本で経済学を学び研究することの「使命」があると思っています。

19 日本で経済学を学ぶことの使命

それは、日本の資本主義のありかたが、まさに資本主義が「普遍」でありながら「多元」でありうることを現実に示してきたからです。しかも、重要なことは、この多元性はアメリカ型資本主義対日本型経済、あるいは西欧圏の資本主義対非西欧圏の資本主義という意味での多元性ではない、ということです。重要なことは、一方はアメリカおよびイギリス型の資本主義、他方はヨーロッパ大陸および日本型の資本主義という、西欧圏と非西欧圏とを横断した多元性であるということです。

つまり、日本の資本主義は、まさに非西欧圏に位置することによって、資本主義の多元的普遍性(Multiversality)が真の意味での多元的普遍性(Multiversality)であるということを示しているのです。

そういう日本の資本主義の中で経済学を学び研究することは、本当に幸運なことです。そして、その幸運を生かして、多元的に普遍(Multiversal)な資本主義を研究していくこと——そこに、日本において経済学を研究していくことの「使命」があると思っています。

ただ、その実行は、若い世代、さらにまだ生まれてもいない将来の世代にお任せしたいと思います。経済学部のこれからの百年に期待しています。

ご静聴、有り難うございました。

（東京大学経済学部創立百周年記念式典講演、二〇一九年一〇月二五日。『経友』二〇六号、二〇二一年二月）

（1）『貨幣論』や『経済学の宇宙』の5章、さらに『岩井克人「欲望の貨幣論」を語る』などを参照してください。

（2）加護野忠男・野中郁次郎・榊原清則・奥村昭博『日米企業の経営比較——戦略的環境適応の理論』（日本経済新聞社、一九八三）。

（3）『会社はこれからどうなるのか』や『経済学の宇宙』の6章と7章、そして本書第V章の「新しい会社の形を求めて」を参照してください。

（4）『東京大学百年史』東京大学百年史編集委員会編、全一〇巻（東京大学出版会、一九八四〜一九八七）。

『経済学の宇宙』あとがき

本書の成り立ちは、「まえがき」で共著者の前田裕之くんが説明しているとおりです。そのきっかけになったインタビューを最初に申し込まれた時は、断りました。学者として成功したとはいえない人生について語っても意味がないと思っていたからです。

だが、二度目に申し込まれたときには、ためらいながらも引き受けました。その理由の一つは、前田くんが私のゼミナールの学生であったということです。二年間にわたって毎週、私のおしゃべりを眠気と闘いながら聞いてくれたことに対する私の負い目を、これで少しは償えるかなという気になったからです。

ただ、最大の理由は、インタビューの主題は私の人生ではなく、私の学問であるという前田くんの言葉でした。私がどのような人生を歩んだかではなく、私が学問の世界で何をどのように考えてきたのかを聞き出したいというのです。そのとき私は六六才になっていました。そういう企画ならば、自分のこれまでの学問のあり方を俯瞰し、残された学者人生のなかでさらにどう学問していくかを考え直す良い機会になるのではないかと思ったのです。

こうして本書ができあがってみると、二度目の申し出を断らなくてほんとうに良かったと思います。学問をする人間としては幸せであったことを、再確認できたからです。

私の学者としての人生はアメリカの大学院に入ってすぐ「頂点」を極め、その後直ちに「没落」してしまいました。当然この「没落」は私に精神的な苦痛を与えました。だが、三つのことが、それから私を救ってくれました。

一つはわたし自身の性格です。私は陽気に生まれ、打たれ強い。

二つ目は、伴侶の水村美苗です。食べられればいいのよ、引き受けたくない仕事ならば引き受けなければいいのよ、好きなことができていれば永遠に認められなくてもいいのよと、常に笑いながら言ってくれていました。

そして、三つ目は、「没落」自体です。学界の中で活躍する場を失ったことは、逆に、自分にとって重要だと思う研究テーマに取り組む自由、そして何よりも時間を与えてくれたのです。私は、経済学の主流から離れた不均衡動学や貨幣論や資本主義論といった研究をすることができました。それだけでなく、経済学そのものから離れた法人論や信任論や言語・法・貨幣論といった分野までも研究を拡げることができました。それによって、学問することの苦労も増えましたが、それ以上に楽しさが増えたのです。

もちろん、私の学問上の仕事が、客観的に見て意味あるものであったかどうかは、読者に判断してもらうよりほかはありません。私としては、このようなかたちで、自分の学問のあり方を俯瞰する機会を与えられたことを、ただ感謝するのみです。

（以下、謝辞は略）

（『経済学の宇宙』前田裕之との共著、日本経済新聞出版社、二〇一五年）

Ⅶ　亡き人を悼む

弔辞　石川経夫君（一九九八年六月三〇日）

石川君。

出発前にお見舞いした時が、君を見る最後になってしまいました。君がこの世を去ったとき、僕は飛行機でイタリアに向かっている最中でした。そして今、君と君のご家族があんなに愛したシエナの丘の、あの古い中世の僧院、ポンティニャーノの一室でこの文章を書いています。

あたりの美しさがますます僕の心を沈めます。君とは本当に長い付き合いでした。思い出が次から次へ湧き起こります。

たとえばあれはもう二〇年以上も昔。ハーヴァードで教えていた君のところに遊びに行ったときのことです。君のアパートの壁には、何枚もの写真が飾られていました。自慢ということをしない君でしたが、幹子さんから聞けば、君は写真が好きでいくつも撮っていたという。あの写真も君が撮ったものに違いない。美しい写真でした。

講義の準備が忙しい中、君はアパートの台所にひきこもり、一日かけて七面鳥をローストしてくれました。それだけではありません。翌日ボストンの駅まで見送ってくれ、別れ際に紙包みを渡してくれました。列車が出発してからその包みを開ければ、なんと僕らが車中で食べるためのおにぎりが入っていたのです。

そうです。君と付き合っていると、君が与えてくれることばかりでした。君と僕との関係は、僕の方が赤字続きで、会えば会うほど借金が貯まってしまうのです。

僕との関係だけではありません。同僚として、研究仲間として、学生として、君と付き合った人はすべて同じ気持ちを抱いています。君ほど丁寧に講義を行い、真剣に学生の研究指導にあたった教師を、僕は知りません。君ほど一生懸命に、研究会を組織し、論文集の編集を行った研究者を、僕は知りません。本当に君ほど、人からもらう以上に与えようとした人間を、知らないのです。君の回りの人はすべて、君に対して借金だらけです。

それなのに君は、この世を去ってしまった。僕らには、君から受けた借金を返すことができなくなってしまった。

本当に不公平です。

君は大変な家族思いでした。その君が、幹子さんと三人のお子さんとご両親を残して、この世を去ってしまった。

本当に不公平です。

君は学問の上では所得分配の研究に打ち込んできました。時流に抗して、自分が正しいと信じる道を進んでいった君の姿には、みな頭が下がりました。その君が学問の道半ばにしてこの世を去ってしまった。

本当に不公平です。

そして、僕らはこの不公平に対して何もすることができない。本当に悲しいことです。

だが、この僕たちの悲しみこそ、君がこの世の中へ残した最も大きな贈り物です。

君の与えてくれたものを君には返せない。だから、僕たちはそれを世の中に返すしかないのです。

三人のお子さんたちも、幹子さんとご両親の愛情に助けられて、立派に成長なさるでしょう。若い人たちは君の切り開いた学問分野をさらに推し進めて行くことでしょう。僕たち友人は、これらの新しい力が、君の後を継いで行くのをお手伝いすることを誓います。

先ほどまで強い夏の日射しに輝いていたチェルトーザの鐘楼も、もうすっかり夜のとばりに覆われています。その下で、シエナの多数の友人たちと共に、君の冥福を静かに祈りたいと思います。

さようなら。


(『経友』一四二号、一九九八年一〇月号)

佐藤和夫先生（二〇〇一年九月二二日）

私は一九六九年、大学を卒業してすぐにアメリカに渡りました。ＭＩＴ（マサチューセッツ工科大学）の大学院に留学するためです。親元を離れて生活する初めての土地が異国となったわけですが、飛行機が離陸した瞬間、全身に解放感が漲《みなぎ》ったことを覚えています。

その年、ＭＩＴの経済学大学院は一〇年ぶりに日本人留学生を受け入れました。黒沢宥さんと猪木武徳さんと私です。日本語を話す同級生がいたことは心強く、とくに年の近かった猪木さんとは親しくなりました。

その大学院にもう一つ、ギョロリとした眼の日本人の顔がありました。客員教授として赴任された佐藤和夫先生です。一年目の夏休み、日本に帰るお金のない私は研究助手に雇ってもらいました。夏の朝、先生の研究室で当時でも珍しかった手動計算機を回していると、先生が「岩井君、例の問題解ったよ」と言いながら部屋に入ってきます。そして前の晩に解決された学問的問題を黒板を使って解説してくれるのです。それは私にとって最上の職業訓練となりました。

夜は時折、猪木さんを交えてボストンのチャイナタウンに繰り出しました。私も猪木さんも（そして先生も）大食漢であったので、先生が支払いをしてくれることを良いことにして、毎回二人とも本当に動けなくなるほどお腹一杯食べさせてもらいました。

その後、ニューヨーク州立大バッファロー校、さらにラトガーズ大学へ移られてからも、先生は問題を解決される度に論文を送って下さります。その数は膨大で、今ではファイルキャビネットを埋め尽くしています。理論偏重の私が日本経済について考えるようになったのも、その中に日本経済を題材にしたものが多くあったからです。第二の職業訓練でした。

だが、私から先生に送ることのできた論文の数は僅かです。せめてもう少しと思っているうちに三十有余年経ってしまいました。

（『日本経済新聞』「交友抄」二〇〇一年九月二一日付）

追記（二〇二四年二月一三日）：先生は、私が一九八一年に日本に戻ってからも、時折、論文だけでなく、手紙も送ってくださりました。手紙には、研究の中で直面している問題や人生に関する悲哀感などが、ほとんど解読不可能な小さな文字でぎっしりと書き込まれています。いつの間にか私にとっては、アメリカに住む叔父さんのような存在となり、先生が東京に来るときは東京で、こちらがニューヨークに行くときはニューヨークで、必ず会うことにしていました。

先生に最後にお会いしたのは、二〇〇四年の五月でした。ニューヨークに出張することになり、そのことを知らせようと思った矢先に、先生の方から手紙をいただきました。二月に六時間半にも及ぶ心臓手術を受けたことが記されていました。震える手で書かれたのでしょう。いつもは小さな文字が大きくなり、しかも乱れていました。

私は四月末にニューヨークに着くとすぐ、お見舞いを兼ねてマンハッタンのご自宅に伺いました。そして、五月初めに帰国する前、先生からお誘いをうけ、いつも行くチャイナタウンの中華料理屋ではなく、自宅付近の日本料理屋で昼食をともにしました。先生はかすれた声で、もう思い残すことはない、いつでも死んでもよいというようなことを笑い顔で言われました。先生の身体の負担にならないように早々と引き上げようとしたのですが、引き留められ、近所のコーヒーショップに移って話し続けました。先生と別れた時には、すでに日が沈みはじめていました。夕暮れの中、地下鉄の喧噪の中に入る気が起こらず、街灯が点りはじめたマンハッタンの街路を一時間以上歩いて、ホテルに戻りました。

その年の九月、先生が心臓発作で亡くなられたという知らせが届きました。

「大人」逝く――辻井喬さん追悼（二〇一四年四月五日）

二〇〇七年六月、日中文化友好協会の一員として中国旅行をしました。団長は辻井喬《つじいたかし》さん、他に作家の加賀乙彦さん、文芸評論家の松本健一さん、社会学の橋爪大三郎さん、協会から横川健さんと竹本リサさんが参加しました。昼間は会合と観光、夜は酒盛りをしながらの議論と、充実した八日間を過ごしました。

団長としての辻井さんは、まさに大人《たいじん》として振る舞われていました。何事にも動ぜず、しかし団員の活動にそれとなく目を配られ、会議ではいつも悠然と演説をこなして行かれました。それは、辻井さんが実業家の堤清二としてセゾン・グループという巨大な組織を統率された人間であることを、彷彿とさせるものでした。そして、旅行の折々、ノートに何やら書き込んでおられましたが、西湖遊覧の船上で、その中身を披露されました。見事な詩がページを埋めていたのです。文人としての辻井喬の姿を垣間見ることができました。

この旅行の私の目的の一つは、中国経済の発展ぶりを直接に観察することでした。八日間の旅行で得た結論は、中国経済を「社会主義市場経済」という政府公認の名前で呼ぶのは相応しくない。それには「資本主義」という言葉しか当て嵌まらないということでした。そして帰国後、本紙（『日中文化交流』）にその旨を綴った感想文を送りました。ところが、その中で「資本主義」という言葉を使ったことが問題となり、最初は掲載を拒否されてしまいました。それでも、最終的には、辻井さんの「大人」としての決済で、許可が下りることになったのです。

現在、日中関係は良くありません。だが、まさにそのようなときにこそ、「文化」が意義を持ちます。文化は国々で異なりますが、文化の価値は普遍です。文化を追求するという人間の行為は、国家の権力からもイデオロギーの誘惑からも大衆の付和雷同からも自立した個人としての対話を可能にするのです。辻井喬さんは、日中「文化」友好協会の会長として、そのことを一番良く知っていたのだと思います。

「大人《たいじん》」を喪いました。

（『日中文化交流』二〇一四年四月一五日号）

追記：習近平政権の下、中国経済はふたたび「社会主義市場経済」に戻ってしまいました。

宇沢弘文先生追悼(二〇一四年九月二八日)

巨星墜つ。宇沢弘文先生が九月一八日に亡くなられたとの報を聞いたとき、私の頭をよぎった言葉です。

宇沢先生は一九二八年に鳥取県の米子の旧家に生まれ、その後一家とともに上京し、府立一中、旧制一高、東京大学と進みます。東大では数学科に入り、五一年に卒業すると特別研究生に選ばれます。先生は圧倒的な知性だけでなく、それに匹敵する強い正義感をもっていました。終戦直後の日本社会の混乱に危機感を抱き、当時の政治や思想を主導していたマルクス主義に触れたこともあり、経済学への転身を決意し、特別研究生を辞めてしまうのです。

新古典派経済学を代表するアルフレッド・マーシャルは学生をロンドンの貧民窟に連れて行き、「経済学者になるには冷徹な頭脳と温かな心がともに必要だ」と述べたといわれています。宇沢先生も、みずからの冷徹な頭脳と温かな心を結びつける学問として経済学を選んだのだと思います。

やがて東大で数少ない近代経済学の研究者だった古谷弘氏と出会い、数理経済学に導かれます。ケネス・アローの仕事に傾倒し、数理計画法に関する論文を本人に送ると、しばらくして米スタンフォード大学の助手に誘う招待状が届きました。そして、五六年に米国に渡ることになります。

＊

それ以降の活躍はまばゆいばかりです。渡米の契機となった数理計画法の研究は五八年にアロー氏らと出版した『線形及び非線形計画法研究』という論文集に結実します。当初は社会主義経済の分権化の研究でしたが、そのための数学的手法を開発する中で、数理計画法という新たな分野を作ってしまったのです。その後、消費者の顕示選好理論の一般化に成功したほか、一般均衡理論の存在証明や安定性の条件についての研究を立て続けに発表し、数理経済学研究の最先端に立つことになります。

宇沢先生の名前を広く経済学界に知らしめたのは、六二年の「宇沢の二部門成長モデル」です。五六年にロバート・ソローとトレバー・スワンが発表した新古典派成長モデルは、経済成長経路の不安定性を主張したハロッド＝ドーマー理論に対し、均衡理論を使って、完全雇用と両立し長期的にも安定的な成長経路を描くことに成功しました。

ソロー＝スワン理論で中心的な役割を果たすのが集計的生産関数ですが、宇沢先生の二部門モデルは消費財と投資財を区別することで生産関数を一般化し、新古典派成長理論の応用可能性を拡大したのです。同時に、新古典派の枠組みでも経済成長が不安定的である可能性も示しました。

その後、チャリング・クープマンス氏やデーヴィッド・キャス氏と共に、規範的な立場から経済成長を分析する「最適成長理論」を開拓します。技術進歩率を人的資本の蓄積によって説明する論文も発表し、後の「内生的成長論」の先鞭《せんべん》をつけています。

宇沢先生はこうした業績によって、三六歳でシカゴ大学の教授となりました。積極的に若手を中心とした研究会も開き、ジョセフ・スティグリッツ、ジョージ・アカロフ、ロバート・ルーカス、青木昌彦、早世したミゲル・シドラウスキーの各氏ら、多くの重要な経済学者を育てています。

＊

ただ、それまでの宇沢先生の仕事はすべて新古典派の枠組みの中です。新古典派は基本的に自由放任思想に理論的基礎を与える経済学にほかなりません。そしてシカゴ大はミルトン・フリードマン氏を主導者とする自由放任思想の牙城なのです。先生はその思想を受け入れられず、ベトナム戦争に対する反対運動が世界的に広がる中で六八年に東大の経済学部に移られました。

ところが赴任するとすぐ大学紛争が起き、講義ができなくなります。そこで米国と同様に若手向けのセミナーを日本開発銀行（現日本政策投資銀行）の設備投資研究所で開いたのです。メンバーはおもに助手や大学院生でしたが、末席には奥野正寛、篠原総一、故石川経夫の各氏ら大学院志望の学部生も加わり、私もその一人でした。セミナーの後は、必ず新宿の歌舞伎町の飲み屋に繰り出すのです。

私は酒場のアルコールの匂いの中で、世界最先端の数理経済学者として仰ぎ見ていた宇沢先生の「心」が、それとは別のところにあることを知りました。事実、先生は日本に戻る前から新古典派に批判的な英ケンブリッジ大学のジョーン・ロビンソン氏らと親交を深め、その影響の下に「ペンローズ効果」に関する論文を六九年に発表します。

企業内の経営資源の大きさが企業成長を制約することを示したエディス・ペンローズ氏の「会社成

長理論」を基礎に、ケインズ経済学的な投資理論を初めて数学化した論文です。先生の仕事の中で最も優れたものの一つだと思います。

宇沢先生は新古典派経済学からの脱却を試みていたのです。しかし、先生の分析手法は基本的に新古典派の枠組みを出ることはありません。先生はみずからの分析手法と、正義感に基づく自由放任主義批判――冷徹な頭脳と温かい心――の間のギャップに長らく葛藤していたのだと思います。その葛藤の切れ切れを、私は酒場でのお話の中から漏れ聞いたのです。

私はその後、米国に留学してしまいますが、先生が反公害や反成田空港の運動に積極的に関わり始めたことは人づてに聞いていました。七四年のある日、友人から岩波新書が送られてきました。先生の『自動車の社会的費用』でした。

自動車が市民生活に与えるコストは一台二〇〇万円という衝撃的な数字が提示されていますが、基本的には先生の「温かい心」の力で書かれた本です。それは人々の「心」を動かし、大ベストセラーとなりました。日本が曲がりなりにも公害対策の先進国になったのは、この新書によるところが大きいはずです。

私も八一年に日本に戻り、再び先生のお話を酒場で聞くようになりました。一番知りたかったのは、「温かい心」と葛藤していたはずの「冷徹な頭脳」がどうなったかです。そして、先生が七〇年代の後半から「社会的共通資本」に関する研究に取り組まれていることを知ります。

だが、その内容を聞いていささか失望します。社会的共通資本とは、自然環境やインフラや社会制度の総称でしかない。ストックとしての公共財と言い換えてもよい。それが私有財産制の下では乱用されるか過小供給になることは、新古典派経済学でもよく知られた事実です。すでにその頃から社会主義体制には資本主義以上の矛盾があることは常識になり始めていました。社会主義に陥らずにいかに社会的共通資本を維持し発展させていくかに関して、先生自身、理論的な解答を見いだせていなかったのです。

ただ、私はすぐに、先生自身も社会的共通資本という概念自体には新しさがないことを百も承知であることを知ります。先生は学界の中での認知ではなく、市民をいかに動かすかという社会的な実践を選び取っていたのです。「冷徹な頭脳」を「温かい心」に仕えさせることにしたのです。晩年の先生が経済学の中に「人間の心」を持ち込むことを提唱し始めたのは、その自然な帰結であったのです。

＊

長い髭《ひげ》を生やし、バスク民族の赤い帽子を頭に乗せた宇沢先生の晩年の顔は大変に柔和に見えます。だが、想像の中でその顔から髭も帽子も取り払うと、歌舞伎町の酒場で「冷徹な頭脳」と「温かい心」の間で葛藤していたときの厳しい顔が浮かび上がります。その顔は、私の世代、いやもっともっと若い世代の経済学者に対し、「冷徹な頭脳」と「温かい心」とを結びつける仕事は残されたままであることを告げているのです。

（『日本経済新聞』「経済教室」二〇一四年九月二八日付）

「師」としての小宮隆太郎先生（二〇二三年六月）

私が小宮先生に最初にお目にかかったのは一九六七年の四月、ゼミの開講日でした。演習室の中で、緊張しながら椅子に座っていると、すっと扉が開いて、長身で猫背気味の先生の姿が現れました。先生は私たちゼミ生を一瞥して、着席されましたが、眼鏡の奥の鋭い目が大変に怖かった記憶がありま す。この日から、私は小宮先生を「師」とする小宮ゼミ生となったのです。

小宮先生は、常日頃、「師弟は学業が終われば人格は対等だ」と述べられていました。学問的自伝である『経済学わが歩み――学者として教師として』（ミネルヴァ書房、二〇一三）の中でも、次のような言葉を残しています。「師が弟子を批判し、弟子が師を批判するのは当たり前。お互いに遠慮なく議論して相互理解に達する。そんな精神こそ学問に必要だと思っている。」

だが、私は長い間、その小宮先生に対しては、「弟子」としてしか接することが出来ませんでした。若い頃は対人恐怖症に近かった私も、長らく教師として教壇に立つうちに他人に対して物怖じしなくなりましたが、小宮先生の前に立つとひどく緊張してしまうのです。先生が何か質問するとき、それに答えようとすると、声が突然嗄れ、口籠もってしまうのです。

ゼミの開講日に見た眼鏡越しのあの鋭い目が、私の脳細胞に刷り込まれてしまったのかもしれません。それとも、まだ経済学について何もわかっていないのにゼミの中で偉そうに発言し、小宮先生に「キミの言っていること、ゼンゼン間違っているよ」と言われた時の記憶が、残り続けていたからかもしれません。いや、もっと重要なのは、私自身の「引け目」意識であったと思います。

小宮先生は、実証的裏付けのない理論、理論的な整合性のない政策には、常に容赦ない批判を浴びせました。ところが、私は、小宮ゼミ出身でありながら、純粋な経済理論研究に進んでしまいました。学部生のときに経済成長論に興味を持ち、アメリカでの大学院時代の前半では最適成長理論などという現実離れした数学モデルの作成に熱中しました。その後、新古典派経済学批判に転じ、不均衡動学やシュンペーター動学や貨幣論などを研究しましたが、それらの研究も基本的には純粋理論の範疇に入るものです。私は経済学者でありながら、現実の経済についてはよく知らないという引け目を感じていたのです。

私は一九八一年にアメリカから戻り、東京大学経済学部に赴任しました。お昼休みに、当時は教員職員専用の食堂となっていた山上会議所に行くと、館先生・小宮先生・宇沢先生など経済学部の教員が座っているテーブルがあります。その末席におずおずと座ると、すかさず小宮先生からの質問が飛びます。たとえばこういう質問があったことを覚えています。「岩井クン、いまアメリカから商務長官が来て、アメリカ製品の輸入拡大を日本政府に要請しているけど、これ、おかしいと思わない？」私は、先生の質問に対して、ＹＥＳともＮＯとも答えられず、自分でも意味不明のことを言って下を向いてしまいました。

そのような私が現実の経済問題について考えるようになったのは、ひとつは小宮先生からたまに飛んでくる「岩井クン、キミこれどう思う?」という質問になんとか答えるためでした。そのために日本経済新聞をまじめに読み始めました。ただ、もう一つの切っ掛けがあります。私は一九八八年から八九年にかけて、サバティカル制度を利用してアメリカに戻り、ペンシルヴァニア大学とプリンストン大学で日本経済論を担当しました。そのために、日本経済に関する文献を必死で読まなければならなくなりました。ただ、そのおかげで、日本経済が直面する問題に関して、自分なりに考え始めるようになったのです。

一九八九年の六月に私は帰国しました。二年間日本経済論を教えたことによって、「岩井クン、キミこれどう思う?」という小宮先生の質問に対して、以前よりは論理的に答えられるようになったという多少の自信を持っての帰国でした。だが、その質問をしてくださるはずの小宮先生は、その年の四月に青山学院大学に移られており、東大のキャンパスにはもはやおられません(ただし私は一月に、小宮先生の東大での最終講義を聞くために、数日間だけ一時帰国をしました)。私は、一方で、ひどく残念に思うとともに、もう一方で、ホッとした気持ちも持ったことは、正直に告白しておくべきでしょう。

だが、ホッとしたのは、早とちりでした。その後、時折、本当に時折ですが、私が本として出版したり新聞などに書いた文章に関してコメントする手紙やメールを頂くことになりました(また、小宮先生がお書きになっている論文へのコメントを求める手紙も二回ほど受け取りました)。コメントの内容は多岐にわたっていますが、基本的には、「キミの言っていること、ゼンゼン間違っているよ」というものです。

例をいくつか挙げてみます。

（1）私は『ヴェニスの商人の資本論』（一九八五）や『二十一世紀の資本主義論』（二〇〇〇）など、「資本主義」という言葉を冠した本をいくつか出版しましたし、それ以外の文章でも「資本主義」という言葉を繰り返し繰り返し使っています。それに対して、小宮先生は、その言葉は資本家が労働者を搾取するというマルクス主義的な意味が強く、実証に耐えない。「私企業的市場経済」と言うべきだと主張されました。そして、農村における過剰人口が枯渇することによって、資本主義が物的資本を利潤の源泉とする産業資本主義からイノベーションが利潤の源泉となるポスト産業資本主義へと転換していくという私の議論に対して、企業の利潤の源泉は何時の時代でも①資金、②特許やノウハウ、③市場支配力であり、これは産業資本主義時代でもポスト産業資本主義でも変わらないのではないか。そもそも私の言う「転換」は実証されていないのではないか、と批判されました。

（2）私は二〇〇三年に『会社はこれからどうなるのか』、〇五年には『会社はだれのものか』を出版しましたが、〇六年に頂いた手紙では、そこで使われている「法学的」なアプローチは、「思弁的」であり、通常の意味での「実証科学」と見なせないと書いてありました。そして、法人には株式会社以外にも、相互会社、NPO法人、財団法人など様々な種類があり、その経営をコントロールしている主体も利益配分の仕方も多様であり、「会社はだれのものか」という設問自身が無意味である、という批判も頂きました。

（3）それ以前の二〇〇〇年に、私は日経新聞に「〈尊厳〉基礎に市民社会拡大」というエッセイを書きました。どのような差異性でも相対化していくグローバル資本主義に対抗できるのは、協同組合や地域共同体などのローカルな自律性ではなく、それと同等のグローバルな形式性をもつ市民社会の原理であるなどと論じたのです。この「市民社会」という概念を小宮先生は否定します。その根底にある「人権」という考えは文化により宗教により様々であり、人類に普遍的な原理として提示することは、そのような多様性を押しつぶすことになるという批判です。

私は先生からこのようなコメント、いや批判を頂くと、慌てて反論の手紙を書きました。赤門付近や青山学院大学付近のレストランでお会いし、直接に議論を交わせることもありました。

私の反論はたとえば次のようなものでした。

（1）小宮先生は、私の資本主義論にマルクスの亡霊を見いだしていますが、利潤が「差異性」から生まれることを普遍原理とする私の資本主義論は、マルクスの資本主義論批判です。たとえば、私は産業資本主義を、農村の過剰人口が実質賃金率を機械制工場における労働生産性より低く抑えることによってマクロ構造的に差異性が創り出され、あたかも機械制工場（いや、そこに働く労働者の労働）が利潤の源泉であるかのように「見える」資本主義の形態と規定しています。マルクスの資本主義論は、この産業資本主義という資本主義の一歴史形態を資本主義の普遍形態と見なしてしまった、誤謬です。事実、もし農村の過剰労働が消えてしまえば、賃金率は教科書的な労働の需給均衡によって決定されるようになり、均衡利潤率は利子率（＋リスクプレミアム）にまで落ちてしまいます。そして、そのとき、企業が利子率以上の利潤を生み出すためには、利潤は差異性から生まれるという資本主義の普遍原理を意識的に実践する必要があります。それが、イノベーションを利潤の源泉とするポスト産業資本主義にほかなりません。したがって、小宮先生の言う三つのミクロ的な利潤の源泉は、マクロ的な経済構造の変化によってその相対的なウエイトが必然的に異なってしまうはずです。また、「転換点」に関しては、西ヨーロッパに関してはキンドルバーガー、日本に関しては南亮進さんや吉川洋さんなどの実証研究があります、等々。

（２）私が「法人論」の研究を始めた一つのきっかけは、小宮先生自身の「日本企業の構造的・行動的特徴」という論文です（一九八八年に『経済学論集』で発表されました）。その中で先生は、日本企業の行動は、実証的に見ると、新古典派経済学の教科書に書かれている株主利益の最大化を目的とする企業とも、その目的を採用している米英の企業とも、異なっていることを指摘しています。その上で、日本企業は株主利益の最大化ではなく、従業員一人当たりの所得の最大化を目的とする労働者管理企業のように行動しているという仮説を提示していました。私は、先生のこの仮説をおおむね受け入れています。だが、そのような行動をする日本の企業も、その大多数は米英の企業と同様に株式会社であるという事実から出発して、なぜ同じ株式会社という普遍的な制度的枠組みの中で、このような組織形態の多様性が出されるのかという問題設定をしたのです。そして、この普遍性の下での多様性という問題は、「法人」という制度を明示的に導入することによって、統一的に解決できることを示したのです。それによって、株式会社以外にも、相互会社、ＮＰＯ法人、財団法人などが異なったコントロールや利益配分の仕組みを持っていることも、統一的に説明できるはずです。いや、法人という制度を無視して、企業を資本家による単なる所有物、あるいは利害関係者間の単なる契約の束と見なしている経済学的アプローチこそ、現実の経済組織の多様性を実証的に見ておらず、「思弁的」なのです、等々。

（3）確かに、私の市民社会論は、お花畑的であるかもしれません。ただ、その基礎にあるイマヌエル・カントの道徳原理は、「すべての人間に普遍化しうる行動原理は「すべての人間に普遍化しうる行動原理にのみ基づいて行動せよ」という原理しかない」という純粋に形式的な論理のみによって導かれた原理であり、どのような人間類型も政治体制も社会思想も前提としていません。だからこそ、わたしはそれを、文化や宗教の違いを超えられる唯一の道徳原理と見なしているのです。もちろん、グローバルな市民社会の実現は永久に不可能でしょう。事実、この道徳原理から人権、より広くは市民権という概念が導き出されますが、「権利」はそれを尊重する「義務」を誰かが引き受けなければ単なるお題目にすぎません。その義務を課すためには、国家体制の下での強力な法制度やそのネットワークとしての国際機関の発達が不可欠です。人類は、カント的な道徳原理を導きの糸として、「すべての人間」の中に含まれる「人間」の範囲を徐々に広げながら、市民社会を少しずつでも実現していくよりほかはありません、等々。

私と議論しているときの先生の顔つきから見て、このような私の反論に先生が納得なされたとは到底思えません。ただ、先生が、納得しないなりにも、議論することを大いに楽しんでいたことだけは、確かでした。「師が弟子を批判し、弟子が師を批判するのは当たり前。お互いに遠慮なく議論して相互理解に達する。そんな精神こそ学問に必要だと思っている」という先に引用したこの言葉を、先生はまさに私相手にも実践していたのです。

小宮先生から批判の手紙やメールなどを頂いたときは、大いに慌てました。それに対する反論を書くのも大変でした。だが、それにもかかわらず、かつては先生の質問に対して口籠もってしか返答できなかった私を、「遠慮なく議論して相互理解に達する」ことが可能である人間として扱って頂けるようになったという事実は、本当にうれしく思いました。

ただ、小宮先生の言葉に反しますが、私はそれによって、先生と「対等」な「人格」になったとは考えていません。今回、この文章を書くために頂いた手紙やメールを再読したり、レストランなどで交わした議論などを思い出してみて、小宮先生は、「資本主義」や「法人」や「市民社会」などという抽象的な概念を振りかざしていた私を見て、学問という地道な知的活動から道を踏み外すのではないかと心配されていたことがわかるのです。その心配の根底には、自分の教え子（弟子）に対する「師」としての強い責任感が控えていたのだと思います。その意味で、小宮先生と私の関係は、「師弟」という対等ではない関係であり続けていたことになります。ですから、私にとって、小宮先生は永久に「先生」であるのです。

私が小宮先生に最後にお目にかかったのは、二〇一五年。先生の自宅付近の料理店においてでした。先生と奥様とを囲む少人数の昼食会に参加したのです。先生はすでに足が不自由で、遠い外出を控えるようになっていました。私ははからずもその年に、先生と同じ日本学士院の会員になりました。だが、残念ながら、学士院会館の中で、「岩井クン、キミこれどう思う？」という先生の質問を聞く機会はありませんでした。そして、とうとう昨年の一一月に訃報を受けとりました。

（『経友』二一六号、二〇二三年六月号）

あとがき

昨年の秋のことです。学者としての私の人生に少しでも意味があったことを伝えてくれる出来事がありました。そのことを記録にとどめておくために、今年の一月に久しぶりにエッセイを書きました。「ファンレター」という題名です。その最後の句点をパソコンに打ち終わったとき、このエッセイを巻頭にしたエッセイ集を出版することを思い立ちました。最終局面に入ってしまった私の人生に一つの区切りを付けておく、良い機会だと思ったからです。それが本書です。

私はこれまで筑摩書房から三冊、単行本を出版しています。『ヴェニスの商人の資本論』(一九八五)と『貨幣論』(一九九三)と『二十一世紀の資本主義論』(二〇〇〇)です。『二十一世紀の資本主義論』の出版から二四年も経ってしまいました。本書は、主としてその間に発表した文章やインタビューの中から、比較的多くの読者に開かれている内容のものを選んでみました。

文学や映画や絵画を題材としたエッセイからリーマン・ショックやビットコインについてのインタビュー、信任関係の統一理論を構築する論文から亡き人々への追悼文まで、さまざまな主題をさまざまな形で扱っている本書にどのような題名をつけたらよいのか悩みました。最終的に、『資本主義の中で生きるということ』にしました。

右に挙げた三冊の題名が示しているように、これまでずっと私は、「資本主義」について、そしてその根底にある「貨幣」について語り続けてきました。同じ主題についてこれほど長いあいだ語り続けていること、いや、語り続けていられることは、加齢による脳神経活動の停滞を意味しているのかもしれません。だが、私自身は、この「資本主義」や「貨幣」という主題それ自体が、私に語り続けることを要請、いや強制しているという不思議な感覚をいだいているのです。その強制によって、本書の中の多くの文章やインタビューにおいても、私は「資本主義」について、「貨幣」について語り続けています。それが、『資本主義の中で生きるということ』という題名を選んだ一つの理由です。

ただ、この題名を見て、気がつかれた読者もいると思います。この題名は、私たちはこれからも「資本主義」の中で生きていかざるをえないことを、暗黙に想定しているということです。それは、私が資本主義社会を理想社会とみなしているからではありません。いや、私のこれまでの資本主義研究は、同時に、資本主義批判でもあります。資本主義には、恐慌やハイパーインフレーションといった不安定性が本質的に内在していますし、所得や資産の分配を不平等にする傾向がありますし、環境汚染などを将来世代に残していく構造もそなわっています。資本主義とは最悪の経済システムなのです。だが、資本主義について、そしてそれ以外の経済システム——贈与交換的共同体や社会主義経済など——についても研究してきた結果、私はあのウィンストン・チャーチルが「民主主義」について述べた言葉を、「資本主義」についても繰り返さざるをえなくなっているのです。「資本主義とは最悪の経済システムである。ただし、これまで存在したすべてのシステムを除いて」と。本書はその最悪の資本主義の中で、私たちはどのようにしたら「良く」生きていけるのかを考えるための糸口を探っています。

実は、『資本主義の中で生きるということ』という題名は、かつて行った講演の題名を借りたものです。ただ、その講演自体は本書には入れていません。その内容が、収録された二つのエッセイ——「「自己疎外」と資本主義の論理」と「『高慢と偏見』と資本主義の論理」——を基にしたものであったからです。とりわけ前者は、なぜ私たちが資本主義の中で生きていかなければならないかについて、手短にですが語っています。そして、後者は、私の愛読書であるジェーン・オースティンの『高慢と偏見』を題材にして、その資本主義の中での倫理のあり方について考えるための糸口を探っています。その意味で、この二つのエッセイは「資本主義の中で生きるということ」と題した本書の一つの入り口としての役割を果たしてくれるはずです。そこで、巻頭に置くことを決めていた「ファンレター」とともに、本書の第I章に組み入れることにしました。その第I章には、どの章に入れるのか迷っていた「私の「幸福論」」も加えてみました。経済学という学問と人間の幸福との関係について語ったエッセイで、やはり本書の入り口になると思ったからです。第I章は、題して「エッセイ四編」としました。

二〇一八年の三月、日本経済新聞の「半歩遅れの読書術」という欄に五回の連載を頼まれました。そのころ私は、若い頃研究した「不均衡動学」の現代版を書くために、寝食を忘れて数式計算をしており、何一つ新刊を読むことができませんでした。だが、かえってそれによって、これまでの読書体験を距離感をもって振り返ることができ、その体験を通して、私自身の思考の軌跡を多少とも追うことができました。この連載エッセイを収録したのが、第II章です。取り上げた本は、吉川英治の『宮本武蔵』、E・H・ゴンブリッチの『美術の物語』、シェイクスピアの『ロミオとジュリエット』、アガサ・クリスティーの『茶色の服の男』、そして網野善彦の『古文書返却の旅』。いま読み返してみると、当時、数式計算で疲れきった頭脳の中休みを兼ねて、文字数の制約と闘いながらも、おおいに楽しみながら書いていたことを思い出します。一つ一つは短いものですから、気楽に読んでもらえれば幸いです。

さらに時代を遡って、二〇〇〇年の五月から二〇〇四年の二月まで、私は朝日新聞夕刊の「思潮」という欄に、二五〇〇字程度のエッセイを三カ月ごとに連載しました。第Ⅲ章に収録されたエッセイは、その中から選んだものです。実は、第Ⅰ章に収録した二つのエッセイ（「「自己疎外」と資本主義の論理」と「『高慢と偏見』と資本主義の倫理」）は、この連載の中から引き抜いています。その二つのエッセイにも示されていると思いますが、私はせっかくある程度の長さをもった文章を自由に書く機会が与えられたので、「思潮」という欄の題名に抗して、できるだけリベラル派の「思潮」にも保守派の「思潮」にも流されないものを書こうと試みました。一方で「人権」概念の自明性を疑ったエッセイを書き、他方で「グローバル標準」と主張された株主主権論を否定するエッセイも書くというように、です。ですから、第Ⅲ章の題名は「時代の中で考える1」ですが、それよりも「「思潮」に反して考える」のほうがふさわしかったかもしれません。ただ、流れに棹《さお》を差し続けるのは疲れるものです。そこで、時折、映画や文学を題材にしたエッセイも書くことによって、精神の平衡を保とうとしました。映画や文学を語ったこれらのエッセイは、読書体験を語った第Ⅱ章と連続性があるので、第Ⅲ章の前半にまとめてみました。そして、その冒頭には「小津安二郎と黒澤明——日本映画の二つの世界性」を据えました。それは、このエッセイが日本という社会を「多元的な普遍性」のなかの「一つの普遍」と捉えるという、本書を貫いているもう一つのテーマの導きにもなりうると考えたからです（そのことについては第Ⅵ章を解題するところで、もう一度触れます）。それ以外のエッセイは、会社論に関連するものをまとめたことと「経済学を学ぶことの幸運」といういささか衒学《げんがく》的な文章を最後に回したこと以外は、この時代を生きたという臨場感を残すために、発表順に並べています。

二〇〇八年九月一五日、母親が亡くなりました。その日の朝刊を開くと、米国のリーマン証券が破綻したという記事が載っていました。「百年に一度」といわれた全世界的な「大不況」の引き金が引かれたのです。「時代の中で考える2」と題された第Ⅳ章は、その直後に受けた緊急インタビューを冒頭にして、それ以降に発表した時事評論的な論考やインタビュー記事を集めています。主な発表場所は日本経済新聞の「経済教室」欄ですが、それ以外の新聞や雑誌に掲載されたものも含まれています。順番はほぼ発表順で、取り上げたテーマは、金融危機やインフレ・デフレ、基軸通貨やビットコイン、所得格差や株主主権論、日本型会社システムやグローバル化など、これまでの私の研究の延長線にあるものが大多数です。ただ、「日本資本主義論争」というかつてマルクス主義者のあいだで闘わされた血みどろの論争を再解釈したエッセイや、コロナ危機の中でディストピア化した米中を反面教師として「社会契約論」を再考してみたエッセイなどは、私の研究の領域がわずかながらでも広がったことを示しているのではないかと思います。また、最後に掲載したインタビュー「ポンコツ資本主義の修理法」は、短いながらも、「資本主義の中で生きるということ」という本書のテーマに関する私の思考の現在を語っています。

「時代を超えて考える」と題した第Ⅴ章は、『貨幣論』(一九九三)以降に私が行ってきた専門的な研究を紹介する文章を集めました。四編ありますが、いずれも長編ですので、少し解説してみます。

最初の「『貨幣論』の系譜」は、その題名通り、私の「貨幣論」研究を古代ギリシャのアリストテレス以降の経済思想史の流れの中、とくにいまは異端とされている経済学の系譜の中に位置づけてみたものです。私はいつの日か、いくつかの大学で行った講義を基に「経済思想史」に関する書物を書こうと思っているのですが、他の研究が忙しくて、そのための時間は当分とれそうにもありません。

二番目の「なぜ人文社会科学も「科学」であるのか」は、いま実存的な危機に陥っている人文社会科学の再構築を試みた討論会報告です。一方で、近年の脳科学の発達は、ミラー・ニューロンの発見などによって、人間の「社会」性ですらその多くは「生物」本能として説明できることを明らかにしています。それに触発されて、生物学者のあいだで、人文社会科学を社会生物学の一分野に吸収してしまおうという動きが生まれています。他方で、人文社会科学の内部においては、ポスト構造主義の影響の下に、研究対象自体はカッコに入れ、その対象に関する「語り方」を分析する技法にみずからを還元してしまおうとする動きが広がっています。一見相反するこの二つの動きは、人文社会科学の科学性を無化する試みという点では共犯関係にあるのです。人文社会科学に残されるのは、良く言えば、形而上学的考察や倫理的判断、悪く言えば文学的言説の戯れや政治的イデオロギーの表出だけだという主張さえあります。このような危機の中で、脳科学の研究成果をすべて受け入れた上で、人文社会科学に自然科学と同等の「科学」としての固有の領域を見いだせるのか？　それが、この討論会報告において私が発した問いにほかなりません。そして、その答えは、貨幣・法・言語の存在に見いだされるはずです。

第Ⅴ章の三番目は、「新しい会社の形を求めて」というインタビュー記事です。会社はすべて株主のモノでしかなく、会社の経営者は株主の代理人でしかなく、会社の目的は利潤の最大化でしかない——会社に関して主流派経済学が唱えてきた三つの命題です。だが、いずれも「法人」化された企業である会社と個人企業とを混同したことから生まれた初歩的な誤謬です。一九九九年にこのことを論証した論文を比較法の専門誌に発表して以来、私は折に触れて、この三つの命題を批判してきました。二〇〇三年に平凡社から出版した『会社はこれからどうなるのか』がそうですし、本書の第Ⅲ章と第Ⅳ章でも、その批判を敷衍したエッセイやインタビューを収録しています。三番目に収録したこの長編インタビューは、主流派経済学のチャンピオンであったミルトン・フリードマンが一九七〇年に発表した有名なエッセイを俎上にのせて、これらの批判の集大成を試みたものです。そして、その批判にもとづいて、ポスト産業資本主義における新しい会社のあり方がどのようなものになるかを論じてみました。

ところで、会社の経営者が株主の代理人でないとしたら、彼らはいったいどういう存在なのでしょうか？　答えは、会社に対して「忠実義務」を負って経営する人間です。では、忠実義務とは何でしょうか？　それは、他の人間（法人も含む）の目的のためにのみ仕事をする義務です。会社論の研究をしている中でこの定義を目にしたとき、驚きました。なぜならば、他の人間の目的のためにのみ仕事をする義務とは、イマヌエル・カントのいう「倫理」的義務にほかならないからです。会社とは資本主義の中で中心的な役割をはたしていますが、その会社を経営する経営者には「倫理」的な義務が課されているということなのです。アダム・スミスの「見えざる手」の思想によれば、資本主義とは自己利益の追求こそが社会全体の利益を増進するシステムであるはずです。だが、その資本主義の中心に倫理というものがあるのを発見して、私は驚いたのです。実は、会社と経営者との関係は、「信任関係」といわれる関係の一例です。そこで、信任関係一般についての研究を進めていくと、さらに驚きました。古い歴史と大きな広がりを持つ法概念なのに、いまだに統一理論が存在しないということとを知ったからです。第Ⅴ章の最後を占める「信任関係の統一理論へ向けて」という論文は、まさに題名通り、その統一理論を構築する試みです。専門的な法学論文ですが、非専門家にも開かれていると思い、収録してみました。付録として、日本の伝統芸能である文楽と信任関係についての短い文章をつけておきました。

次の第Ⅵ章において私は、これまでの学問研究において自分が何を目指してきたのかを振り返っている文章を集めてみました。三番目に収録した「経済学を学ぶことの幸運、日本で経済学を学ぶことの使命」は記念式典における講演ですが、その場を借りて、自分が経済学者として歩んできた道を振り返っています。その中で、私の研究において決定的な影響をもった二つの「発見」について語っています（実は、前のパラグラフで触れた「信任関係」は三つ目の「発見」です）。一つは「貨幣」の発見です。私は経済学の研究を始めてすぐ、私たちが日常的に使っている「貨幣」というものが形而上学的な不可思議さに満ちた存在であることに気がつきました。それから長い時間をかけて、主流派経済学の資本主義論が誤謬に陥ったのは、この不可思議な存在をみずからの理論体系の中から排除してしまったからであることを論証する本を書きました（それが『不均衡動学』です）。そして次に、なぜ「貨幣」が不可思議な存在であるのかを理論的に探求し始めたのです（その結果が『貨幣論』です）。

第二の発見は「法人」です。法人とは、本来はモノでしかないのに法律上ヒトとして扱われるもののことです。すなわち私は、人間社会の中に、モノとヒトの両面をもつという、貨幣に劣らず不可思議な存在があることに気がついたのです。そして、この第二の発見を手がかりにして、会社というシステムが本質的な「多元性」をもっていることを示す会社論を構築しはじめました。これまでの会社論は、株主の利益のみを追求する米国型の会社を唯一の「普遍」とし、従業員の雇用や組織の維持拡大も重視する日本型（そして欧州型）の会社をそれから「逸脱」した形態、あるいはそれよりも「遅れた」形態と考えてきました。だが、それに代わって私は、第Ⅴ章の「新しい会社の形を求めて」で詳しく語るように、米国型も日本型もともに、会社という「普遍」的な仕組みが可能にする異なった二つの表現形態であることを示すことができたのです。

このようなことをいささか詳しく話すのには理由があります。本書に集める文章を選んでいるとき、一九九七年に発表した「私の幸運」というエッセイに行き当たりました。加藤周一さんの思い出から出発し、加藤さんから教わった明治時代における森鷗外とお雇い外人ナウマンとの論争を題材として、日本の近代化の問題について考えてみたものです。その中で、日本社会や日本経済を研究することに関して、私はこう言っています。「それは、日本の経済がいかに西欧化を実現したかを描くことでもなく、日本の文化がいかに西欧化を無化したかを描くことでもない。まさに必要なのは、明治維新以来の（いやそれ以前からの）日本の歴史の中から――その成功とその失敗の中から――「人間」社会の可能性に関するわれわれの理解を拡げてくれる何ものかをひきだしてくる作業であるのです」。私はまさにこのような作業の中で、「法人」なるものを「発見」したのです。そして、それによって、第Ⅲ章の冒頭に置いた「小津安二郎と黒澤明――日本映画の二つの世界性」で小津について語ったように、日本という社会を「多元的な普遍性」のなかの「一つの普遍」と捉えるという新たな視点を得ることができました。それ以降、それまで資本主義や貨幣に関する抽象的な理論ばかりを研究してきた私が、現にその中に生きている「日本社会」についても語るようになったのです。

第Ⅵ章には、この「私の幸運」と、同じく二〇〇〇年以前に書かれたものですが、夏目漱石の『文学論』を題材にして非西欧社会における近代化の問題を少し異なった角度から論じた「夏目漱石と「開発と文化」」というエッセイを収録することにしました。ついでに、二〇一五年に出版した学問的自伝『経済学の宇宙』（日本経済新聞出版社）の「あとがき」も入れてみました。

最後の第Ⅶ章では、いくつかの追悼文を集めてみました。

本書の編集は、松田健氏が担当しました。すでに述べたように、これまで私は筑摩書房から単行本を三冊出版しています。その三冊とも間宮幹彦氏が編集してくれましたが、今回は退職した間宮氏に代わって、松田健氏にお願いしたのです。松田氏には、間宮氏に変わらぬ、丁寧な編集をしていただきました。この場を借りて、お礼を申し上げます。

岩井克人

二〇二四年七月二八日

や行

ら行

わ行

は行

ま行

さ行

た行

な行

人名索引

岩井克人（いわい・かつひと）

一九四七年生まれ。東京大学経済学部卒業。マサチューセッツ工科大学 Ph.D. 取得。イェール大学助教授、プリンストン大学客員准教授、ペンシルバニア大学客員教授、東京大学経済学部教授、国際基督教大学特別招聘教授等を経て、現在、神奈川大学特別招聘教授、東京大学名誉教授、日本学士院会員。二〇二三年、文化勲章受章。著書に、*Disequilibrium Dynamics*（Yale University Press, 日経・経済図書文化賞特賞）、『ヴェニスの商人の資本論』（ちくま学芸文庫）、『二十一世紀の資本主義論』（ちくま学芸文庫）、『貨幣論』（ちくま学芸文庫、サントリー学芸賞）、『会社はこれからどうなるのか』（平凡社ライブラリー、小林秀雄賞）、『経済学の宇宙』（日経ビジネス人文庫）など。

資本主義《しほんしゅぎ》の中《なか》で生《い》きるということ

二〇二四年九月二十日　初版第一刷発行
二〇二五年五月　五　日　初版第四刷発行

著者　岩井克人
発行者　増田健史
発行所　株式会社筑摩書房
一一一―八七五五　東京都台東区蔵前二―五―三
電話番号　〇三―五六八七―二六〇一（代表）
印刷・製本　中央精版印刷株式会社

ISBN978-4-480-86485-7 C0033

◉岩井克人の本◉

〈ちくま学芸文庫〉
ヴェニスの商人の資本論
岩井克人

〈資本主義〉のシステムやその根底にある〈貨幣〉の逆説とは何か。その怪物めいた謎をめぐって、明晰な論理と軽妙な洒脱さで展開する諸考察。

〈ちくま学芸文庫〉
貨幣論
岩井克人

貨幣とは何か？　おびただしい解答があるこの命題に、『資本論』を批判的に解読することにより最終解答を与えようとするスリリングな論考。

〈ちくま学芸文庫〉
二十一世紀の資本主義論
岩井克人

市場経済にとっての真の危機、それは「ハイパー・インフレーション」である。21世紀の資本主義のゆくえ、市民社会のありかたを問う先鋭的論考。

〈ちくま学芸文庫〉
資本主義から市民主義へ
岩井克人
聞き手＝三浦雅士

来るべき市民主義とは何か。貨幣論に始まり、資本主義論、法人論、信任論、市民社会論、人間論まで、多方面にわたる岩井理論がこれ一冊でわかる！